D1879756

रज़ा पुस्तक माला

सभ्यताएँ और संस्कृतियाँ

भावी इतिहास-लेखन की प्रस्तावना

रज़ा फ़ाउण्डेशन | THE RAZA FOUNDATION

सभ्यताएँ और संस्कृतियाँ

भावी इतिहास-लेखन की प्रस्तावना

दया कृष्ण

अँग्रेज़ी से अनुवाद
नन्दकिशोर आचार्य

राजकमल प्रकाशन

रज़ा पुस्तक माला : सभ्यता-समीक्षा
प्रधान सम्पादक : अशोक वाजपेयी | सम्पादक : पीयूष दईया
राजकमल प्रकाशन प्रा.लि. और रज़ा फ़ाउण्डेशन का सह-प्रकाशन

ISBN : 978-81-267-3093-3

मूल्य : ₹699

© शैल मायाराम, सुजाता मलैया
हिन्दी अनुवाद © नन्दकिशोर आचार्य

पहला संस्करण : 2018

प्रकाशक : राजकमल प्रकाशन प्रा. लि.
1-बी, नेताजी सुभाष मार्ग, दरियागंज
नई दिल्ली-110 002

शाखाएँ : अशोक राजपथ, साइंस कॉलेज के सामने, पटना-800 006
पहली मंजिल, दरबारी बिल्डिंग, महात्मा गांधी मार्ग, इलाहाबाद-211 001
36 ए, शेक्सपियर सरणी, कोलकाता-700 017

वेबसाइट : www.rajkamalprakashan.com
ई-मेल : info@rajkamalprakashan.com

मुद्रक : यश प्रिंटोग्राफिक्स
नोएडा-201301 (उत्तर प्रदेश)

SABHYATAYEN AUR SANSKRITIYNA
BHAVI ITIHAS-LEKHAN KI PRASTAVANA
by Daya Krishna
Translated by Nandkishore Acharya

इस पुस्तक के सर्वाधिकार सुरक्षित हैं। प्रकाशक की लिखित अनुमति के बिना इसके किसी भी अंश की फोटोकापी एवं रिकॉर्डिंग सहित इलेक्ट्रॉनिक अथवा मशीनी, किसी भी माध्यम से अथवा ज्ञान के संग्रहण एवं पुनःप्रयोग की प्रणाली द्वारा, किसी भी रूप में, पुनरुत्पादित अथवा संचारित-प्रसारित नहीं किया जा सकता।

प्रो. डी.पी. चट्टोपाध्याय के लिए
जिनके विनम्र किन्तु अनवरत आग्रह ने
सभ्यताओं के इतिहास-लेखन पर
चिन्तन के लिए प्रेरित किया

१९९७ में प्रकाशित डॉ. दया कृष्ण की अँग्रेज़ी पुस्तक
'A Prologemena to Any Future Historiography of Cultures and Civilizations'
का हिन्दी अनुवाद

आमुख

कलाओं में भारतीय आधुनिकता के एक मूर्धन्य सैयद हैदर रज़ा एक अथक और अनोखे चित्रकार तो थे ही उनकी अन्य कलाओं में भी गहरी दिलचस्पी थी। विशेषत: कविता और विचार में। वे हिन्दी को अपनी मातृभाषा मानते थे और हालाँकि उनका फ्रेंच और अँग्रेज़ी का ज्ञान और उन पर अधिकार गहरा था, वे, फ्रांस में साठ वर्ष बिताने के बाद भी, हिन्दी में रमे रहे। यह आकस्मिक नहीं है कि अपने कला-जीवन के उत्तरार्द्ध में उनके सभी चित्रों के शीर्षक हिन्दी में होते थे। वे संसार के श्रेष्ठ चित्रकारों में, २०-२१वीं सदियों में, शायद अकेले हैं जिन्होंने अपने सौ से अधिक चित्रों में देवनागरी में संस्कृत, हिन्दी और उर्दू कविता में पंक्तियाँ अंकित कीं। बरसों तक मैं जब उनके साथ कुछ समय पेरिस में बिताने जाता था तो उनके इसरार पर अपने साथ नवप्रकाशित हिन्दी कविता की पुस्तकें ले जाता था : उनके पुस्तक-संग्रह में, जो अब दिल्ली स्थित रज़ा अभिलेखागार का एक हिस्सा है, हिन्दी कविता का एक बड़ा संग्रह शामिल था।

रज़ा की एक चिन्ता यह भी थी कि हिन्दी में कई विषयों में अच्छी पुस्तकों की कमी है। विशेषत: कलाओं और विचार आदि को लेकर। वे चाहते थे कि हमें कुछ पहल करना चाहिये। २०१६ में साढ़े चौरानवे वर्ष की आयु में उनकी मृत्यु के बाद रज़ा फ़ाउण्डेशन ने उनकी इच्छा का सम्मान करते हुए हिन्दी में कुछ नये क़िस्म की पुस्तकें प्रकाशित करने की पहल *रज़ा पुस्तक माला* के रूप में की है, जिनमें कुछ अप्राप्य पूर्व प्रकाशित पुस्तकों का पुनर्प्रकाशन भी शामिल है। उनमें गांधी, संस्कृति-

चिन्तन, संवाद, भारतीय भाषाओं से विशेषतः कला-चिन्तन के हिन्दी अनुवाद, कविता आदि की पुस्तकें शामिल की जा रही हैं। सभी पुस्तकों पर रज़ा साहब और उनके समकालीन मित्र चित्रकारों आदि की प्रतिकृतियाँ आवरणों पर होंगी।

आधुनिक भारत में जो शीर्षस्थानीय दार्शनिक हुए हैं उनमें डा. दया कृष्ण का विशेष स्थान है। उन्होंने पश्चिमी दर्शन-शास्त्र के गहन अध्येता के रूप में शुरुआत की थी पर बाद में उन्होंने भारतीय दार्शनिक और बौद्धिक परम्परा में गहरी पैठ बनायी। उन्होंने अनेक भारतीय विचारों और सिद्धान्तों पर पुनर्विचार किया, कुछ का बदली परिस्थिति में पुनराविष्कार किया। उन्होंने निरी नयी व्याख्या से हटकर कई नयी जिज्ञासाएँ विन्यस्त कीं और कई पुराने प्रश्नों के नये उत्तर खोजने का दुस्साहस किया। सभ्यताओं और संस्कृतियों के बीच सम्बन्ध और अन्तर पर उन्होंने नयी गम्भीरता से विचार किया और उन्हें लेकर इतिहास-लेखन के लिए कुछ मौलिक प्रस्तावना की। हिन्दी में निरन्तर क्षीण हो गयी विचार-परम्परा में यह हिन्दी अनुवाद समृद्ध विस्तार करेगा ऐसी आशा है।

अशोक वाजपेयी

जुलाई २०१७, नयी दिल्ली

आरम्भिक

दया कृष्ण

आरम्भिक

सभ्यताओं का इतिहास-लेखन इन दिनों प्रचलन में नहीं है। वास्तव में उसे एक ऐसा उद्यम समझा जाता है, जो सिद्धान्ततः, कभी भी 'वैज्ञानिक' कहलाए जाने लायक ज्ञानात्मक अनुशासन की प्रतिष्ठा हासिल नहीं कर सकता। यह शायद वैज्ञानिक ज्ञान की प्रत्यक्षवादी दृष्टि का प्रभाव है जिसका एक समय विज्ञान के दार्शनिकों और तथाकथित सत्यापनीयता और सिद्धान्तों द्वारा प्रबल प्रतिपादन किया गया था। यद्यपि अन्य सब कुछ को अतीन्द्रिय मानकर निर्वासित करनेवाला प्रचण्ड आवेश अरसा पहले बीत चुका है—विशेषतया उत्तर-आधुनिकतावाद के आगमन के बाद—किन्तु उसके प्रभाव अभी भी उन ज्ञानात्मक क्षेत्रों की कोटरिकाओं में ठहरे हुए हैं जिनके कर्ताओं को इन दिनों विज्ञान के दर्शन के क्षेत्र में बहनेवाली नयी हवाओं ने अभी तक छुआ नहीं है।

इतिहास एक ऐसा ही अनुशासन लगता है क्योंकि न केवल सभ्यताओं का इतिहास-लेखन बट्टे पर है बल्कि सामान्यतः वृहत्-इतिहास ही इस अनुशासन के उन लोगों का कृपा-पात्र नहीं लगता जो अपने को पक्का वैज्ञानिक घोषित करते हैं। एक अच्छा, सामान्य, औसत इतिहासकार केवल एक सीमित क्षेत्र में काम करता है और अपने को बीस-तीस सालों की काल-परिधि में रखता है। किसी गिब्बन या मॉमसन के दिन अब गये—किसी टॉयनबी, स्पेंगलर या सोरोकिन की तो बात ही क्या कहें। किसी को आश्चर्य हो सकता है कि यदि आज वे जीवित होते तो इतिहासकारों का वर्तमान प्रतिष्ठान उनके बारे में क्या सोचता। 'एन एन्थ्रोपॉलॉजिस्ट अमंग हिस्टोरियन्स' के लेखक बर्नार्ड कोह्न का विश्वास किया जाय तो

इतिहासकार का न केवल वेश अलग है बल्कि वह इस बात में गर्व महसूस करता है कि उसने अपने को देश-काल के ऐसे सीमित क्षेत्र में बन्द कर रखा है जिसे केवल वैज्ञानिक तरीक़े से ही निभाया जा सकता है, बाक़ी सब मात्र भ्रान्ति और कल्पना है। फिर भी, जैसा सब जानते हैं, एक औसत इतिहासकार द्वारा गृहीत देश और काल का वितान साभ्यतिक उद्यम के वृहत्तर प्रसंग में अन्त:स्थापित एवं उसका एक हिस्सा होता है जिससे उसे समझने के प्रयोजन से भी विलग नहीं किया जा सकता—सिवा उससे अपने सम्बन्धों की पुनर्स्थापना की आकांक्षा के सन्दर्भ में जिससे थोड़े समय के लिए उसे विलग किया गया है और वह भी केवल परिणामवादी प्रयोजन के लिए। इस वृहत्तर प्रसंग का विस्मरण करनेवाला कोई भी चिन्तन उस अत्यल्प अंश के प्रति भी अन्याय ही कर सकता है, जिसे केन्द्र में रखने और समझने की वह कोशिश करता है। जैसा कि प्रो. शरण ने हाल ही में स्मरण दिलाया है, जो चिन्तन 'मूल' के प्रश्न को भूल जाता है, वह 'मौलिक' नहीं हो सकता, चाहे वह ऐसा होने का दावा करता रहे।

तथापि, सभ्यताओं का इतिहास-लेखन एक बहुत भिन्न प्रकार का उद्यम है और इस ग्रह पर आविर्भाव के समय से ही मानवता द्वारा किये जा रहे प्रयासों के निष्पाद्य लक्ष्य की समस्या पर सुदीर्घ चिन्तन की अपेक्षा करता है। यह कृति इस दिशा में एक क़दम है और आशा की जाती है कि यह दूसरों को भी इसी उद्यम में सक्रिय होने के लिए अभिप्रेरित करेगी ताकि सभ्यताओं का अध्ययन पुन: ऐतिहासिक ज्ञान का एक वैध सरोकार हो सके।

इस सुदीर्घ चिन्तन में मेरा शामिल होना प्रो. डी.पी. चट्टोपाध्याय द्वारा भारत के विज्ञान, तकनीकी, दर्शन और संस्कृति के इतिहास से सम्बन्धित उनकी नयी परियोजना में भागीदारी करने के निमन्त्रण का परिणाम था। सामान्यत: इस प्रकार का चिन्तन सक्रिय इतिहासकारों द्वारा नहीं किया जाता क्योंकि वे इसे अपने काम के लिए ज़रूरी नहीं समझते। लेकिन मैं, जो न केवल सक्रिय इतिहासकार नहीं था बल्कि किसी भी क्षेत्र में चिन्तन को अप्रासंगिक मानता था, इस चिन्तन में प्रवेश के लिए लगभग बाध्य कर दिया गया क्योंकि मैं विज्ञान, तकनीकी, दर्शन और संस्कृति से सम्बन्धित विविध पक्षों में भारतीय सभ्यता के इतिहास की समझ के लिए इसे एक आवश्यक प्रारम्भिक तैयारी मानता था।

यह चिन्तन शिल्प, शास्त्र, संस्कार, पुरुषार्थ, स्मृति, स्वप्न और वासना जैसे पदों के सन्दर्भ में मनुष्य की एक नयी समझ में फलित हुआ है। ये अवधारणाएँ भारतीय परम्परा से प्रसूत होते हुए भी सभी सभ्यताओं पर लागू होती हैं जो मानवीय उद्यम होने के नाते उनके माध्यम से परिज्ञान के लिए असंगत नहीं है। इस चिन्तन से उद्‌भूत एक महत्त्वपूर्ण अवधारणा अनुभवात्मक 'प्रागनुभव' की है, जिसे सामान्यतः पश्चिमी दर्शन में वर्चस्वशाली विश्लेषणात्मक दार्शनिक परम्परा में अन्तर्विरोधपूर्ण पदावली माना जाता है। लेकिन उस परम्परा में दीक्षित लोगों को यह चाहे जितनी भी प्रश्नीय लगे, मेरे विचार से ऐतिहासिक ज्ञान के लिए तो वह निर्णायक है, यदि वह ज्ञान उस सामग्री के प्रति ईमानदार है जिसे वह समझना चाहता है। शायद इसी तरह का मसला अनुभवातीत अथवा संरचनात्मक भ्रम का है जिसे मैंने कई स्थानों पर प्रयुक्त किया है, लेकिन वह एक स्वतन्त्र अध्ययन और प्रतिपादन की अपेक्षा करता है ताकि स्वयं मानवीय जीवन सहित समस्त मानवीय उद्यमों में उसकी व्यवहार्यता और प्रासंगिकता को देखा जा सके। इसी तरह अन्तिम अध्याय में प्रतिपादित संस्कृति और सभ्यता का भेद भी है।

तथापि, एक 'प्रस्तावना' अन्ततः प्रस्तावना ही होती है और जब तक उसे किसी सभ्यता विशेष के वास्तविक अध्ययन में मूर्त नहीं किया जाता, वह अधिक से अधिक, ऐसे अध्ययन के लिए एक रूपरेखा ही होगी। लेकिन इस सुदीर्घ चिन्तन में अन्वेषित विचार कई दिशाओं में ले जाते और सभ्यताओं को समझने के कई वैकल्पिक तरीक़े सुझाते हैं, इसलिए यह उम्मीद होती है कि इस उद्यम में सक्रिय होने के आकांक्षी को इनमें से अपने प्रयोजन के लिए कुछ उपयोगी तरीक़े ज़रूर मिलेंगे। साथ ही, सभ्यताओं के निर्माण के उद्यम पर चिन्तन से मनुष्य द्वारा स्वयं सभ्यता के निर्माण के अधूरे काम का भी कुछ तो रूपायन हो ही सकता है। मनुष्य और सभ्यता समवयस्क हैं और अपनी ही किसी भूल अथवा किसी बाह्य विपत्ति के माध्यम से स्वयं मनुष्य के अस्तित्व के ही मिट जाने तक सभ्यताओं के निर्माण का उद्यम तथा उन्हें समझने के प्रयास होते ही रहेंगे।

दया कृष्ण

क्रम

दिक्, काल, कामना तथा मनुष्य की लोकोत्तर की तलाश

सभ्यताओं की समझ में अन्तर्भूत प्रागनुभव

किसी भी संस्कृति अथवा सभ्यता का इतिहास स्वयं मनुष्य का ही इतिहास है। कालिकता और तात्कालिकता दोनों ही में मनुष्य को समझना क्योंकि कठिन है, इसलिए उसकी सामूहिक रचनाशीलता के इतिहास को भी समझना या समेकित करना भी सरल नहीं है। इसलिए इतिहास-दृष्टि एक ओर मनुष्य की हमारी अवधारणा पर निर्भर है तो दूसरी ओर काल की अवधारणा पर। लेकिन जैसे स्वयं मनुष्य को उसके द्वारा प्रकट आयामों में से किसी भी एक के सन्दर्भ में नहीं समझा जा सकता, उसी प्रकार किसी संस्कृति अथवा सभ्यता के इतिहास को भी किसी भी ऐसे एक आयाम की प्राथमिकता के हवाले से नहीं समझा जा सकता जिसमें उसके विकास को अभी तक देखा जाता रहा है।

किसी एक आयाम अथवा पहलू को समझने की अपेक्षा मनुष्य और उसकी रचनाशीलता के विभिन्न आयामों, रूपों या पहलुओं के अन्तस्सम्बन्धों की समस्या अधिक चुनौतियों से भरी है। इन अन्तस्सम्बन्धों को किसी एकरेखीय अथवा चक्रिक प्रकार में ग्रहण करने पर समस्या और अधिक उलझनपूर्ण हो जाती है। यह समस्या इन सम्बन्धों को उस संरचनात्मक सन्दर्भ में ग्रहण करने पर भी बनी रहती है जहाँ प्रत्येक पहलू या आयाम अन्य सभी से इस प्रकार साथ-साथ जुड़ा है जिससे सम्पूर्ण की निर्मिति

को हम अलग-अलग तरीक़ों से समझ या ग्रहण कर सकते हैं। इससे भी अधिक गहरी समस्या है किसी संस्कृति अथवा सभ्यता के अनुभूत बोध और उन रूपों को समझना जिनमें वे मूर्त होते हैं। एक बाहरी प्रेक्षक के लिए इस अनुभूत बोध के रूप को समझना प्राथमिक है, जबकि उसमें जी रहे व्यक्ति या समूह के लिए यह जानना शायद सर्वाधिक महत्त्वपूर्ण है कि इस बोध को आस्तित्विक स्तर पर कैसे जिया और अनुभव किया गया। तथापि, सक्रिय चेतना अपने को मूर्त करनेवाले जो क्रमिक रूपाकार ग्रहण करती है, वे न केवल अपने में और अपने से प्रमाणित अर्थ अथवा मूल्य या प्रयोजन के बल्कि साथ ही साथ उस खोज के भी संकेत होते हैं जो उनमें अभिव्यक्त होती रही है। इस प्रकार, एक प्रकट एवं एक अदृश्य इतिहास को इन दोनों स्तरों पर समझने और व्यवस्थित करने की आवश्यकता है।

संस्कृति अथवा सभ्यता कोई प्राकृतिक अस्तित्व नहीं है। सजीवों एवं प्राकृतिक प्रक्रियाओं की तरह वे अपने को कायम रखने या पुनर्सृजित या संशोधित करने और विकसित करने में समर्थ नहीं हैं। उन्हें निरन्तर सुरक्षित रखने, सम्पोषित करने तथा आगामी पीढ़ियों को सम्प्रेषित करने की ज़रूरत होती है ताकि वे जीवित रहें और अपने अर्थ तथा पुनर्सृजन की प्रक्रिया के विस्मरण तथा अज्ञान के कारण मृत न हो जायँ। अतीत की अपाठ्य भाषाएँ शायद इसका ज्वलन्त उदाहरण है, लेकिन साथ ही यह भी बिलकुल स्पष्ट है कि परवर्ती पीढ़ी को सम्प्रेषित अथवा हस्तान्तरित किये बिना कोई भी बात एक साभ्यतिक या सांस्कृतिक तथ्य के रूप में विनष्ट हो जाती है। किसी सभ्यता या संस्कृति के इतिहास में सर्वप्रथम उसकी सम्पोषण और हस्तान्तरण की विधियों को जानने की ज़रूरत होती है। दूसरी बात यह कि सम्पोषण और हस्तान्तरण की यह प्रक्रिया चरित्र में प्रतीकात्मक और अपने प्रतीकों की समझ और व्याख्या से सम्बन्धित होती है। प्राथमिक तौर पर एक प्रतीक चेतना का किसी प्राकृतिक वस्तु से उस चीज़ के बारे में सम्बन्ध है जिसका वह प्रतिनिधित्व करती है। किसी संस्कृति या सभ्यता की गहनतम समझ का सम्बन्ध अन्य चेतनाओं को सम्प्रेषित किये जा सकने योग्य सार्थक और महत्त्वपूर्ण प्रतीकों की सृष्टि, सम्पोषण, पुनर्सृजन और हस्तान्तरण में चेतना की भूमिका से है

ताकि उनके अर्थ के साक्षात्कार द्वारा उन प्रतीकों को रूपान्तरित या संशोधित किया जा सके।

इसलिए एक सांस्कृतिक तथ्य उसका साक्षात्कार करनेवाली चेतना के सम्मुख दोहरी चुनौती प्रस्तुत करता है। पहली है एक सांस्कृतिक तथ्य के रूप में उसकी पहचान अर्थात् यह बोध कि वह एक चेतना की रचना है और इस नाते उसका अर्थ एक प्राकृतिक वस्तु के रूप में उसके अर्थ से भिन्न है। एक कारण—परम्परा का परिणाम होने के कारण कोई प्राकृतिक वस्तु सदैव अपने अतीत की जानकारी दे सकती है। लेकिन एक सांस्कृतिक वस्तु के रूप में उनका अतीत एक प्राकृतिक वस्तु के रूप में उसे रचनेवाली प्रक्रिया के माध्यम से हमारे द्वारा जाने गये उसके अतीत से मूलतः भिन्न होता है। एक सांस्कृतिक वस्तु केवल कारण-परम्परा में स्थापित नहीं होती बल्कि अपने रचे जाने के प्रयोजन और/अथवा अपने द्वारा मूर्त अर्थ से अपनी सार्थकता प्राप्त करती है। तथापि, प्रत्येक सांस्कृतिक वस्तु एक प्राकृतिक वस्तु भी होती है—यद्यपि प्रत्येक प्राकृतिक वस्तु सांस्कृतिक वस्तु नहीं होती—इसलिए वह साथ ही अपने अस्तित्व के इस चौराहे पर इन दोनों आयामों को प्रकट करती है। उसे अपनी पूर्वमान्य कारण-प्रक्रियाओं और अपने रचे जाने के प्रयोजन के साथ-साथ अपने द्वारा मूर्त अर्थ के सन्दर्भ में भी समझे जाने की ज़रूरत होती है। इस प्रकार कारणात्मक, प्रयोजनमूलक एवं मूल्यात्मक आयाम इसमें एक-दूसरे को काटते हैं और इस कारण इन सबकी समेकित व्याख्या की ज़रूरत पेश आती है। इसके अलावा, एक सांस्कृतिक वस्तु का अस्तित्व ऐकान्तिक नहीं बल्कि अपनी समानधर्मा अन्य सांस्कृतिक वस्तुओं से उसके अन्तस्सम्बन्धों में होता है, इसलिए उसका एक संरचनात्मक और अन्तस्सम्बन्धिक घटक भी होता है। उसकी व्याख्या उस व्याख्या से बिलकुल अलग हो जाती है जो उसे अन्य वस्तुओं से अलग केवल उसी के सन्दर्भ में देखने पर होती है। कारणात्मक व्याख्या उपलब्ध कारणात्मक जानकारी का कार्य है, इसलिए प्रकृति के बारे में हमारे ज्ञान के परिवर्तन से सांस्कृतिक वस्तु के प्राकृतिक रूप से प्राप्त जानकारी में भी परिवर्तन हो जायेगा। दूसरी तरफ़, प्रयोजन तथा अर्थ का सम्बन्ध पूर्वधारणा और भविष्यकथन से है जो हमारे अपने उद्देश्यों और अर्थों तथा एक जीवित वर्तमान में एक व्याख्याकार द्वारा जिये और अपने इर्द-गिर्द देखे गये जीवन का ही प्रक्षेपण है। तथापि, कारणात्मक

ज्ञान कम से कम जानकार समझे जानेवाले लोगों के लिए एक कालबिन्दु पर उचित रूप से वस्तुगत और एकरूप होता है जबकि प्रयोजनों और अर्थों का बोध न तो वस्तुगत होता है और न ही एकरूप और वह अलग-अलग व्याख्याकारों में पहले से मूलत: भिन्न होने की हद तक बदलता रहता है।

वस्तुत: किसी सांस्कृतिक वस्तु के प्रयोजनमूलक और मूल्यपरक आयामों और उनके ज्ञान से सम्बन्धित एक और समस्या है व्याख्याकार के अपने अनुभव में इन आयामों का उसके अपने ज्ञान के अनुसार बोध। सामान्यतया हर कोई न केवल अपने को सदैव सन्देह का लाभ देता और अन्य के लिए उसका निषेध करता बल्कि लगभग हमेशा ही अपने प्रयोजनों और अर्थों की किसी अन्य के प्रयोजनों-अर्थों की अपेक्षा अधिक उच्चाशयता से व्याख्या करता है। प्रयोजनों, अर्थों और मूल्यों के इर्द-गिर्द तत्त्वत: अन्त:निर्मित मूल्यपरक क्रम-परम्परा किसी सांस्कृतिक वस्तु की व्याख्या के लिए धर्म-संकट पैदा करती है क्योंकि यह व्याख्या हमेशा निकृष्ट, क्षुद्र और स्वार्थी प्रयोजनों के अनुसार भी हो सकती है और इनके बिलकुल विपरीत भी। किसी सांस्कृतिक वस्तु का अन्य ऐसी ही वस्तुओं के साथ संरचनात्मक सम्बन्ध इस प्रवृत्ति का काफ़ी हद तक समाधान करता है लेकिन शायद वास्तविक समाधान उस सांस्कृतिक वस्तु की दोनों ही तरह की एक साथ व्याख्या और अपने पूर्वग्रहों के सतर्क बोध में है।

इससे अलग, क्रमिकता का तैथिक आयाम—जिसमें कोई चीज़ एक सिलसिले में पूर्ववर्ती है और कोई दूसरी चीज़ उसकी अनुवर्ती एक भिन्न प्रकार की समस्या पैदा करता है। अनुवर्ती को पूर्ववर्ती की आवश्यक उन्नति के रूप में भी देखा जा सकता है या अवनति या क्षय की तरह भी अथवा कभी प्रथम तो कभी द्वितीय के रूप में। एक रैखिक क्रमिकता इतिहास-लेखन के एक विचित्रतम भ्रम को जन्म देती है। यह निरन्तर अतीत को वर्तमान से दूर करती जाती और हमें महसूस करवाती है कि हम भविष्य में किसी चीज़ की ओर बढ़ रहे हैं। तथापि, वर्तमान की सक्रियता से अधिक सम्बन्धित नहीं होने के कारण इतिहासकार अतीत को अपने से पीछे जाता हुआ देखता है और इस प्रकार अतीत में घटित सब कुछ को अपने निकट या दूर देखता है। इतिहासकार वह निर्धारक स्थल है जो अतीत की 'अतीतता' को निर्धारित करता है। इससे उलट,

वह समूचे अतीत को इस वर्तमान की ओर अग्रसर देखता है जिसमें वह स्वयं स्थित है और इस प्रकार वह एक ऐसा सिलसिला बुनता है जिसमें कोई घटना स्वयं अपने अथवा अपनी समकालिक अन्य घटनाओं के सन्दर्भ में नहीं बल्कि उसकी पूर्ववर्ती या जन्मदात्री तथा अनुवर्ती अर्थात् सन्तान घटना के सन्दर्भ में देखी और समझी जाती है। सामान्यतया, दूसरा परिप्रेक्ष्य ही प्रभावी रहता है और अतीत उसी हद तक सार्थक या महत्त्वपूर्ण माना जाता है जिस हद तक वह वर्तमान का कारण होता है।

तथापि, वह वर्तमान, जिसमें इतिहासकार स्थित है, एक-दूसरे के समकालीन कहे जानेवाले सभी इतिहासकारों के लिए एकरूप वर्तमान नहीं है। वे अलग-अलग समाजों, संस्कृतियों और राजनीति में स्थित होने, उनके सक्रिय सदस्य होने तथा उनसे जुड़कर अपनी पहचान करने के कारण बँटे होते हैं और इसी से अतीत का उनका परिप्रेक्ष्य बनता है क्योंकि वह उनके अपने वर्तमान के सन्दर्भ में देखा जाता है जो उनके अन्य समकालीन इतिहासकारों के वर्तमान से सांस्कृतिक और राजनीतिक भिन्नता के कारण अलग होता है। इसके अतिरिक्त वर्तमान में स्थित इन समाजों, संस्कृतियों और राजनीति का अतीत ऐकान्तिक अथवा अन्य से बिलकुल पृथक नहीं होता, इसलिए वर्तमान और अतीत के साथ उनके अपने अन्तस्सम्बन्ध भी अतीत के अभिग्रहण और निर्मिति की विधियों में तात्त्विक भिन्नता ला देते हैं।

अन्य संस्कृतियों को समझने की समस्या पर सामाजिक और सांस्कृतिक मानव विज्ञान में विचार किया गया है और 'अन्य' को समझने में आनेवाली कई कठिनाइयों का निरूपण और विचार हुआ है। लेकिन एक वर्तमान संस्कृति अथवा सभ्यता द्वारा अपने अतीत को समझने के सम्बन्ध में इस समस्या की समरूपता की ओर ध्यान नहीं दिया गया है। इतिहासकार की दुविधा सांस्कृतिक मानवविज्ञानी की दुविधा के समान ही है सिवा इसके कि वह अपने सम्मुख जीवित और सक्रिय किसी चीज़ को देखने और समझने की कोशिश करने के बजाय पीछे छूट गये साक्ष्यों के आधार पर उसे पुनर्निर्मित करने का उद्यम करता है। यह फ़र्क़ उपलब्ध साक्ष्यों के आधार पर एक अतीत के पुनर्निर्माण और एक जिये जा रहे वर्तमान जीवन को अंकित करने का फ़र्क़ है।

समूचे इतिहास को विन्यस्त करने तथा उसे एक ढाँचा प्रदान करनेवाली रेखीय क्रमिकता की समस्या पर सामान्यत: विचार में इस बात को भुला दिया जाता है कि काल की रेखीयता स्वयमेव अल्पावधि और दीर्घावधि चक्रिक काल–प्रक्रियाओं का प्रकार्य है। हम सब जानते हैं कि चौबीस घण्टों में मापा जानेवाला एक दिन सूर्य की एक परिक्रमा में पृथ्वी द्वारा लिया जानेवाला समय है। सामाजिक–सांस्कृतिक स्तर पर भी हम उन्हीं कार्यों को दोहराते रहते हैं और ऋतुओं तथा उत्सवों के उसी च्रक के माध्यम से हम कुछ ऐसा उपलब्ध करने की कोशिश करते हैं जो अचक्रिक और रेखीय होता है। चक्र, निश्चय ही लघु या दीर्घ हो सकते हैं और किसी एक रथ या गाड़ी के पहिये की तरह ऐसी गति करते हैं जिसका परिणाम रेखीय हो। गहरे स्तर पर वृत्त के आकार के बढ़ते चले जाने के साथ–साथ रेखीयता और वृत्तात्मकता का भेद कम होता जाता है। दिक् के सम्बन्ध में एक सुपरिचित समस्या यह है कि वह वृत्ताकार है या रेखीय। लेकिन जैसा कि सब जानते हैं, वृत्त के घेरे के बड़े होते चले जाने पर घेरे का घुमाव कम होता जाता है और कम दूरी के लिए तो वह लगभग एक सरल रेखा जैसा हो जाता है। निश्चय ही यह एक कारण है जिसकी वजह से विशाल खगोलीय दूरियों को लेकर ही दिक् के अनिवार्यत: यूक्लीडीय अथवा अयूक्लीडीय होने का सवाल उठता है। दिलचस्प बात फिर भी यह है कि सामान्य तौर पर इतिहासकार अतीत की अपनी अवधारणा में रेखीय और चक्रिक की अन्त:क्रिया को देखने के बजाय उसे प्राथमिक तौर पर रेखीय क्रमिकता के विषय की तरह देखता है।

निश्चय ही इसके कुछ अपवाद भी हैं और टॉयनबी शायद इसके सबसे प्रसिद्ध उदाहरण हैं। लेकिन वह भी सभ्यताओं के उत्थान और पतन से आविष्ट थे और इसे इतिहास के चक्रिक तत्त्व के उदाहरण के रूप में देखते थे, जबकि धर्म की प्रगति उनके लिए चक्रिक गति का रेखीय प्रगति वाला रूप था। यहाँ भी वे ईसाइयत में अपनी बद्धमूलता और इसके लिए अपनी प्राथमिकता से बाधित थे। यदि वे अपनी अन्तर्दृष्टि के प्रति निष्ठावान होते तो यह देख पाते कि सभ्यताओं के उत्थान और पतन के सन्दर्भ में इतिहास की चक्रिय गति मानवता को एक अनन्त कालक्रम में क्रमश: उच्चतर धर्मों की ओर ले गयीं होती। टॉयनबी जो कुछ करने की कोशिश कर रहे थे, उसमें शायद एक अन्तर्दृष्टि थी, लेकिन इस अन्तर्दृष्टि को

चक्रिक गति के उदाहरण, सभ्यताओं के उत्थान–पतन तथा चक्रिक गति की रेखीय प्रगति के उदाहरण के रूप में धर्म की केन्द्रीयता से मुक्त किया जाना ज़रूरी था।

सभी अन्य चक्रों का आधार जीवन–चक्र वह सर्वाधिक बुनियादी चक्र है जिसमें मनुष्य के साथ सभी जीवों का साझा है। तथापि, किसी भी संस्कृति का प्रथम कार्य जैविकी में बद्धमूल इस चक्र को एक सांस्कृतिक चक्र में रूपान्तरित करना होता है और इसी कारण सभी संस्कृतियों में जीवन और मृत्यु केवल जैविक घटना नहीं रहते बल्कि कई अनुष्ठानों और संस्कारों से जुड़कर सांस्कृतिक घटना में रूपान्तरित हो जाते हैं। यही वजह है कि विवाह संस्कार का सभी संस्कृतियों में इतनी केन्द्रीय भूमिका होती है। गृहस्थी की स्थापना का विचार ही अपने आप में एक सांस्कृतिक प्रवृत्ति है जिसमें न केवल माता–पिता और अन्य बुज़ुर्गों के प्रति बल्कि सभी रिश्तेदारों और समाज के अन्य सदस्यों के प्रति कर्तव्य एवं उत्तरदायित्व अपरिहार्य होते हैं।

भारतीय सन्दर्भ में तो गृहस्थ का उत्तरदायित्व उन लोगों तक अपनी परिधि का विस्तार कर लेता है जो समाज को छोड़ चुके हैं जैसे कि भिक्षु और उन तक भी जो अभी तक औपचारिक रूप से समाज में सम्मिलित नहीं हुए हैं जैसे कि ब्रह्मचारी अथवा विद्यार्थी वर्ग और दिलचस्प बात यह है कि जैन और बौद्ध परम्परा के भिक्षुओं सहित समस्त संन्यासी वर्ग तथा ब्रह्मचारी के रूप में जाने गये विद्यार्थी वर्ग दोनों को ही गृहस्थ से भिक्षा प्राप्त करने का अधिकार है क्योंकि गृहस्थ का यह कर्तव्य माना गया है कि वह इनकी माँग का सकारात्मक प्रत्युत्तर देकर उनका सम्पोषण करें। 'भवति भिक्षाम देहि'—इस सन्दर्भ में दोनों ही वर्गों का समान सूत्र वाक्य था। यह उल्लेखनीय है कि यह भिक्षा गृहस्थी की स्त्रियों से माँगी जाती थी और इसमें अपने बच्चों के लिए कोई विशेषाधिकार नहीं था। वास्तव में सभी बच्चों से अध्यापक या किसी अन्य रूप के साथ रहने की अपेक्षा की जाती थी और सभी पड़ोस के गृहस्थों से भिक्षा माँगते थे, इसलिए अपने बच्चों को भी किसी अन्य गृहस्थी से भिक्षा पाने का उतना ही अधिकार था, जितना किसी अन्य के बच्चों का इस गृहस्थी से।

तथापि, सांस्कृतिक निरन्तरता के सन्दर्भ में जैविक चक्र आधारभूत चक्र नहीं है, बल्कि वह इस पर आरोपित है। इस प्रकार जैविक चक्र उस बुनियादी सांस्कृतिक चक्र का आधार हो जाता है जिस पर अन्य सभी चक्र आधारित हैं। जैविक चक्र के दो भिन्न पक्ष हैं जो अन्तर्ग्रथित होते हुए भी दो भिन्न दिशाओं में ले जाते हैं। जन्म से मृत्यु का वैयक्तिक चक्र अन्तरंग रूप से प्रजनन-चक्र से जुड़ जाता है जिसमें विपरीत यौन के सहयोग से एक मानवीय सत्ता को अस्तित्व में लाया जाता है। इस तरह, यह वैयक्तिक जीवन-चक्र बच्चों के जन्म और लम्बे समय तक उनके पालन-पोषण के लिए परिवार के अन्य सदस्यों के साथ मिल जाता है। मानव शिशु जन्म के समय शायद जीवित प्राणियों में सर्वाधिक असहाय होता है जिसे अपने विकास और वयस्कता के लिए अपेक्षाकृत दीर्घ आबादी की ज़रूरत होती है। इस प्रकार एक व्यक्ति का जीवन-चक्र न केवल विपरीत यौन के अन्य मनुष्य बल्कि उन बच्चों के विकास के साथ भी अनिवार्यतः उलझ जाता है जिनकी ज़िम्मेदारी उस पर होती है। इसके उलट, बच्चों का जीवन-चक्र अपरिहार्य रूप से अपने माता-पिता और सहोदरों के साथ-साथ पड़ोस के अपने हमउम्रों तथा बड़ों के जीवन-चक्र से सम्बन्धित होकर विकसित होता है। इस प्रकार परिवार वह बुनियादी ईकाई है जिसमें विभिन्न जैविक-चक्र सह-उपस्थित होकर अन्तःक्रियात्मक रूप से एक ऐसी सांस्कृतिक ईकाई के रूप में उसका रूपान्तरण करते हैं जिस पर, और जिसके माध्यम से, अधिकांश अन्य सांस्कृतिक चक्रों का आरोपण होता है।

वास्तव में सांस्कृतिक चक्र का आरम्भ मानव-प्राणी के जन्म अथवा गर्भाधान या उन दो व्यक्तियों के विवाह में देखा जा सकता है जो संयुक्त रूप से किसी को जन्म देते हैं। इस सन्दर्भ में यह उल्लेखनीय है कि समाजीकरण और संस्कृतिकरण की अनिवार्य प्रक्रिया पर विचार करते हुए भारतीय समाजविज्ञानी विवाह के केन्द्रीय तथ्य को सांस्कृतिक धुरी मानकर आरम्भ करता है जिस पर सभी चीज़ें घूमती हैं और जैविक तथा सांस्कृतिक पथ पर एक शिशु के जन्म और विकास की प्रक्रियाओं को सांस्कृतिक सन्दर्भ में उसी की सहायक और परिणामी मानता है।

जैविक का सांस्कृतिक में यह रूपान्तरण जीवन-प्रक्रिया के प्रत्येक निर्णायक अवसर पर उसके लिए निर्धारित विशिष्ट कर्मकाण्ड और धार्मिक तथा

लोकातीत के आह्वान से सम्भव होता है जिससे एक प्राकृतिक घटना के परा-प्राकृतिक आयाम से अनुप्राणित होने के कारण उसका स्वरूप प्राकृतिक, वस्तुगत और व्यवहारवादी दृष्टि से देखे गये स्वरूप से भिन्न हो जाता है। इस कर्मकाण्ड के दो प्रयोजन हैं : प्राकृतिक स्वरूप की कारण-परम्परा को ग़ैर-प्राकृतिक कारणत्व देना तथा सारी प्रक्रिया को एक प्रतीकात्मक स्वरूप देना जिससे उसके अर्थ को वह महत्ता मिल जाती है जो उसे एक प्राकृतिक प्रक्रिया मात्र के सन्दर्भ में देखने पर कदापि नहीं मिल सकती थी। सभी प्रकार के कर्मकाण्ड इन दो अनिवार्य प्रकार्यों के अलावा तीसरा है इस रूपान्तरण के प्रतीकात्मक स्वरूप को लोकातीत से जोड़ना जिसे भिन्न-भिन्न तरीक़ों से ग्रहण किया जा सकता है। एक ओर धार्मिक और लोकातीत का भेद तो दूसरी ओर धार्मिक और महत्ता का भेद अनिवार्य है क्योंकि 'अर्थ' और 'महत्ता' के लिए केवल 'धार्मिक' और 'लोकातीत' का होना ही ज़रूरी नहीं है।

कर्मकाण्ड के अर्थपूर्ण और महत्ताजनक आयाम तथा धार्मिक और लोकातीत आयाम के बीच इस भेद का एक दिलचस्प परिणाम संस्कृतियों एवं सभ्यताओं के इतिहास में कर्मकाण्ड के प्रकार्य एक पक्ष से दूसरे पक्ष पर स्थानान्तरण की खोज करना हो सकता है। संस्कृतियों की दूसरी और उतनी ही महत्त्वपूर्ण विशेषता किसी संस्कृति में कर्मकाण्ड द्वारा संकेतित धार्मिक और लोकातीत के प्रकारों और एक प्रकार से दूसरे प्रकार पर खिसकाव में खोजी जा सकती है। धार्मिक और लोकातीत के रूपों में परिवर्तन उतने ही महत्त्वपूर्ण हैं जितने अर्थपूर्ण और महत्ताजनक रूपों में। साथ ही, कर्मकाण्ड का क्योंकि एक नन्दतिक पक्ष भी होता है, अतः एक समाज में दीर्घ अवधि में कर्म काण्ड में हुए परिवर्तन में नन्दतिक अभिरुचि और संवेदन में हो रहे परिवर्तन भी प्रतिबिम्बित होते हैं।

कर्मकाण्ड सम्पन्न होने का एक और पहलू भी है जिनकी ओर सामान्यता ध्यान नहीं दिया गया है। यह है कालिकता के भाव के साथ इसका सम्बन्ध और काल के प्रति अभिवृत्ति जो सभ्यताओं के इतिहास में समय-समय पर बदलती रही है। वस्तुतः यदि दिक् और काल जैसाकि संवेदना के बुनियादी रूप हैं, जैसा कि काण्ट का विचार था, तो उनके प्रति अभिवृत्ति और उनके पवित्रीकरण के रूप में समाज में कालान्तर में हो रहे परिवर्तनों को समझने के लिए सर्वाधिक महत्त्वपूर्ण सूत्र हैं। काण्ट के

अनुसार, काल आभ्यन्तरिक संवेदना का रूप है और इस प्रकार परोक्षत: सभी कुछ का रूप भी है। ऐसे में, काल के पवित्रीकरण के विचार में एक सीमा तक चेतना का पवित्रीकरण भी अन्तर्निहित है।

कोई समस्या के काण्टीय निरूपण को अस्वीकार भी कर सकता है, लेकिन दिक् और काल के प्रति बुनियादी अभिवृत्तियों और कर्मकाण्डीय प्रक्रियाओं से उनके रूपान्तरण तथा चेतना से उनके सम्बन्ध का प्रश्न मानव समाजों, संस्कृतियों और सभ्यताओं के सारे अन्वेषण का केन्द्रीय प्रश्न बना रहता है। दिक् और काल के प्रति अभिवृत्तियों के प्ररूपों के वर्गीकरण का विकास तथा उनके सन्दर्भ में संस्कृतियों और सभ्यताओं के स्वरूप का निर्धारण करते हुए प्राप्त सम्बन्धित साक्ष्यों के आधार पर कालान्तर में उनमें हुए परिवर्तनों को देखना ख़ासा दिलचस्प हो सकता है। प्रत्येक वस्तु का एक स्थानिक संगठन होता है अर्थात् दूसरे शब्दों में, वह केवल दिक् में अवस्थित ही नहीं है बल्कि दिक् के सन्दर्भ से संरचित भी है। कालिकता, निश्चय ही, संस्कृतियों द्वारा छोड़े गये साक्ष्यों में नहीं दिखायी देती—सिवा उन क्रमिकताओं और संस्तरों के जो हमें पुरातात्त्विक आधार-सामग्री में प्राप्त होते हैं। लेकिन जहाँ भी साहित्यिक साक्ष्य उपलब्ध हैं, उन्हें न केवल पाठ के अन्तर्गत काल के प्रति व्यवहार के सन्दर्भ में बल्कि पाठ के अन्तर्निहित काल-चौखटे के सन्दर्भ में भी देखा जा सकता है। चित्र जैसी चीज़ें भी अपने संघटन की पद्धति से एक आभ्यन्तरिक कालबोध को प्रकट कर सकती हैं। उदाहरणार्थ, ऊर्ध्वाधर खुलनेवाले खरीतों से व्यंजित कालबोध क्षैतिज रूप से खुलनेवाले खरीतों के कालबोध से भिन्न होता है। इसी प्रकार अपने भिन्न-भिन्न हिस्सों में घटनाओं की भिन्न क्रमिकता को दर्शानेवाले चित्र का कालबोध उन्हें एक निरन्तरता में दर्शाने वाले चित्र के कालबोध से अलग होता है। एक चित्र में दिक् की संरचना उस संस्कृति की दिक् अवधारणा और व्यवहार का सूत्र प्रस्तावित करती है। स्थापत्य उस कला रूप का शायद सर्वाधिक चिरसम्मत उदाहरण है जिसमें दिक् और काल एक साथ सम्मिश्रित हैं। काल यहाँ अमूर्त रूप में है क्योंकि वह उस गति से जुड़ा है जो किसी व्यक्ति को उस जटिल वास्तु रूप को समझने के लिए करनी पड़ती है। नृत्य, नाटक और संगीत जैसी कलाओं तथा साथ ही महाकाव्यों और अन्य ग्रन्थों के लेखन में काल अधिक प्रत्यक्ष होता है।

यह विषय बहुत विशाल है और हम यहाँ उसे गहराई में जाकर स्पष्ट करना नहीं चाहते। सर्वाधिक महत्त्वपूर्ण बात यह जानना है कि दिक् और काल की बदलती संवेदना और कर्मकाण्ड तथा अवकाश से उनके सम्बन्ध की अवहेलना करनेवाला इतिहास-लेखन जैविक, सामाजिक और सांस्कृतिक जीवन के सर्वाधिक बुनियादी तथ्य की अवेहलना कर रहा होता है। मानवदेह से सम्बन्धित एक केन्द्रीय पैमाने के रूप में जैविक आवर्तनों की अपनी कालिकता और देशीयता है जिसके सन्दर्भ में अन्य सब चीज़ों को देखा जाना है। दाएँ और बाएँ, ऊपर और नीचे के भेद मानवदेह के सन्दर्भ से हैं और उसी प्रकार बड़े और छोटे के भेद भी। जागृति और नींद के ही नहीं, बल्कि अवधान—उसकी अवधि और तीव्रता—तथा और भी गहरे मानसिक स्तर पर बर्हिमुख गतिशीलता और अन्तर्मुख विश्रान्ति के साथ-साथ उत्साह और विमुखता के मानसिक आवर्तन भी समान प्रकार के ही हैं।

एक सभ्यता का प्रसार दिक् और काल के उसके बोध को भी अनिवार्यतः प्रभावित करता है—विशेष रूप से इसलिए कि इस प्रक्रिया में उसका सामना अपने अलग दिक्काल बोध वाले लोगों, संस्कृतियों और सभ्यताओं से होता है। तथापि, इन परिवर्तनों की ओर इतिहासकारों का ध्यान मुश्किल से ही जा पाता है, ख़ासतौर पर उन परिवर्तनों की ओर जिनका सम्बन्ध एक सभ्यता के दिक्काल बोध के तरीक़ों में होता है।

इतिहासकार काल में एक सभ्यता की गति पर तो निश्चय ही ध्यान देते हैं, लेकिन उसके कालबोध के तरीक़े और उसमें हो रहे परिवर्तनों पर नहीं। एक ओर, जैविक कालिकता के साथ सांस्कृतिक कालिकता तथा दूसरी ओर भौगोलिक दिक् के साथ सांस्कृतिक दिक् का अन्तर्ग्रन्थन दो भिन्न क्षेत्रों के बीच ऐसी अन्तःक्रिया करता है जिसे समझने के लिए विविध प्रकारों के ज्ञानात्मक विमर्शों की ज़रूरत होती है। किसी सभ्यता का दिक् में विस्तार उसमें कुछ ऐसे परिवर्तन और संशोधन कर देता है जो कालिक आयाम में उसके पीढ़ीगत संचरण में अनिवार्यतः घटित होनेवाले परिवर्तनों से भिन्न होते हैं। दूसरे प्रकार के परिवर्तन तो दिक् में उसके बाह्य विस्तार के बिना भी घटित होंगे ही, जबकि ऐसी स्थिति में प्रथम प्रकार के परिवर्तन सम्भव नहीं हो सकते।

किसी सभ्यता के बर्हिमुख दिग्विस्तार का एक आयाम यह भी है कि इसके वाहक अन्ततः मानव प्राणी होते हैं जो अपनी इच्छा अथवा बाध्यकारी परिस्थितियों के कारण अपने मूल निवास की निश्चित सीमाओं के बाहर चले जाते हैं। ऐसे लोगों को सामान्यतः उन लोगों की अपेक्षा अधिक उद्यमी, मार्ग प्रवर्तक और साहसी माना जाता है जो अपने उस परिचित परिवेश और सुनिश्चित जीवन में ही बने रहना चाहते हैं जिसके वे आदी हैं। इसलिए यह अपेक्षा की जा सकती है कि किसी सभ्यता का बाह्य विस्तार परिवर्तनों और नवाचारों के साथ जुड़ा है क्योंकि अपनी निश्चित सीमाओं से बाहर आ सकनेवाले लोग न केवल जोखिम पसन्द, साहसी और नवाचार-प्रवर्तक होते हैं बल्कि वे अपने सांस्कृतिक परिवेश से भी अपेक्षाकृत कम बाधित एवं नियन्त्रित होते हैं। सीमा की समस्या अपने में निश्चय ही धुँधली और मनमानी है। सीमा के पार, दूसरी संस्कृतियाँ और सभ्यताएँ हो सकती हैं।

संस्कृतियों एवं सभ्यताओं के विस्तार का अन्य संस्कृतियों एवं सभ्यताओं पर प्रतिकूल प्रभाव पड़ना सम्भव है क्योंकि यह दिक् सन्दर्भ में उन्हें अपने खोल में लौटने के लिए बाध्य करता है। इसके कई रूप और कई दिलचस्प विविधताएँ हो सकती हैं जिन पर हम अनन्तर विचार करेंगे। किसी संस्कृति का अपने आन्तरिक खोल में सिमट जाना एक दिलचस्प घटना है क्योंकि इस ओर सामान्यतः ध्यान नहीं दिया जाता और क्योंकि यह किसी संस्कृति का प्रतिकूल परिस्थितियों में अपनी अस्मिता को बनाये रखने के लिए दिया गया सुरक्षात्मक प्रत्युत्तर है। यह सामान्यतः तब होता है जब विदेशी लोग किसी ऐसी सभ्यता पर राजनीतिक विजय और शासन करते हैं जिसका अपना दीर्घ इतिहास हो तथा लोगों के चित्त में जिसकी अस्मिता की गहरी जड़ें हों। तब संस्कृति अपने खोल में सिमट जाती है और जो कुछ ऐसी परिस्थिति में बचाया जा सके, उसे बचाने की कोशिश करती है। केवल राजनीतिक घटनाओं में रुचि रखने वाला इतिहासकार इन प्रत्युत्तरों के महत्त्व को नहीं देख पाता और यह समझने में विफल रहता है कि एक विदेशी राजनीतिक शासन के अन्तर्गत उस संस्कृति के समर्थक क्या करने का प्रयास कर रहे हैं। भारत का इतिहास इस स्थिति का शायद एक सर्वसम्मत उदाहरण है। सहस्त्रों वर्षों से विभिन्न क्षेत्रों में अपने पुरुषार्थों के अन्वेषण में लगी हुई किसी सभ्यता के अपने

विभिन्न भागों में दीर्घकाल तक विदेशी शासन के अधीन रहने की यह विलक्षण स्थिति है। इस दीर्घकालीन संस्कृति और सभ्यता का इतिहास लिखने वाले अधिकतर इतिहासकारों द्वारा इस सभ्यता के वाहकों के ऐसी परिस्थिति में दिये गये क्रमिक प्रत्युत्तरों और व्यूह-रचनाओं को न तो समझा ही गया और न भास्वर किया गया।

विदेशी प्रभुत्व के सन्दर्भ में भारतीय सभ्यता के सर्वाधिक रोचक अनुभवों में एक यह भी रहा कि इस सभ्यता की प्राकृतिक सीमाओं द्वारा निर्मित सम्पूर्ण भौगोलिक और सांस्कृतिक देश पर विदेशी प्रभुत्व विरले ही, शायद कभी भी नहीं फैल पाया। १८५७ के बाद समूचे भारत को अधीन करने और उसे एक राजनीतिक-प्रशासनिक व्यवस्था के अन्तर्गत एकता प्रदान करनेवाले समझे गये ब्रिटिश शासकों को भी देश के विशाल भाग आन्तरिक शासन के लिए उन राज्यों को छोड़ देने पड़े जिनके साथ उन्होंने कई प्रकार की सन्धियाँ की थीं। ब्रिटिश राजनीतिक प्रभुसत्ता के अधीन रहते हुए भी ये राज्य अपने आन्तरिक मामलों के प्रशासन में पर्याप्त स्वायत्त थे। अभी यह तुलनात्मक अध्ययन किया जाना शेष है कि इन राज्यों की कार्यप्रणाली कैसी थी—विशेष रूप से भारत की सुदीर्घ और विविधवर्णी सांस्कृतिक परम्परा के सम्पोषण और विकास के सन्दर्भ में। तथापि, इस सन्दर्भ में महत्त्वपूर्ण बात यह है कि अपने लम्बे इतिहास में कभी भी यह समूचा उपमहाद्वीप एक साथ विदेशी प्रभुत्व के अधीन नहीं रहा; साथ ही, कुछ प्रदेश सदैव ही राजनीतिक सत्ता के केन्द्रों से बाहर रहे जो विशेषतया पिछले हज़ार सालों के इतिहास में इतिहासकारों को आकर्षित करते रहे हैं।

किसी संस्कृति अथवा सभ्यता के बाह्य विस्तार को कई तरह से रोका या बाधित किया जा सकता है। उसका गतिबल खो सकता है या उसे अन्य संस्कृतियों के प्रतिरोध का सामना करना पड़ सकता है। कुछ भी हो, लेकिन अपनी प्रारम्भिक अस्मिता और निरन्तरता को बनाये रखने की समस्या तो आती ही है। आगे बढ़ आनेवाले पीछे मुड़कर देखते और छूटे हुए को याद करते हैं जबकि पीछे रह जानेवालों को यह स्थिति अलग तरह से याद आती है। एक तरह से यह सांस्कृतिक स्मृति के विविध रूपों का सवाल है जो सांस्कृतिक अस्मिता और उसके नैरन्तर्य को रूपायित करता है। कोई संस्कृति कैसे इस स्मृति को सुरक्षित रखती और किन

प्रक्रियाओं से वह अपनी बहुत समय पहले खो गयी और विशाल दिग्विस्तार द्वारा पृथक् अस्मिता को पुनर्नवा करती है? यह स्थिति और भी जटिल हो जाती है जब समुद्रों या पहाड़ों जैसी प्राकृतिक बाधाओं या बीच के क्षेत्र में किसी भिन्न संस्कृति के होने के कारण कोई अपनी संस्कृति के लोगों से बिलकुल कट गया हो। सुदूर द्वीपों, महाद्वीपों और इलाक़ों में जा बसनेवाले सभी प्रवासी जनसमुदायों को इस समस्या का सामना करना पड़ता है और उनका प्रत्युत्तर उन लोगों से बिलकुल भिन्न होता है जो वहीं रहते हैं जहाँ वह सभ्यता जन्मी और सुदीर्घ काल तक फलती-फूलती रही।

अतीत और भविष्य तथा यहाँ और बाहर का यह प्रतिच्छेदन वह साँचा उपलब्ध करवा देता है जिसमें किसी सभ्यता या संस्कृति के इतिहास को समझा जा सकता है। इसलिए अतीत के सभी साक्ष्यों की व्याख्या इस तरह की जानी है मानो वे 'अतीत' और 'भविष्य' तथा 'यहाँ' और 'बाहर' के बारे में अपने रचयिताओं द्वारा अपनाये गये परिप्रेक्ष्यों के संगम पर स्थित हों अर्थात् इनके बोध के उनके अपने तरीक़ों के अनुसार।

बात दरअसल यह है कि इतिहासकार के लिए तो सब कुछ अतीत है, लेकिन उन लोगों के लिए नहीं जो उस काल में जी रहे थे और जिनके द्वारा छोड़े गये विवरण के आधार पर इतिहासकार तथाकथित अतीत को व्यवस्थित और पुननिर्मित करने का प्रयास करता है। इसी प्रकार, इस साक्ष्य के रचयिताओं की देशगत स्थिति, एक निश्चित स्थल पर स्थित होने के बावजूद, केवल वहीं तक सीमित नहीं थी क्योंकि वे हमेशा उसका सम्बन्ध वहाँ से परे किसी ऐसी चीज़ से जोड़ते थे जो उनकी चेतना का एक सक्रिय घटक थी। दिक् और काल के आयामों को इतिहास निर्मिति के लिए इतिहासकार द्वारा प्रयुक्त समस्त साक्ष्यों के अनिवार्य अन्त:निर्मित संघटकों के रूप में देखा जाना आवश्यक है।

लेकिन क्या है यह निर्मिति? वह क्या कार्य है जो इतिहासकार चेतन अथवा अवचेतन रूप से सदैव करता है? क्या इस निर्मिति के कुछ लोकातीत पूर्व रूप हैं? अथवा यदि काण्टीय पदावली को वरीयता न दें तो क्या कुछ अनिवार्य शर्तें हैं जिन्हें अतीत की ज्ञानात्मक निर्मिति को पूरा करना है? अथवा क्या वैकल्पिक इतिहास भी होते हैं और उनमें से किसी एक की निर्मिति का चयन अपने में कुछ ऐसे कारणों द्वारा निर्धारित होता

है जो अपने स्वरूप में ज्ञानात्मक नहीं है?

फिर भी, इतिहासकार के चयन का निर्धारण करनेवाले, अथवा इतिहास-लेखन की अपनी प्रक्रिया में अनिवार्यतः सम्मिलित तत्त्व चाहे कुछ भी हों, कुछ पूर्व शर्तें ज़रूर हैं जिन्हें किसी भी ऐतिहासिक निर्मित को पूरा करना होता है और उन्हें जाने बिना हम इतिहास-निर्माण के उद्यम में ही अन्तर्लिप्त कुछ औपचारिक सीमाओं को नहीं देख सकते। मसला यह है कि यदि हम मान भी लें कि एक ही आधार-सामग्री की वैकल्पिक ऐतिहासिक निर्मितियाँ होती हैं और उनका होना अपरिहार्य है, तब भी उनमें एक निश्चित सामान्यता को मानना पड़ेगा ताकि वैकल्पिक चित्रों या निर्मितियों को 'चित्र' अथवा 'निर्मिति' के रूप में स्वीकार किया जा सके। किसी भी इतिहास-लेखन की प्रथम और सर्वप्रमुख शर्त कि वह काल की प्रक्रिया में उद्घाटित होनेवाला नाटकीय वृत्तान्त होगा जिसमें संघर्षरत नायकों के सामान्य मानवीय अनुभव को बोधगम्य प्रेरणाओं से निर्देशित कार्य-व्यापार ऐसे परिणामों की ओर ले जायेंगे जिनका अनुमान वे स्वयं भी नहीं कर सकते। इसलिए इतिहास लेखन की सर्वाधिक निकट विधा नाटक या उपन्यास ही हो सकता है—फ़र्क़ सिर्फ़ यह कि कथा अथवा नाटक के चरित्रों तथा उनसे अपेक्षित कार्य-व्यापार के साथ-साथ उससे प्रसूत परिणामों अथवा इनके अभाव के लिए भी स्वतन्त्र एवं सत्यापनीय प्रमाणों की ज़रूरत होगी। इसके अलावा, उपन्यासकार अथवा नाटककार के विपरीत, इतिहासकार उसके द्वारा वर्णित घटनाओं के दिक् और काल की वस्तुगत अवस्थिति से बद्ध होता है। वह स्थान और समय अथवा चरित्रों या साक्ष्य या परिणामों को चुन नहीं सकता। ये उसे प्रदत्त होते हैं और इनके ही इर्द-गिर्द उसे एक विश्वसनीय कहानी बनानी होती है। यह पूछा जा सकता है कि तब एक ऐतिहासिक उपन्यास अथवा ऐतिहासिक नाटक और औपचारिक रूप से इतिहास कहे जानेवाले लेखन में क्या फ़र्क़ है। दोनों संज्ञाओं से ध्वनित फ़र्क़ केवल यह है कि एक से कुछ निश्चित प्रश्न नहीं पूछे जा सकते जो दूसरी की प्रतिक्रिया में प्रासंगिक होते हैं। ऐतिहासिक उपन्यास अथवा ऐतिहासिक नाटक की संज्ञा से ज्ञापित लेखन का अपने द्वारा वर्णित तथ्यों की दृष्टि से प्रामाणिक होना आवश्यक नहीं है, जबकि इतिहास होने का दावा करनेवाले लेखन से ये सवाल पूछा जाना सदैव प्रासंगिक होता है और यदि इनके उत्तर निषेधात्मक

हों तो वैध इतिहास होने का उसका दावा ख़ारिज हो जाता है। इसलिए ऐतिहासिक कल्पना का कार्य उस साहित्यिक कलाओं के क्षेत्र की कल्पना से बिलकुल भिन्न है—चाहे वह अपनी प्रकृति में ऐतिहासिक होने का दावा करती भी हो।

इतिहास-लेखन की तुलना किसी भू-दृश्य के अंकन या शबीह बनाने से करना दिलचस्प होगा जिनमें कल्पना और यथातथ्यता साथ-साथ रहतीं और एक ही चीज़ के बारे में रचनात्मक विविधता की सम्भावना पैदा करती है। फिर भी चित्रकला की अपनी कुछ सीमा है—चित्रात्मक दिक् का संघटन और द्विआयामी पटल पर त्रि-आयामी प्रभाव की रचना तथा साथ ही रंगों के बीच सम्बन्ध, उनकी पारस्परिक अन्त:क्रिया और एक-दूसरे को रूपान्तरित करना। निश्चित तौर पर नहीं कहा जा सकता कि इनके कोई तुल्य रूप साहित्यिक लेखन में भी होते हैं जहाँ केवल शब्द ही समान भूमिका निभाते हैं।

एक समस्या यह भी है कि इतिहास-लेखन अपना प्रभाव कैसे अर्जित करता है। क्या लेखन-शैली और शिल्प के कारण पाठक में ऐतिहासिक सत्य के प्रति विश्वास पैदा होता है जिसका उस साक्ष्य की प्रामाणिकता से क्षीणतर सम्बन्ध होता है जिस पर आधारित होने का दावा वह लेखन करता है? हाल में, प्रतिष्ठित मानव-विज्ञानियों के लेखन के सन्दर्भ में क्लिफोर्ड गीर्ट्ज ने यह मसला उठाया है और उनका तर्क है कि महान मानव-विज्ञानियों की प्रामाणिकता संस्कृति की उनकी व्याख्या के तथ्यात्मक आधार से नहीं बल्कि उनकी लेखन-शैली से निस्सृत होती है; यहाँ तक कि उन संस्कृतियों के चित्रण के कथित आधार तथ्यों के अप्रामाणिक सिद्ध हो जाने पर भी वह चित्रण प्रामाणिक बना रहता है।

सांस्कृतिक मानव-विज्ञान और इतिहास में फ़र्क़ यह है कि जहाँ मानव-विज्ञानी अपने द्वारा वस्तुगत रूप से चित्रित समाज और संस्कृति का प्रत्यक्षदर्शी और भागीदार प्रेक्षक होता है, वहीं एक इतिहासकार अपनी परिभाषा में ही, इतिहास के रूप में वर्णित किसी भी चीज़ का न तो प्रत्यक्षदर्शी होता है और न ही भागीदार प्रेक्षक। वह अन्य लोगों के प्रत्यक्षदर्शी विवरण तथा घटनाओं में सक्रिय भागीदारों के छोड़े गये दस्तावेज़ों के आधार पर घटनाओं का पुनर्निर्माण करता है। इस प्रकार वह सामान्यत:

साक्षर एवं अपनी घटनाओं और कार्य-कलाप के विवरण छोड़ जानेवाली संस्कृतियों का अध्ययन करनेवाला दूसरे दर्जे का मानव-विज्ञानी होता है। तथापि, दोनों को वस्तुनिष्ठता और सत्य का बोध करवाने वाला विश्वसनीय और सुसंगत चित्र प्रस्तुत करना होता है और इसके लिए प्रस्तुति की शैली का भी उतना ही महत्त्व है जितना उसके बहुविध आधार-साक्ष्यों का। जिस प्रकार फ्रेज़र की 'दि गोल्डन बाउ' अपने ब्योरों की सम्पदा के बावजूद एक आदर्श मानव-विज्ञानी कृति नहीं है उसी प्रकार विश्व के अभिलेखागारों में संगृहित सामग्री इतिहास नहीं, बल्कि वह कच्चा माल है जिसके आधार पर इतिहास रचा जाना है।

गिब्सन, मॉमसन या ट्रेवेलियन जैसे महान इतिहासकार इसीलिए अपनी लेखन-शैली और अन्तर्दृष्टि से अनुप्राणित कृतियों की वजह से गीर्ट्ज द्वारा उल्लिखित मानव-विज्ञानियों की तरह विशिष्ट हो जाते हैं। वास्तव में किसी मार्क्स अथवा हेगेल की सर्वप्रतिष्ठित कृति को इतिहास के रूप में महत्त्वपूर्ण बनानेवाला तत्त्व प्रलेखन, पाद-टिप्पणियों या परिशिष्टों में भावहीन तथ्यों की प्रचुरता नहीं, बल्कि उनके लेखन के प्रत्येक पृष्ठ में स्पन्दित आवेग और नाटक है। मार्क्स के यहाँ अन्याय और शोषण के विरुद्ध आक्रोश तथा शोषणमुक्त समाज और राज्य व्यवस्था का स्वप्न उनकी कृति के लिए एक संरचना बरामद करता है, जबकि हेगेल के काल में परम आत्म का मूर्तीकरण और उसका अपनी द्वन्द्वात्मकता में प्रकटन उनके समूचे ऐतिहासिक लेखन को एक टिकाऊ और जीवन्त बनावट प्रदान करते हैं। सामान्यतया इतिहासकार नहीं माने जानेवाले वेबर के यहाँ भी मनोवेग ही विवेक की कथा है, यद्यपि हेगेल से भिन्न अर्थ में। यहाँ समष्टिगत विवेक ही अन्ततः स्वयं को अभिव्यक्त करता है तथा नौकरशाहों का निर्वैयक्तिक विवेक एवं करिश्मे और करिश्मे के नित्यचर्याकरण के बीच अन्तःक्रिया न केवल पूँजीवाद के बल्कि विश्व धर्मों के उसके अध्ययन को जीवन-रक्त प्रदान करती है।

मानव-विज्ञानी की फिर भी एक बाध्यता है जो सामान्यतः इतिहासकार की नहीं है। मानव-विज्ञानी किसी संस्कृति को प्राथमिक तौर पर स्थिर सन्दर्भ में देखता और वर्णित करता है—यहाँ तक कि उसे अपने में प्रकट तथा अन्य संस्कृतियों से भिन्न करनेवाले मूल्यों के सन्दर्भ में समझने का प्रयत्न करते हुए भी अपने पूर्वअभिग्रहण की प्रकृति के कारण वह समाजों

या संस्कृतियों को मूल्यों के अन्वेषण में रत अथवा समभाव सीमा तक उन्हें चरितार्थ या मूर्त करते हुए चित्रित नहीं कर सकता। वह किसी संस्कृति का एक आशुचित्र ही देता है—चाहे वह विडियो चित्र या विडियो फ़िल्म भी क्यों न हो। यदि एक इतिहासकार भी छोड़े गये दस्तावेज़ों और साक्ष्य के माध्यम से एक विशेष समय अथवा दिक्काल क्षेत्र को ही समझना चाहता है तो वह भी इस सीमा को स्वयं पर आरोपित कर लेता अथवा अनजाने ही उसके वशीभूत हो जाता है।

मूल्यबोध और मूल्यानुभूति का द्वन्द्वात्मक सम्बन्ध विरले ही दार्शनिक अथवा ऐतिहासिक अन्वेषण का विषय रहा है। सामान्यतः, एक चरितार्थ या अनुभूत मूल्य वही नहीं रहता जिसका बोध कल्पना अथवा अन्तप्रज्ञा में होता है; उसमें कुछ ऐसी अपूर्णता दिखायी देती हैं जिनकी कल्पना भी नहीं की जा सकती थी। उदाहरणार्थ, न्याय, समता अथवा स्वतन्त्रता जैसे मूल्य अपनी चरितार्थता में ऐसी गम्भीर कमियों का प्रदर्शन करते हैं जो फिर अपने उपचार के लिए व्यक्तियों के ऐसे अधिक सामूहिक प्रयत्न की माँग करती है जो प्राथमिक स्तर पर अभिग्रहीत उसी मूल्य के कुछ अधिक परिष्कृत और कुछ न कुछ भिन्न बोध से अंशत: तो निर्धारित होता ही है। हेगेल ने इस प्रारम्भिक बोध को अमूर्त और परवर्ती बोध को मूर्त कहा है, लेकिन यहाँ वह भूल कर रहे थे क्योंकि मूल्यांकन की दृष्टि से तो अमूर्त ही मूर्त की समीक्षा का आधार प्रदान करता है। लेकिन गम्भीर भूल करने के बावजूद उन्होंने यह अनुभव किया कि किसी मूल्य को चरितार्थ करने का प्रयत्न किये बिना कोई अपने बोध की सीमाओं को भी नहीं जान सकता। हेगेल की भूल उनका यह विचार था कि सीमा मूल्य के बोधन में नहीं बल्कि मूल्य की अमूर्तता में है। अमूर्त बोध और मूर्त चरितार्थता की निरन्तर अन्त:क्रिया से इतिहास को मानव-विज्ञान के वर्णन की सीमाओं के अतिक्रमण का रास्ता मिलता है क्योंकि वह समाजों और संस्कृतियों को परिवर्तनशील कालिक परिप्रेक्ष्य में देखता है, न कि ऐसी शाश्वत गतिविधियों के रूप में जो प्रक्रियाओं के अनवरत एवं चक्राकार पुनराव द्वारा अपने को पुनर्सम्भव करती रहती हैं। ऐतिहासिक परिप्रेक्ष्य में अमूर्त आदर्शों के बोध के सन्दर्भ में वर्तमान से असन्तोष ही स्थिति में गत्यात्मक परिवर्तन का आधार बनाता है जिससे मनुष्य के कालिक आयाम को वह अर्थ और महत्ता मिलते हैं जिनसे अन्यथा उसे वंचित ही रहना पड़ता।

इसका तात्पर्य यह है कि स्वयं मानव-इतिहास को मूल्यों की चरितार्थता के संघर्ष और उसके रास्ते में आनेवाली मुश्किलों के साथ-साथ चरितार्थता के प्रयत्नों के माध्यम से उनके बोध की कमियों और सीमाओं के प्रकटन के रूप में देखना होगा। अमूर्त बोध के हिमायती चरितार्थता की अपूर्णता का दोष सामान्यतया मानवीय स्वभाव अथवा कुछ अन्य बाह्य परिस्थितियों पर डाल देते हैं जो मूल्य की चरितार्थता को विकृत कर देती हैं। यह एक घिसी-पीटी दलील है जो किसी आधारभूत ग्रन्थ या पैगम्बर के कथनों में अन्तःस्थ मौलिक मूल्य-स्वप्न के पारम्परिक अलमबरदारों द्वारा दी जाती है। दैवी और लौकिक दोनों ही प्रकार के धर्मों के रक्षक मूल्य-चरितार्थता की विफलता का दोषी किसी अन्य बात को ही ठहराते हैं, न कि स्वयं मूल मूल्य-स्वरूप को।

इस प्रकार मनुष्य के मूल्यबोध और मूल्य-चरितार्थता का इतिहास दो रूपों में लिखा जा सकता है। प्रथम, मूल्य-चरितार्थता में प्रकट होती जा रही अधिकाधिक कमियों और निश्चयात्मक नकारात्मकता को स्वयं मान लेने के बावजूद मूल बोध के तर्क को कठोरतापूर्वक लागू करने के रूढ़िवादियों के उत्तरोत्तर प्रयास। दूसरी ओर, इतिहास चरितार्थता और क्रियान्वित की प्रक्रिया में प्रकट नकारात्मकता की रोशनी में मूल्य-बोध के उत्तरोत्तर रूपान्तरण के वर्णन का रूप भी ले सकता है। ऐतिहासिक तथ्य के रूप में देखा जाय तो दोनों ही प्रवृत्तियाँ उपस्थित रही हैं और कभी एक तो कभी दूसरी का प्रभुत्व होता रहा है। कभी-कभी दोनों के बीच अन्तःक्रिया भी हो सकती है और एक द्वारा दूसरी का समायोजन भी।

इसके अलावा किसी नये मूल्य के बोध अथवा किसी प्राचीन मूल्य के नये आयामों में विस्तार या किसी संस्कृति अथवा सभ्यता के इतिहास में पार्श्ववर्ती भूमिका वाले किसी मूल्य के प्रधान भूमिका में आ जाने की कहानी भी है। साथ ही मूल्य क्योंकि सदैव बहुसंख्यक होते हैं तथा अपने सम्बन्धों में हमेशा समंजस या एक-दूसरे के पूरक नहीं होते, इसलिए भारतीय परम्परा में ज्ञापित 'पुरुषार्थ' जैसी किसी चीज़ पर केन्द्रित किसी भी संस्कृति या सभ्यता के इतिहास को उनके पारस्परिक सम्बन्धों—द्वन्द्वात्मक और एक-दूसरे के पूरक—दोनों ही प्रकार के सम्बन्धों को देखना पड़ेगा।

लेकिन यदि मनुष्य के मूल्यान्वेषण के नाटक को इतिहास-लेखन में केन्द्रीय बना दिया जाय तो भी मूल्यों के क्रियान्वयन के लिए कारण-कार्य सम्बन्ध के ज्ञान और उस ज्ञान को लागू करने के लिए तकनीकी दोनों की आवश्यकता होगी। इस प्रकार तकनीकी और मूल्य बोध एक-दूसरे से घनिष्ठ रूप से जुड़ जाते हैं क्योंकि तकनीकी के बिना किसी भी मूल्य के क्रियान्वयन का प्रयत्न नहीं किया जा सकता। इसलिए, 'शिल्प' और 'पुरुषार्थ' दो ऐसी केन्द्रीय अवधारणाएँ हैं जिनके सन्दर्भ में इतिहास लिखा जाना चाहिए। 'शिल्प' या तकनीकी की अवधारणा में कारण-कार्य सम्बन्ध का ज्ञान और उस ज्ञान के उपयोग के लिए उसका एक प्रभावी उपकरण में रूपान्तरण दोनों पूर्वमान्य हैं। यह ज्ञान व्यावहारिक हुनर के स्तर पर भी हो सकता है जिसमें हम जानते हैं कि ऐसा-ऐसा करने पर ऐसा होना सम्भव है। अधिकांश व्यावहारिक हुनर इसी प्रकार के हैं और जब भी कोई कुछ करना चाहता है, तो वह एक दीर्घ कालावधि में अर्जित ऐसे ही हुनरों पर निर्भर करता है। जिस ज्ञान पर ये हुनर आधारित हैं अथवा जो ज्ञान अपने को इन हुनरों के माध्यम से प्रदर्शित और मूर्त करता है, वह स्वयं आत्मचिन्तन ज्ञान के व्यवस्थित निकाय के रूप में संगठित हो सकता है जिसे सामान्यतया 'शास्त्र' कहा जाता है।

हुनरों की पूर्वगामिता के आधार पर शास्त्र-निर्माण के नतीजे कुछ मामलों में लाभकर भी हुए हैं और प्रतिकूल भी। लाभ साफ़तौर पर यह है कि ज्ञान संगठित और वर्गीकृत होकर एक आत्म-चेतन रूप ले लेता है जो प्रधानतः अपने चरित्र में बौद्धिक एवं प्रकृति में अवधारणात्मक होता है। यह तथाकथित हुनरों को भी 'कारीगरी' के बजाय 'ज्ञान' की शब्दावली में समझता है। इस प्रकार प्रारम्भ में हुनर को मूर्त करनेवाले क्रियात्मक पहलू के बजाय ज्ञानात्मक पहलू पर बल दिया जाने लगता है। इस कारण इसमें एक अलग प्रकार की स्थिरता आ जाती है जो वैसी नहीं होती जो उसके हस्तान्तरण और प्रशिक्षण की प्रक्रिया तथा नयी परिस्थितियों से उत्पन्न चुनौतियों के कारण निरन्तर संशोधित होती रहती थी। शास्त्रीय ज्ञान कुछ ऐसी अपनी ही समस्याएँ पैदा करता है जिनका उस ज्ञान की क्रियान्विति अथवा हुनर की वास्तविक निष्पन्नता से कोई सम्बन्ध नहीं होता। शास्त्रीय निरूपण से उत्पन्न बौद्धिक समस्याएँ सदैव ही अपनी प्रकृति में अवधारणात्मक होती है जिनका सम्बन्ध मुख्यतया कथन के वास्तविक

तात्पर्य और कहे गये की सुसंगति अथवा उसके समर्थन में दिये गये प्रमाणों और दलील की पर्याप्त तर्कसंगति से होता है। इस प्रकार यह सदैव ही अर्थ, तर्क, संगति और वैधीकरण की समस्याओं से अधिकाधिक त्रस्त होता चला जाता है जिसके एक ओर शास्त्र अथवा भाषा-विज्ञान, शब्द-शास्त्र और भाषा विज्ञान का विकास सम्भव होता है तो दूसरी ओर भारतीय परम्परा में संज्ञापित 'प्रमाण शास्त्र' अर्थात् तर्कशास्त्र, ज्ञान-मीमांसा, विज्ञान-दर्शन, व्याकरण, 'मीमांसा' और 'न्याय' के स्वायत्त ज्ञानानुशासनों का विकास जो अर्थ, व्याख्या और वैधीकरण की समस्याओं से सम्बन्धित होने के कारण सभी शास्त्रों के अध्ययन की आधार-भूमि हो जाता है। इस प्रकार बुद्धि किसी हुनर की क्रियात्मकता से भिन्न कुछ अलग प्रकार की समस्याओं में उलझ जाती है। सुसंगति, वैधीकरण, व्याख्या अथवा अर्थ की समस्याएँ हुनर की क्रियान्विति के इलाक़े में प्रवेश तक नहीं करतीं। हुनर अपने उद्देश्य की पूर्ति की मात्रा के अनुसार सफल या असफल होते हैं। हुनर, निश्चय ही कभी-कभी किसी बड़े उद्देश्य के सहायक होते हैं जैसेकि कलाओं में जहाँ हुनर का अतिक्रमण करनेवाले कुछ और को पाने की कोशिश होती है। सामान्यतया इस 'कुछ और' को 'सुन्दर', 'अभिव्यंजक' अथवा 'सार्थक' कहकर सम्प्रेषित किया जाता है जो हुनर की क्रियान्विति का परिणाम होता है तथा हुनर को केवल हुनर के लिए इस्तेमाल करना जिसकी विफलता या निषेध तक समझ लिया जाता है। कभी-कभी किसी हुनर के प्रयोग का अपना आनन्द ही उसकी वैधता होता है। लेकिन एक विवेकशील ग्रहीता या दर्शन की संतुष्टि एवं आनन्द के लिए केवल खेल में भी एक सौन्दर्यात्मक तत्त्व का होना आवश्यक है। कोई अपने खिलाड़ीपन का स्वयं आनन्द ले सकता होगा लेकिन यह अलग बात है कि वह अन्य के लिए भी आनन्दप्रद है या नहीं। हुनर के प्रयोग से, निश्चय ही, कौतुक या आश्चर्य का भाव पैदा किया जा सकता है, पर यह कहना कठिन होगा कि वह सौन्दर्यात्मक भी है। यह जानना दिलचस्प होगा कि एक महान कलाकृति में उदात्तता और विस्मय का घटक बनने पर इन भावों में क्या बुनियादी अन्तर आ जाता है।

हुनर को उससे परे किसी अन्य प्रयोजन का सहायक माननेवाली और ऐसा न माननेवाली कलाओं में शायद एक बुनियादी भिन्नता है। शिल्पों और करतबों के बहुत से रूपों में हुनर का प्रदर्शन ही अन्तिम उद्देश्य होता

है। वास्तव में, शास्त्रीय ज्ञान के क्षेत्र में भी कई बार तर्क-वितर्क के बौद्धिक हुनरों का प्रयोग केवल प्रयोग मात्र के लिए किया जाता है। शास्त्रीय ज्ञान में तर्क का केवल तर्क के लिए प्रयोग भी ग़लत नहीं माना जाता, लेकिन कोई भी प्राथमिकता उसे सत्य अथवा ज्ञानोद्दीपन के लिए उपयोगी बनाने की ही होगी।

मूल बात यह है कि जब किसी भी क्षेत्र के हुनर शास्त्र या शास्त्रीय कहे जानेवाले ज्ञान के व्यवस्थित निकाय के आत्मचेतन निरूपण में स्थापित होते हैं, तो अपेक्षाकृत स्वायत्त क़िस्म की कुछ समस्याएँ पैदा होती हैं जिनका अपना ही एक समान्तर जीवन हो जाता है। इस प्रकार एक परम्परा विशेष में शास्त्र का विकास और शिल्प का विकास एक-दूसरे से स्वतन्त्र हो जाते हैं और कभी-कभार ही उनकी अन्त:क्रिया अथवा एक-दूसरे को प्रभावित करने का संयोग घटित होता है। न तो शब्द शास्त्र और भाषा-विज्ञान का विकास भाषा-प्रयोग में निष्णातता को सुनिश्चित कर सकता है और न ही काव्यशास्त्र का विकास साहित्य अथवा काव्य की महान कृतियों की रचना में सहायक होता है।

एक ओर शिल्प और शास्त्र के अन्तस्सम्बन्धों तथा दूसरी ओर इन दोनों के पुरुषार्थों के साथ सम्बन्धों के अन्वेषण की ज़रूरत है। यह भी उतना ही आवश्यक है कि इसे एकतरफ़ा गति की तरह न देखा जाय जिसमें पुरुषार्थ शिल्पों का और शिल्प शास्त्र का विकास करते हैं क्योंकि स्वयं शास्त्र भी नये पुरुषार्थों को जन्म दे सकते हैं अथवा उचित अवधारणा या तकनीकी के अभाव में सम्भव न हो सकी किसी पुरुषार्थ की मूलत: रूपान्तरित समझ को विकसित कर सकते हैं। इसी प्रकार, शास्त्रीय निरूपण न केवल बुद्धि और विवेक के एक बिलकुल भिन्न जगत को अस्तित्व प्रदान करते हैं बल्कि बौद्धिक और तर्कसम्मत ज्ञान के एक नये पुरुषार्थ को मनुष्य के लिए सम्भव करते हैं जो अन्यथा किसी संस्कृति में उन अविकसित अथवा अल्पविकसित होने के कारण अनुपस्थित रहता है। किसी संस्कृति अथवा सभ्यता के इतिहास में नये पुरुषार्थों का उदय भी मनुष्य के इतिहास को देखने का एक महत्त्वपूर्ण ढंग है क्योंकि यह भिन्न प्रकार के नये प्रयोजनों की तलाश में उसके जीवन को सार्थक बनाने के तरीक़ों पर बल देता है। मानव-इतिहास का नाटक मनुष्य के उन विविध प्रयोजनों के अन्वेषण का नाटक है जिन्हें वह अन्वेष्य मानता है और जो

सामान्यतया उस संस्कृति द्वारा निर्धारित होते हैं जिसमें उसका जन्म हुआ है। इसलिए मानवीय चेतना के क्षितिज पर किसी नये पुरुषार्थ के उदय को मानव–इतिहास का एक नया आयाम मानना चाहिए जो पूर्व में अनुपलब्ध एक नये प्रकार के अन्वेषण की सम्भावनाएँ दिखाता है। विविध सभ्यताओं के अन्तर को उन प्रधान पुरुषार्थों के सन्दर्भ में समझा जा सकता है जिनका वे दीर्घकाल तक अनुधावन करती रहीं और जिनकी छोड़ी गयी कृतियाँ उनके ग्रहण अन्वेषण का संयोजन और मूर्तीकरण है। सभ्यता विशेष के पुरुषार्थों तथा उनके आत्मचेतन निरूपण का मानचित्रण किसी सभ्यता अथवा संस्कृति के इतिहास के लिए प्राथमिक ज़रूरत है। जिस प्रकार किसी भी मनुष्य के लिए उस समूह की भाषा स्वाभाविक है जिसमें वह जन्म लेता है, उसी प्रकार उसकी संस्कृति द्वारा निर्धारित पुरुषार्थ भी उसके लिए स्वाभाविक है। भिन्न निरूपण से समान होने पर ही वह उन पुरुषार्थों की सांयोगिकता और सीमा को समझना शुरू करता है जिन्हें उसने अजाने ही साक्ष्यों और उनके अन्वेषण के साधनों के एकमात्र निरूपण के रूप में स्वीकार कर लिया था।

शिल्प, शास्त्र और पुरुषार्थ की इस त्रयी में एक और आयाम जोड़ने की ज़रूरत है जिसके बिना न तो मनुष्य को समझा जा सकता है और न इतिहास को क्योंकि मानव–इतिहास अन्ततः मनुष्य का ही इतिहास है। यह प्रश्न भी उठना चाहिए कि मानव–इतिहास कैसे मानवेतर इतिहास अर्थात् अन्य जीवों और निर्जीव पदार्थों के इतिहास से भिन्न है। विकास की अवधारणा केवल मानव–इतिहास तक सीमित नहीं है। वास्तव में इसी अवधारणा का प्रयोग पहले भौमिकी या भूविज्ञान में हुआ तथा बाद में जीवों की उत्पत्ति के सन्दर्भ में जैविकी या जीव–विज्ञान में। कालान्तर में यह मानविकी के अनुशासनों में भी स्थानान्तरित की गयी। लेकिन मानवेतर स्तरों पर समस्त सजीव संघटना प्राकृतिक और प्रकृतेत्पर तथा लौकिक और अलौकिक के बीच कोई सुनिश्चित पृथकता नहीं दिखाती और शायद सिद्धान्ततः दिखा भी नहीं सकती। इसके विपरीत, समस्त मानवी संघटना प्राकृतिक विश्व पर सांस्कृतिक पहलू आरोपित करके अपने को उससे पृथक करने की कोशिश करती तथा स्वयं संस्कृति में भी अलौकिक तथा लौकिक में भेद करती है। यह समझ लिया जाना चाहिए कि वह संस्कृति के लौकिक पहलुओं को प्राकृतिक नहीं मानती तथा उनमें से

किसी का भी एक निर्धारित अनुष्ठान अथवा उसके प्रति मनोवृत्ति में परिवर्तन मात्र से भी लोकोत्तर रूपान्तरण किया जा सकता है। स्वयं प्राकृतिक विश्व को भी उसके प्रति मनोवृत्ति में परिवर्तन मात्र से लोकोत्तर समझा जा सकता है। वस्तुत:, प्राकृतिक, सांस्कृतिक और लोकोत्तर का विभेद अन्ततः मनोवृत्ति पर आधारित है जो किसी वस्तु अथवा घटना को इन परिप्रेक्ष्यों में देखती है। तथापि, किसी प्राकृतिक अथवा मनुष्य को पूर्व-प्रदत्त वस्तु के सांस्कृतिक रूपान्तरण की प्रक्रिया सांस्कृतिक के लोकोत्तर में रूपान्तरण की प्रक्रिया के बहुत अधिक समान है। दोनों ही स्थितियों में प्रधान अर्थ तथा उसके प्रति मनोवृत्ति के रूपान्तरण के साथ-साथ एक आनुष्ठानिक तत्त्व शामिल है। जब प्राकृतिक विश्व को मुख्यतः प्राकृतिक की तरह देखा-बरता जाता है तो उसे केवल कारण-सम्बन्ध द्वारा नियमित अथवा किसी परोक्ष प्रयोजन या निर्दिष्ट लक्ष्य से रहित मात्र एक घटना की तरह लिया जाता है। निर्जीव प्रकृति-जगत में अन्त:स्थापित होते हुए भी मानवेतर सजीव प्राणियों की दुनिया द्वारा दर्शाये गये कुछ लक्षणों को प्रयोजनवत् की तरह ही देखा जा सकता है क्योंकि उनके बारे में मनुष्य कभी निश्चित नहीं हो सकता कि उनमें कोई वास्तविक प्रयोजनपूर्ण गतिविधियाँ हैं या वे ऐसा केवल आभासित होता है। मनुष्यों के मामले में प्रयोजन केवल काल्पनिक नहीं रहता और निर्जीव पदार्थ तथा सजीव प्राणियों दोनों ही स्तरों पर प्रकृति में प्राप्त कारण-सम्बन्ध का अपने प्रयोजनों के लिए उपयोग करनेवाली मानवी गतिविधि के विशिष्ट चरित्र को दर्शाता है जिसके प्रति मनुष्य आत्म-सजग है और पूछे जाने पर जिन्हें वह दूसरों को आसानी से बता सकता है।

तथापि, कारणता का प्रयोजनात्मक रूपान्तरण मानवी स्तर पर घटित होनेवाली कोई एकमात्र बात नहीं है। प्रयोजन स्वयं ऐसे सार्थक और महत्त्वपूर्ण आयामों में रूपान्तरित हो जाता है जो मानवेतर सजीव यथार्थ के स्तर पर पूर्णतया अनुपस्थित होते हैं। इस स्तर पर मानवेतर सजीव प्राणियों के व्यवहार में सार्थकता अथवा महत्त्व का आभास जैसा भी नहीं दिखायी देता यद्यपि वह अपने चरित्र में कम से कम प्रयोजनवत् अवश्य लगता है। मानव चेतना के सभी स्तरों पर सक्रिय जैविक के सार्थक और महत्त्वपूर्ण में यह रूपान्तरण उस प्रतीकीकरण और अनुष्ठानीकरण की प्रक्रिया के माध्यम से सम्भव होता है जिसे भारतीय परम्परा में 'संस्कार' कहा जाता

है। 'संस्कार' पद के निश्चय ही कुछ और अर्थ भी हैं, लेकिन इसका निर्णायक अर्थ—विशेषतया इसके क्रिया रूप में—वे प्रक्रियाएँ हैं जिनके माध्यम से प्राकृतिक का सांस्कृतिक में रूपान्तरण होता है।

यह प्रक्रिया गर्भाधान के जैविक क्षण से शुरू होकर व्यक्ति की मृत्यु पर रुकनेवाले समस्त जीवन चक्र तक चलती है। प्रत्येक निर्णायक क्षण में जैविक अथवा प्राकृतिक को केवल उतना ही नहीं माना जाता बल्कि उस घटना को एक अनुष्ठान-व्यवस्था से गुजारा जाता है जो उसे जैविक तथ्य से परे एक अर्थ देती है जिसमें अन्य सजीव प्राणियों का भी साझा होता है। जन्म केवल जन्म नहीं है और न मृत्यु केवल मृत्यु, यद्यपि प्राकृतिक घटनाओं के रूप में देखने पर उन्हें कुछ और नहीं माना जा सकता। छह खण्डों वाले 'धर्मकोश' का 'संस्कार काण्ड' मुख्यतः जीवन के विभिन्न चरणों और कालों में किये जानेवाले अनुष्ठानों से ही सम्बन्धित है। सामान्यतया यह सोचा जा सकता है कि प्राकृतिक के सांस्कृतिक में रूपान्तरण के अनुष्ठान-चक्र का आरम्भ जन्म अथवा गर्भाधान के क्षण से होगा, लेकिन 'धर्मकोश' उसे जन्म अथवा गर्भाधान से नहीं बल्कि विवाह से आरम्भ मानता है क्योंकि विवाह का आनुष्ठानिक पवित्रीकरण ही गर्भाधान का अवसर तथा वैधीकरण अथवा उस मानव-व्यक्ति के अस्तित्व को सम्भव करता है जिसे केवल जैविक अस्तित्व नहीं बल्कि उससे कुछ मूलतः भिन्न समझा जाता है। इस प्रकार विवाह की संकल्पना एक जैविक संघटना के संस्कृतिकरण के अनुष्ठान में प्राकृतिक के सांस्कृतिक रूपान्तरण का केन्द्रीय आधार हो जाती है।

इसलिए मानव-इतिहास को देखने के हमारे द्वारा प्रस्तावित तीन आयामों—'शिल्प', 'शास्त्र' और 'पुरुषार्थ' के साथ 'संस्कार' को भी जोड़ना होगा। इस प्रकार 'शिल्प', 'शास्त्र', 'पुरुषार्थ' और 'संस्कार' चार आयाम हो जाते हैं जिनके माध्यम से सम्पूर्ण मानव-इतिहास को समझा जा सकता है और यदि हम किसी भी मानवी क्रियाशीलता को पूरी तरह समझना चाहते हैं तो हमें उसके उपर्युक्त सभी पहलुओं के बारे में जिज्ञासा करनी होगी।

लेकिन इन सभी आयामों पर विचार करने के बावजूद, अतीत, वर्तमान और भविष्य के बीच की जीवन्त और आत्म-सजग निरन्तरता को भुला

देने पर इतिहास की कोई भी समझ विकसित नहीं हो पाएगी क्योंकि वर्तमान में अतीत की स्मृति के संरक्षण और अपरिमित भविष्य में उसका संचरण और प्रवर्धन निरन्तरता की अवधारणा के बिना सम्भव नहीं है। इसलिए किसी भी संस्कृति को उन चीज़ों के सन्दर्भ में देखा जाना चाहिए जिन्हें वह निरन्तर संरक्षित करती है और आगामी पीढ़ियों को हस्तान्तरित करने का प्रयास करती है तथा उन चीज़ों के सन्दर्भ में भी जिन पर वह गौरव अनुभव करती तथा अपनी एक विधायक छवि रचने का उद्यम करती है। कोई भी संस्कृति उनका बखान अनेक रूपों में उसी प्रकार करती है जिस प्रकार कोई मानव-व्यक्ति अपने जीवन को सार्थकता और मूल्यवत्ता देने के लिए अपनी उपलब्धियों का बार-बार वर्णन करता है। जिस प्रकार वैयक्तिक स्मृति अतीत में घटित का निरन्तर सम्पादन करती तथा अप्रासंगिक लगनेवाली या ग्लानिजनक बातों को भुला या दबा देती है, उसी प्रकार एक संस्कृति भी अपने अतीत की स्मृतियों को सम्पादित करती अथवा दबा देती है इसलिए किसी संस्कृति के इतिहास को न केवल उसका विचार करना है जिसका संरक्षण, हस्तान्तरण और असंख्य रूपों में गान किया जाता है बल्कि उसे भी समझना होगा जिसका सुव्यक्त चेतना द्वारा त्याग, अवहेलना और दमन किया गया। तथापि, यह भी सुविज्ञात है कि जिसका दमन किया जाता है वह निष्क्रिय नहीं हो जाता अथवा चेतना के व्यक्त आयतन ज्ञान, भाव, अथवा क्रियाशीलता के स्तर पर अप्रभावित नहीं छोड़ देता। निश्चय ही कुछ परिस्थितियाँ ऐसी भी होती हैं जिनमें स्मृतिलोप अथवा अन्य किन्हीं कारणों से चीज़ें स्मृति से परे हो सकती हैं।

'दमित की वापसी' या 'साभ्यतिक स्मृतिलोप' की अवधारणा अथवा दमित की विभिन्न मनोवैश्लेषिक और स्नायु-रोगात्मक विरचनाओं का भी सभ्यताओं और संस्कृतियों के सन्दर्भ में अन्वेषण करने की ज़रूरत है। वास्तव में, वैयक्तिक मन के मामले में मनोविश्लेषण द्वारा प्रतिपादित सभी सुरक्षात्मक क्रियाविधियों तथा एक ओर अहम् और पराहम् एवं दूसरी ओर अहम् और कामतत्त्व के अन्तस्सम्बन्धों का भी सभ्यताओं और संस्कृतियों के इतिहास के अध्ययन में सार्थक विस्तार किया जा सकता है। सभ्यताओं का चरित्र-चित्रण, वस्तुतः, उन प्रमुख सुरक्षात्मक क्रियाविधियों के सन्दर्भ से भी किया जा सकता है जिनका इस्तेमाल वे

एक असुविधाजनक अतीत की स्मृति अथवा अपने अपराध-बोध से पीड़ित अन्त:करण को दबाने के लिए करती है क्योंकि एक नये मूल्य का बोध बताता है कि उन्हें अतीत में वैसा नहीं करना चाहिए था। मनोविश्लेषकों और सभ्यताओं तथा संस्कृतियों के इतिहासकारों द्वारा पूर्वप्रभावी निषेधात्मक मूल्यांकन और उससे प्रसूत अपराध-बोध का अन्वेषण अभी तक नहीं किया जा सकता है। लेकिन यह सर्वाधिक महत्त्वपूर्ण संघटनाओं में से एक है जो वैयक्तिक और सामूहिक दोनों स्तरों पर अतीत के साथ सम्बन्ध-विधान का निर्धारण करती है। उदाहरणार्थ, उपनिवेशवाद की समूची प्रक्रिया या युद्ध और विजय की 'अनैतिकता' अथवा अन्य नस्ल के लोगों का दासकरण समकालीन चेतना के ऐसे प्रमुख लक्षण हैं जिन्होंने बहुत-सी समकालीन संस्कृतियों और सभ्यताओं के अपने अतीत के बोध को मूलतः रूपान्तरित कर दिया है। बहुत दिन नहीं हो गये हैं जब सुरक्षा मन्त्रालयों को युद्ध मन्त्रालय कहा जाता था और जब साम्राज्य होना किसी भी राष्ट्र के लिए गर्व की बात थी। यही नहीं, अपनी सीमाओं का विस्तार और अन्य लोगों पर विजय हासिल करना राजा का कर्तव्य माना जाता था। यही बात समतावाद के नये मूल्यों के सन्दर्भ में भी कही जा सकती है जो नस्ल, जाति, लिंग या व्यवसाय के आधार पर किसी भी तरह का भेदभाव किये बिना सबके साथ समान व्यवहार की माँग करते हैं। मानव इतिहास में ऐसा कभी नहीं हुआ, लेकिन इन मामलों में अतीत में उन्होंने जो कुछ किया उसे लेकर सभी जीवित सभ्यताएँ पूर्वप्रभाव से अपने को अपराधी नहीं भी तो कम से कम शर्मिन्दा अवश्य महसूस करती हैं।

नये मूल्यबोध के कारण अतीत की घटनाओं के मूल्यांकन के बदल जाने और उसके कारण अपराध या प्रसन्नता के अनुभव से इतिहास-चेतना के लिए जो समस्या पैदा होती है उसकी ओर अतीत अथवा वर्तमान के इतिहासकारों का ध्यान विरले ही गया है। उदाहरणार्थ, यदि वर्तमान में एक नया मूल्यबोध अतीत के हमारे बोध को रूपान्तरित कर सकता है तो निश्चय ही अतीत में घटित नये मूल्यबोध ने उस समय जो अतीत था उसके बोध को रूपान्तरित किया होगा। इस प्रकार किसी सभ्यता और संस्कृति के इतिहास को नये मूल्यबोधों की ऐसी क्रियाओं के रूप में देखा जा सकता है जिन्होंने अतीत के बोधों और उसे संरक्षित तथा आगामी पीढ़ियों को हस्तान्तरित करने के तरीक़े को भी अपने रूपान्तरित मूल्यांकन

के प्रकाश में बदल दिया था।

इस परिप्रेक्ष्य में देखने पर सभ्यताओं के इतिहास का एक नया निरूपण होता है जो सामान्यतः मानव व्यक्तियों के इतिहास में अनुपस्थित रहता है। सामान्य तौर पर दमन का सिद्धान्त किसी के कर्म, विचार या भाव से सम्बन्धित अपराध बोध के कारण अतीत में घटित किसी घटना की पूर्वधारणा करता है। इसे कभी भी उस अतीत की वर्तमान चेतना का पूर्वव्यापी कार्य नहीं माना जा सकता जिसे वर्तमान में कुछ घटित होने और उसकी वजह से अतीत के हमारे मूल्यांकन के प्रभावित और रूपान्तरित होने के कारण कुछ भिन्न तरीक़े से देखा जाता है। अतीत के दमन की आवश्यकता वर्तमान में उसके परिवर्तित मूल्यांकन के कारण होती है, न कि इसलिए कि अतीत में घटित होते समय उसे अनुचित समझा गया था। इससे एक अलग प्रकार की मौलिक समस्या पैदा होती है और वह यह कि यदि अतीत के वर्तमान मूल्यांकन में परिवर्तन इतिहास चेतना में उसके दमन की वजह बनता है तो क्या उसके बारे में कोई भावी परिवर्तन उसे इस दमन से मुक्ति दिला सकता है अथवा इस दमन के प्रभावों को मिटा सकता है ?

जब एक बार अतीत का मूल्यांकन वर्तमान के मूल्यबोध के सन्दर्भ में होने लगता है तो किसी सभ्यता का इतिहास स्वयंमेव ही अपने को अपने ऐतिहासिक जीवन के क्रमिक मूल्यबोधों और उनकी वजह से घटित अपनी स्मृति के रूपान्तरण के ढंग से सन्दर्भ में देखे जाने की माँग करने लग जाता है। एक नया मूल्यबोध केवल अतीत के बोध को ही नहीं बदलता बल्कि जिस समाज में वह मूल्यबोध विकसित हुआ है उसकी यथार्थ परिस्थितियों में भी अपने को चरितार्थ करने की माँग करने लगता है। इस प्रकार किसी सभ्यता का इतिहास इस तरह विकसित मूल्य के चरितार्थ हो सकने के कम या अधिक सफल प्रयासों का इतिहास हो जाता है। तथापि, बोधित मूल्य की चरितार्थता का उद्यम न केवल उसका एक से दूसरे क्षेत्र तक विस्तार करता और इस तरह सम्पूर्ण संस्कृति में व्याप्त हो जाता है, बल्कि इस प्रक्रिया में रूपान्तरित हो जाता है तथा एक सीमा तक पूर्व बोधित मूल्य की प्रकृति में भी परिवर्तन सम्भव कर देता है। इसलिए यह अनुमान किया जा सकता है कि कोई भी मूल्यबोध कुछ हद तक उसे चरितार्थ करने के प्रयत्नों द्वारा भी बदला जाता है और इसलिए

किसी सभ्यता के इतिहास को उसके मूल्यबोध में उसकी चरितार्थता के प्रयासों के कारण हुए क्रमिक परिवर्तनों के सन्दर्भ में भी देखा जा सकता है। लेकिन, यह परिवर्तन क्योंकि सम्बन्धित मूल्य के एक भिन्न निरूपण में फलित होगा और स्वयं एक चरितार्थता की माँग करेगा, इसलिए यह चक्र पुनः दोहराया जायेगा। इस प्रकार इतिहास ऐतिहासिक काल की अवधि में अवधारणा और मूर्तीकरण दोनों ही स्तरों पर हुए क्रमिक निरूपणों के माध्यम से किसी मूल्यबोध के रूपान्तरण के संशोधन से विरचित होगा, जिसमें साथ ही घटनाओं तथा संस्थानों का अन्त:क्रियात्मक सम्बन्ध-विधान भी शामिल होगा जो सभ्यता के वैधानिक, सामाजिक और राजनीतिक पाठों तथा घटनाओं में अधिक प्रत्यक्ष रूप से व्यक्त होगा। किसी संस्कृति के दार्शनिक और धार्मिक पाठ मूल्यबोध को अवधारणात्मक स्तर पर निरूपित करते हैं जबकि कलात्मक और साहित्यिक कृतियाँ उसे अनुभूति और बिम्बात्मकता के स्तर पर आकार देते हैं। दोनों मिलकर मूल्यबोध के उन परिवर्तनों का संकेत करते हैं जो कालप्रवाह में घटित होते हैं। विधि, राजनीति तथा समाज से सम्बन्धित ग्रन्थ और वास्तविक घटनाओं का विवरण तथा जीवन चरित लोगों के जीवन में वास्तविक स्तर पर उन मूल्यों की चरितार्थता के सम्भव होने पर ठोस टीका करते हैं। इन दोनों को एक-दूसरे से पृथक् नहीं बल्कि विभिन्न स्तरों पर परस्पर अन्त:क्रियात्मक मानना चाहिए जैसा कि वैयक्तिक जीवन में भी घटित होता है। तथापि, यहाँ घनिष्ठ सदृशता की माँग सही नहीं होगी क्योंकि ऐसे मामलों में नैकट्य की एक प्रवृत्ति ही मिल सकती है और जीवन के व्यवहार को देखते हुए बड़ी भिन्नताएँ भी पायी जा सकती हैं। लेकिन ऐसी भिन्नताओं को कम करने के प्रयास भी पाये ही जायेंगे क्योंकि उनके बिना किसी सभ्यता की एकता की अवधारणा को उसकी आधार-भित्ति से ही छोड़ देना होगा।

अर्थ के बिलकुल बदल जाने के बावजूद शब्दों के वहीं रहने के कारण निरन्तरता का भ्रम पैदा होता है जबकि निरन्तरता बहुत कम बची रहती है या कि होती ही नहीं। दूसरी ओर, मूल अवधारणा में अन्तर्निहित अर्थ का विस्तार भी सम्भव है जिसकी ओर पहले ध्यान नहीं दिया गया हो या जिसे केन्द्र में न रखा गया हो। एक गहरे स्तर पर पहले मूल्यबोध को आकार देनेवाली बीज अवधारणा या अवधारणाओं के समुच्चय को केवल

ऐसी विशिष्टताएँ समझा जा सकता है जो सम्बन्धित मूल्य के अर्थ को न तो पूरा समो सकीं और न ही उसे समुचित रूप से भास्वर कर सकीं। इस प्रकार सभ्यता और संस्कृति की नाटकीय कहानी को एक ही मूल्य के बोध में कालान्तर में हुए क्रमिक रूपान्तरणों अथवा सभ्यता के अवधारणात्मक, कलात्मक, वैधानिक, सामाजिक और राजनीतिक इतिहास में प्रमाणित और प्रदर्शित कई मूल्यों के पारस्परिक प्रभाव के सन्दर्भ में देखा जा सकता है।

तथापि, मूल्य केवल एक सम्भावना है जिसकी चरितार्थता मानवीय जीवन की जैविक दशा तथा इतिहास के एक विशिष्ट अवसर पर मनुष्य को उपलब्ध तकनीकी ज्ञान से बाधित होती है। इस प्रकार किसी मूल्य की चरितार्थता पर दोहरा नियन्त्रण रहता है जिनमें से पहले का स्रोत एक जैविक प्राणी के रूप में मनुष्य को प्रदत्त नियत संरचना है और दूसरा समय के एक विशेष बिन्दु पर उपलब्ध ज्ञान और शिल्प पर आधारित होने के कारण परिवर्तनीय है। ज्ञान और शिल्प दोनों अत्यन्त परिवर्तनीय है और कुछ ज्ञान तो किसी मूल्य की चरितार्थता के लिए उपयोगी तकनीकी के विकास में फलित होता है जबकि अन्य ज्ञान के प्रत्यक्ष तौर पर ऐसा नहीं करते हुए भी कालान्तर में आगामी पीढ़ियों द्वारा उनका अन्वेषण तथा परिष्कार और विकास स्वयं में एक मूल्य बन जाता है। दूसरी तरफ़ शिल्प पारम्परिक रूप से सीखे जाते हैं तथा एक पीढ़ी से दूसरी को हस्तान्तरित किये जाते हैं और हस्तान्तरण की इस प्रक्रिया में संशोधित एवं परिवर्तनशील परिस्थितियों के कारण परिवर्तित होते रहते हैं। इस स्थिति में अन्तर्निहित सम्भावना तीन कारकों का उत्पाद होती है जिनमें से दो एक कालावधि में अपेक्षाकृत अधिक स्थिर होते हैं जबकि तीसरा समयानुसार परिवर्तनशील होता है। मनुष्य की जैविक स्थिति एक प्रदत्त स्थिरता है जिसमें अभी तक किसी परिवर्तन की सम्भावना नहीं देखी गयी है तथा जननिक अभियान्त्रिकी, कृत्रिम गर्भाधान, परखनली शिशु, गर्भबद्ध भ्रूण के विकास, स्वैच्छिक यौन-परिवर्तन, शरीर के अन्य अंगों के प्रत्यारोपण के साथ-साथ मस्तिष्क और स्मृति के प्रत्यारोपण आदि की नयी तकनीकों द्वारा खोले गये परिप्रेक्ष्य के बावजूद यह बिलकुल स्पष्ट नहीं है कि इनसे आज तक रही मनुष्य की मूल संरचना कैसे प्रभावित होगी। यह कल्पना करना मुश्किल है कि इन परिवर्तनों से जन्म से मृत्यु तक का चक्र कैसे मूलतः बदल सकेगा या

मनुष्य की चेतना की उस संरचना में क्या परिवर्तन घटित हो सकेगा जो सदैव वर्तमान में सीमित रहती तथा स्मृति और आशा या भय के कारण ही अतीत और भविष्य के सन्दर्भ में क्रियाशील होती है। यह भी स्पष्ट नहीं है कि आनन्द और दुख के मुख्य कारक मानवीय सम्बन्धों तथा मनुष्य की आधार-भूमि में इन परिवर्तनों से क्या असर पड़ेगा जिनमें से कुछ घटित हो चुके हैं और कुछ आगामी कुछ दशकों में व्यापक रूप से प्रचलित हो जायेंगे।

मूल्यबोध भी एक दीर्घ अवधि तक लगभग समान रहता है यद्यपि इसमें कोई सन्देह नहीं कि मानव-चेतना में नये मूल्यों का दृश्य होता है और जैसा कि हमने पूर्व में संकेत किया, नये मूल्यों के बोध के प्रकाश तथा पूर्व मूल्यों की चरितार्थता के क्रमिक प्रयासों के कारण उनमें नये आयाम खुलते तथा नये अर्थ जुड़ जाते हैं। उदाहरणार्थ, समता, न्याय तथा स्वतन्त्रता के मूल्यों की अन्तर्वस्तु आधुनिक काल में मूलत: रूपान्तरित हो चुकी है जैसे कि राज्यों, समाजों और जनता के अन्तर्राष्ट्रीय सम्बन्धों में ऐसा परिवर्तन घटित हुआ है जो पूर्व में कभी नहीं था।

यद्यपि मूल्यबोध मनुष्य की जैविक प्रकृति के समान स्थिर नहीं है, तब भी वह ज्ञान और शिल्प से अधिक अपरिवर्तनशील है जो पीढ़ियों के हस्तान्तरण की अपनी प्रक्रिया में ही अनिवार्यत: परिवर्तित हो जाते हैं। ये लगातार परिवर्तन इस प्रकार मूल्यों को संस्थानबद्ध करनेवाले समाज तथा मानव-व्यक्ति के जीवन में उनकी चरितार्थता की सम्भावना के क्षेत्र का विस्तार करने की चुनौती प्रस्तुत करते हैं।

शिल्पों का मामला ज्ञान के मामले से थोड़ा भिन्न है क्योंकि वे अपने प्रयोग की परिस्थिति की विशिष्टताओं तथा अपेक्षाओं से घनिष्ठ रूप से सम्बद्ध होते हैं। उनका प्रयोग ही अपेक्षाकृत परिष्कारमूलक होता है ताकि वे अपने प्रयोग के सन्दर्भ में अधिक उपयुक्त और अपने प्रयोजन की सिद्धि में अधिक कुशल हो सकें। और, क्योंकि मनुष्य की आवश्यकताएँ तथा उनकी पूर्ति की परिस्थितियाँ दीर्घकाल तक सारत: नहीं बदलतीं, इसलिए जीवन के विभिन्न स्तरों के लिए आवश्यक शिल्प लुप्त नहीं हो जाते बल्कि साथ के साथ उनमें सार्थक परिष्कार होता रहता है। तथापि, यदि पुरानी की जगह नयी ज़रूरतें पेश हों अथवा प्राकृतिक और सामाजिक

परिस्थितियाँ मूलतः बदल जायँ तो पुराने शिल्प अनुपयोगी हो जाते हैं और उनका स्थान नये शिल्प ले लेते हैं। लेकिन ऐसी परिस्थिति में भी सामान्यतः होता यही है कि वे पूरी तरह लुप्त नहीं हो जाते बल्कि किसी संस्कृति में उनके क्षरण और दुर्बल होने के बावजूद कुछ लोग उनका प्रयोग करना जानते तथा उसके लिए संयोग व अवसर जुटा लेते हैं। वास्तव में यदि किसी भी कारण से ऐसे शिल्पों के प्रयोगों की माँग होती है तो सामान्यतया उनका प्रयोग कर सकनेवाले लोग मिल ही जाते हैं।

इस प्रकार संस्कृतियों के ज्ञान तथा शिल्प के आयाम से वह गतिशील प्रेरक बल प्राप्त होता है जो बुनियादी जैविक आवश्यकताओं की पूर्ति तथा एक संस्कृति में मूल्यों की चरितार्थता के तरीक़ों में परिवर्तन करते हुए सभ्यताओं के इतिहास में निरन्तर परिवर्तन घटित करता है। ज्ञान तथा तकनीकी केवल साधनात्मक भूमिका ही नहीं निभाते जिसमें उनके लक्ष्य जीवन की जैविक संरचना तथा स्वीकृत मूल्यों द्वारा तय होते हैं। इसके विपरीत, वे स्वयं मानव-चेतना के क्षितिज में नयी सम्भावनाएँ उजागर करते तथा न केवल मूल्यों को ठोस अन्तर्वस्तु देते बल्कि मनुष्यों को पुराने मूल्यबोध में अन्तर्निहित मूल्यात्मक सम्भावनाओं का बोध भी करवाते हैं। इस सम्बन्ध में ज्ञान की भूमिका सकारात्मक और अंगभूत होती है क्योंकि यह एक ओर कारणमूलक ज्ञान के बोध को तथा दूसरी ओर मूल्यों के बोध को भी आलोचनात्मक एवं सर्जनात्मक दोनों आयाम देती है। यह आलोचनात्मक आत्मचेतना न केवल चरितार्थ करने योग्य समझे गये मूल्यों तथा प्रयोजनों के सन्दर्भ में सक्रिय होती है बल्कि स्वयं ज्ञान में अपना एक अन्तर्भूत आदर्श होता है और उसके बारे में आत्म-चेतन चिन्तन मनुष्य के लिए अनुसरणीय अन्य आदर्शों और ज्ञान के अन्तर्भूत आदर्श के अन्तस्सम्बन्धों के प्रश्न की ओर भी ले जाता है।

ज्ञान एवं शिल्प के अतिरिक्त, सभ्यता में परिवर्तन की जड़ में एक कारक और है जिसे हम सामान्यतया कल्पना कहते हैं। इसे इसके दुहरे पहलुओं में देखा जा सकता है जिसमें एक है प्राप्त वर्तमान से असन्तोष और दूसरा है उसका स्थान लेनेवाले अभीष्ट की छवि। असन्तोष तथा अभीष्ट का आदर्श दोनों घनिष्ठ रूप से सम्बद्ध होते हुए भी एक-दूसरे से अपेक्षाकृत स्वतन्त्र होते हैं क्योंकि असन्तुष्ट न होने पर भी कोई ऐसी अभीष्ट सम्भावनाओं की कल्पना कर सकता है जिन्हें वह चरितार्थ करना चाहता

है। दूसरी तरफ़, वर्तमान की परिस्थिति से असन्तुष्ट होते हुए भी अलग-अलग लोगों के लिए अथवा अलग-अलग समय पर एक ही व्यक्ति के लिए भी उसको मिटाने की दिशा भिन्न हो सकती है। वस्तुत: कल्पना मनुष्य की सभी क्रियाशीलताओं में निरन्तर उपस्थित रहती है, लेकिन सहायक भूमिका होने के कारण वह हमेशा सुव्यक्त नहीं होती। ज्ञानात्मक उद्यमों में वह परिकल्पनाओं के रूपायन के स्तर पर तथा इन दिनों संघटना की समझ के लिए आदर्श प्रकारों एवं नमूनों की रचना के स्तर पर और भी अधिक स्पष्टता से उपस्थित रहती है। भावनाओं के स्तर पर वह आकांक्षा तथा स्वप्न के स्तरों पर सक्रिय रहती है जिसमें दिवास्वप्न भी शामिल है। दिवास्वप्न मानव जीवन की एक अटल विशेषता है, लेकिन इसे मानव व्यक्तित्व की एक सार्थक क्रियाशीलता के रूप में सदैव उपेक्षित किया गया है। क्रियाशीलता के प्रसंग में वह उन परियोजनाओं तथा प्रयोजनों के सन्दर्भ में सक्रिय होती है जिन्हें कोई चरितार्थ करना चाहता है। तथापि इन सबसे परे उत्कृष्ट कल्पना का वह क्षेत्र, जहाँ वह स्वायत्त और अग्रस्थ होती है, साहित्य और कलाओं की दुनिया है जहाँ मनुष्य स्पष्टतया एक सर्जनात्मक अस्तित्व के रूप में उभरता और इसी रूप में पहचाना जाना चाहता है। कला और साहित्य का अनभूतियों और भावनाओं की दुनिया से सम्बन्ध तो सुप्रसिद्ध है, लेकिन ज्ञान और क्रियाशीलता से उनके सम्बन्ध की सामान्यतया उपेक्षा अथवा अल्पांकन होता रहा है। कला और साहित्य की कृतियाँ जिये जा रहे वास्तविक मानव जीवन तथा जीवन में अनुकरणीय एवं अनूदित मूल्य दोनों के प्रतिरूप प्रस्तुत करती है। बात यह है कि कला और साहित्य की कृतियाँ एक साथ दोहरा कार्य करती हैं; वे अस्तित्वात्मक रूप से जिये जा रहे जीवन का ज्ञानात्मक बोध देती हैं तथा वे प्रतिमान भी जिनके सन्दर्भ में भावात्मक जीवन तथा व्यक्तियों के आचरण को व्यवस्थित एवं संगठित किया जा सके। दृश्य कला की एक महान कृति, चाहे वह स्थापत्य हो या चित्र, एक नये ढंग से देखना सिखाती है जबकि संगीत तथा नृत्य के नये रूप नयी लयों तथा गत्यात्मक, आकाशीय एवं कालिक संघटनों के प्रति संवेदनशील बनाते हैं। साहित्यिक रचनाएँ निरन्तर मानव-सम्बन्धों के नये रूप तथा अनुभूतियों एवं भावनाओं की विविध छवियाँ और उनके सूक्ष्म अन्तर प्रदर्शित करती हैं जिन्हें शायद कोई महसूस करता, जीता और आनन्द लेता है। वे व्यवहार की दुनिया के ऐसे प्रकार प्रस्तुत करती है जिन्हें कोई

अपने जीवन में रच सकता है और साथ ही इस बात का बोध भी करवाती हैं कि किस प्रकार भाषा मन:स्थितियों तथा भाव-छवियों को इस प्रकार रचती है जिनकी कोई अपने स्तर पर कल्पना भी नहीं कर सकता था। वस्तुत:, संगीत तथा साहित्यिक रचना के कुछ रूपों, विशेषतया कविता के बीच दिलचस्प सम्बन्ध है। तथापि, दोनों के बीच एक बुनियादी फ़र्क़ है जिसकी ओर सम्भवत: पर्याप्त ध्यान नहीं दिया गया है। साहित्य द्वारा रचित अनुभूतियों, भावनाओं और मन:स्थितियों का संसार शब्दों के अर्थ से ग्रथित होने के कारण पारदर्शी बोधगम्यता अथवा बोधगम्य पारदर्शिता हासिल कर लेता है जबकि संगीत द्वारा रचित मूक संसार में इसका पूर्ण अभाव रहता है। साथ ही, संगीत द्वारा रचित संसार में अनुभूतियों, मन:स्थितियों और भावनाओं का एक सिलसिला होता है जो अपने आपमें तृप्तिदायक होते हुए भी सम्भवत: और सामान्यतया अनुभूतियों की एक सुसंगत दुनिया नहीं रच पाता। दूसरी ओर, एक साहित्यिक कृति किसी संगीतात्मक कृति द्वारा रची गयी दुनिया की तुलना में एक अधिक सुसंगत दुनिया की रचना करती है। इसका एक कारण शायद यह है कि साहित्यिक रचना का अनिवार्य सम्बन्ध अर्थों की दुनिया से है जिसके असंगत हो जाने पर उसका प्रयोजन ही पूरी तरह विफल हो जायेगा।

संस्कृतियों और सभ्यताओं से कल्पना के सम्बन्ध का अन्वेषण कभी-कभार ही किया गया है। कल्पना मात्र कला को ही जन्म नहीं देती बल्कि उन कामनाओं और सपनों का स्रोत भी है जिनमें मनुष्य रहते और जिन्हें अपने मन के अन्तर्मन में सँजोये रखते हैं। लेकिन यदि ऐसा है तो किसी भी संस्कृति और सभ्यता का समुचित इतिहास तब तक सम्भव ही नहीं है जब तक कामनाओं और सपनों की दुनिया पर गम्भीरतापूर्वक विचार नहीं होता और उन्हें पूर्वोल्लेखित आयामों की ही तरह मनुष्य के अंगभूत के रूप में नहीं देखा जाता। इसलिए किसी भी संस्कृति और सभ्यता को समझने के लिए शिल्प, शास्त्र, संस्कार, पुरुषार्थ और स्मृति से सम्बन्धित प्रश्नों के साथ-साथ उन कामनाओं और सपनों के बारे में भी प्रश्न करने चाहिए जो उस संस्कृति की कृतियों में अर्ध-प्रच्छन्न रहते हैं। इस सन्दर्भ में यह स्मरणीय है कि आकांक्षाएँ और सपने पुरुषार्थ कहे जानेवाले आदर्शों, मूल्यों और प्रयोजनों से भिन्न होते हैं और जिनके लिए भी मनुष्य उद्यम करता है। यह बात और भी स्पष्ट हो जाती है यदि हम कामनाओं

और सपनों—दिवा स्वप्नों और रात में अर्धनिद्रा में देखे गये सपनों के सम्बन्धों पर ग़ौर करें। यह दुनिया अपने को सामान्य दैनन्दिन व्यवहार में अभिव्यक्त नहीं करती और इसीलिए अकसर ऐतिहासिक अन्वेषण का विषय नहीं बन पाती। यह कला और साहित्य की कृतियों तथा ऐसे उत्सवों के माध्यम से अभिव्यक्त होती है जिनमें मनुष्य अपने दैनन्दिन जीवन से अवकाश लेकर अपनी कामनाओं और सपनों से घनिष्ठ एक दुनिया बनाता है। तथापि, कला, साहित्य और आनन्दप्रद उत्सवों की दुनिया भी इस दुनिया को एक परिष्कृत रूप में ही अभिव्यक्त करती है क्योंकि इन क्षेत्रों में भी अन्य प्रकार के नियन्त्रक सक्रिय रहते हैं। यहाँ भी नन्दतिक सौन्दर्य तथा कलात्मक रूपों के साथ-साथ उत्सव मनाने के सामाजिक प्रतिमानों की अपेक्षा रहती है। इसलिए क्षेत्रों में दीर्घावधि में घटित होनेवाले क्रमिक परिवर्तनों के माध्यम से प्रदर्शित कामनाओं और सपनों की दुनिया को समझने के लिए अन्त:प्रज्ञा से काम लेना होगा। सामान्य तौर पर यह समझा जाता है कि अवचेतन में अन्त:स्थ होने के कारण कामनाओं और सपनों की दुनिया भी अचेतन की ही तरह अपरिवर्तनीय है, लेकिन यह मानना सही नहीं होगा क्योंकि वैयक्तिक एवं सामाजिक दोनों ही प्रकार की अचेतन की अवधारणाओं को स्वयं सपनों, स्मृतियों, मानसिक रोगों, लेखनी अथवा उच्चारण सम्बन्धी चूकों, चुटकलों एवं ऐसी ही अन्य बातों पर ही आधारित निर्मितियाँ होने के कारण उनके अपरिवर्तनशील चरित्र की आधारभूमि के रूप में स्वीकार नहीं किया जा सकता। उनके परिवर्तन की गति अवश्य ही अत्यन्त धीमी हो सकती है, लेकिन यह मानने का कोई पूर्व आधार नहीं है कि वे परिवर्तनशील ही नहीं है। इस मामले को कम से कम एक अन्वेषणीय आनुभाविक विषय के रूप में लिया जाना चाहिए, न कि उस तरह जैसे आज तक समझा जाता रहा है।

कामनाओं और सपनों सहित लगभग सभी मानवीय क्रियाशीलताओं में कल्पना की एक सक्रिय भूमिका होती है। ज्ञान के क्षेत्र में भी उसकी भूमिका उतनी ही महत्त्वपूर्ण है जितनी भावना और कर्म के क्षेत्र में। वह एक सम्भावना का बोध करती है चाहे उसे एक वास्तविकता में रूपान्तरित करने या अन्तर्विषयी अथवा अन्तर्वैयक्तिक स्तर पर कोई तटस्थ बोधगम्य रूप देने का प्रयास करे या न करे। कामनाओं और सपनों की दुनिया में

कल्पना केवल कल्पन की क्रिया से ही सन्तुष्ट हो जाती है तथा अपने को एक वस्तुगत माध्यम में मूर्त करने या वास्तविकता को अपने अनुसार रूपान्तरित करने में कोई दिलचस्पी नहीं लेती। सभी क्रियाशीलताओं में सर्वाधिक विषयीगत होने के कारण विभिन्न संस्कृतियों और सभ्यताओं में उसकी भिन्नताओं तथा कालान्तर में उनमें हुए परिवर्तनों के बारे में जानना बहुत रुचिकर होगा। विभिन्न संस्कृतियों और सभ्यताओं के मिथकों और प्रतीकों की समानता के रूप में फलित सामूहिक और जातीय अचेतन के प्रत्यय ने बहुत-से विचारकों को आकर्षित किया है, लेकिन अभी तक यह पूरी तरह स्पष्ट नहीं है कि पूरी मानव जाति के लिए ऐसे मिथक या प्रतीक वास्तव में हैं या उन्हें लेकर सभी संस्कृतियों के लोग समान प्रतिक्रिया करते हैं। सही यही लगता है कि अधिकांश लोग अपनी संस्कृति से प्रदत्त मिथकों और प्रतीकों तक ही अपनी अनुक्रिया सीमित रखते हैं। अन्य सभ्यताओं और संस्कृतियों के मिथकों-प्रतीकों को शामिल करने के लिए अपने क्षितिज के विस्तार की सम्भावना सदैव बनी रहती है, लेकिन शायद कुछ विशेष परिस्थितियों को छोड़कर किसी के भी मन के लिए यह सम्भावना अनुषंगी ही होती है।

इस प्रकार कामना, सपने तथा कल्पना के अन्तस्सम्बन्ध उससे कहीं अधिक जटिल होते हैं जितने प्रथम दृष्टया सोचे जाते हैं। ज्ञान के क्षेत्र में अधिक विषयगत और आसानी से पहचानी जा सकनेवाली मानवीय खोज से उनका सम्बन्ध सहज ज्ञेय नहीं है, लेकिन कोई अन्वेषी दृष्टि इन सब चीज़ों की सतह के नीचे उनकी रुपायक उपस्थिति को पहचान सकती है—यदि वह उनके प्रति संवेदनशील हो। एक संस्कृति और सभ्यता में इनके लिए प्रयुक्त शब्दावली स्वयं एक संकेत होगी कि उसने मानवीय स्थिति के इस आयाम और उसकी ऐतिहासिकता को कैसे ग्रहण किया है। भारतीय परम्परा में अंग्रेज़ी भाषा के 'डिजायर' और 'ड्रीम' जैसे पदों का संकेत करने के लिए कोई सुस्पष्ट पद नहीं हैं—कम से कम उस अर्थ में जिसमें इस विमर्श में उनका प्रयोग किया जा रहा है। सबसे नज़दीकी पद वासना, भावना, स्वप्न और काम या कामना हैं स्वयं जिनके अनुवाद भिन्न क़िस्म के हैं। अविधा अथवा प्राथमिक अज्ञान में अन्त:स्थ 'अनादि वासना' की एक अवधारणा है जो इस सृष्टि की पार्थिकता और बहुलता का कारण समझी जाती है। इसे कामना और स्वप्न-संसार या उनके द्वारा रचित

संसार को जीत कर ही पराभूत किया जा सकता है। कामना की शक्ति से एक संसार का अस्तित्वमान होना जैसाकि सामान्य स्वप्न-जगत के मामले में भी स्पष्ट है, अपने आपमें रुचिकर है, ख़ासतौर पर इसलिए कि तब हम उस कामना को जानना चाहते हैं जो इस विशेष संसार और उसके सातत्य का भी कारण है। इससे इस तथ्य की ओर भी ध्यान आकर्षित होता है कि इस कामना के निष्क्रिय होते ही या किसी दूसरी कामना ने जन्म लेने पर भी यह संसार नष्ट हो जायेगा। सामान्य स्वप्न-संसार और मनुष्य के अन्य संसारों में भेद इस तथ्य में है कि उन अन्य संसारों का अन्तर्विषयी या अन्तर्वैयक्तिक चरित्र भी है जिसमें अन्य बहुत से लोगों की साझेदारी है। केवल व्यक्तिगत कामना से रचे गये स्वप्न-संसार की उपमा हमें कई व्यक्तियों की सामूहिक कामना से रचित किसी ऐसे सर्वसामान्य संसार की अभिधारणा की ओर ले जाएगी या इसे ले जा सकना चाहिए जिसमें उन सबका साझा है जिन्होंने इसे संयुक्त रूप से रचा है। कामना की सर्वमान्यता इस परिप्रेक्ष्य में संसार की सर्वमान्यता का कारण हो जाती है; यदि उनमें से कोई किसी भी कारण से कामना का परित्याग कर देता था, उससे अपने को अलग कर लेता है तो वह इस संसार का सदस्य नहीं रह जाता या दूसरे शब्दों में, यह संसार उस व्यक्ति के लिए संसार नहीं रह जाता। यह बहुत कुछ अधिक जटिल लग सकती है लेकिन इसमें केवल यह सरल तथ्य प्रतिबिम्बित है कि जब कोई किसी विशेष क्षेत्र में रुचिशील होना बन्द हो जाता है तो उसके लिए उसका अस्तित्व नहीं रहता। उदाहरणार्थ, ज्ञान और पाण्डित्य की समूची दुनिया उस व्यक्ति के लिए अक्षरशः कोई अस्तित्व नहीं रखती जिसकी उसमें रुचि नहीं है। इसी प्रकार शेयर-बाज़ार, उच्च वित्त या राजनीति या सैनिक दुनिया उसके लिए होती ही नहीं जो उसमें नहीं हो। निश्चय ही इन सभी संसारों द्वारा पूर्वमान्य एक सर्वसामान्य संसार भी है और जिसमें कुछ हद तक सबका साझा है, लेकिन वह ऐसा संसार नहीं है जिसमें वह सार्थक जीवन का बोध करता हो। किसी भी व्यक्ति के लिए उस संसार का महत्त्व और अर्थ है जिसे वह स्वयं निर्मित करता है अथवा जिसके निर्माण में वह उसमें अपनी रुचि के कारण सहायता करता है।

इसलिए इस परिप्रेक्ष्य में यह पूछना प्रासंगिक होगा कि किसी संस्कृति और सभ्यता के इतिहास में मानव ने कौन-से संसार बनाये जिनमें वह रहा

है और कालान्तर में उनकी प्रमुखता तथा तुलनात्मक सामर्थ्य एवं महत्त्व में एक-दूसरे के सन्दर्भ में किस प्रकार परिवर्तन हुए हैं। यह उल्लेखनीय है कि ये संसार केवल उन्हीं के लिए संसार है जो उनमें जीता है। अन्य लोगों के लिए ये संसार है ही नहीं, बल्कि यदि वे उनके बारे में सोचे भी तो वे मरीचिकाएँ, कोरी अवास्तविकताएँ या भ्रम हैं। धर्म का समूचा संसार ऐसी आस्तित्विक संघटना का उत्कृष्ट उदाहरण है। ऐसा ही खेल या कला या ज्ञान या सत्ता तथा ऐसे अन्य विचार कर सकने योग्य संसारों के बारे में भी कहा जा सकता है। अधिक उलझनपूर्ण और शायद अधिक दिलचस्प तथ्य यह है कि कोई इन कई संसारों में रहता या रह सकता है और कोई असुविधा, परेशानी या हैरानी अनुभव किये बिना एक से दूसरे संसार में जा सकता है। तथापि, कोई भी सभी संसारों में नहीं रहता, न सामान्यतया उसे सब का बोध ही होता है। सजातीय संसारों के भीतर भी सामान्यतया जिस संसार में हम रहते हैं उसके निकट के या उससे सम्बन्धित संसार की जानकारी नहीं होती। उदाहरणार्थ, ज्ञान के संसार को ले सकते हैं। उसमें समाविष्ट सभी भवनों और प्रदेशों में कौन रहता है ? दार्शनिक इतिहास के बारे में कुछ विशेष नहीं जानता और इतिहासकार दर्शन के बारे में बहुत अल्प ज्ञान रखता है। एक इतिहासकार भी उन संस्कृतियों, राष्ट्रों, सभ्यताओं के बारे में बहुत कम या शून्य जानकारी रखता है जिनमें उसकी रुचि नहीं है। गणित, भौतिकी और अन्य विज्ञानों के अधिक दूरस्थ क्षेत्रों के बारे में तो जितना कम कहा जाय उतना ही बेहतर होगा। मुद्दा यह है कि हम अपने ही छोटे संसारों में रहते हैं और केवल वे ही हमारी चेतना के लिए वास्तविक होते हैं। इन संसारों के बीच सम्बन्ध बहुत विरल होते हैं और यद्यपि हमारी ज्ञानात्मक चेतना उन्हें विषय मानती हुई उन पर कोई एकात्मक सिद्धान्त आरोपित करने का प्रयास करती है, पर जिस आस्तित्विक चेतना के लिए वे वास्तव में अस्तित्वमान होते हैं, उसके लिए एक वास्तविक अनुभूति जीवन्त सिद्धान्त होने के बजाय वह अधिकांशत: ज्ञानात्मक सन्तोष के प्रयोजनार्थ एक आरोपण ही रहता है। एक संसार से दूसरे में चेतना का संचरण शायद महानतम रहस्यों में से एक है। सम्भवत: अधिक चकरा देनेवाली संघटना यह है कि चेतना अपने चाहने मात्र से स्वयं को इनमें से किसी भी संसार से हटा सकती है, यद्यपि ऐसा करना सदैव समान रूप से आसान या सम्भव नहीं होता। मानसिक विक्षिप्ति के अतिवादी मामलों में चेतना के लिए ऐसा कर पाना लगभग असम्भव हो

जाता है, लेकिन रोगी के लिए सभी प्रकार की मनोचिकित्सात्मक सहायता की प्राथमिक पूर्वधारणा विश्वास है कि चेतना में इस स्वतन्त्रता को पुनःस्थापित किया जा सकता है जिससे वह किसी कारण से वंचित हो गयी है।

इससे यह समस्या पैदा होती है कि हम किसी भी सभ्यता के इतिहास के लेखक से यह माँग करने लगते हैं कि वह उस सभ्यता द्वारा रचित संसारों की रूपरेखा के साथ-साथ अपनी कल्पना-शक्ति से इन संसारों को जीवन्त रूप में प्रस्तुत करे—कम से कम कुछ हद तक उसी प्रकार जिस प्रकार वे उन लोगों द्वारा आस्तित्विक रूप से जिये और अनुभव किये गये जिनका इतिहास वह लिख रहा है। इससे भी अधिक महत्त्वपूर्ण है उस सभ्यता द्वारा कालक्रम में अपने विकास के दौरान खोले या रचे या बनाये गये नये संसारों और उनके बीच सम्भावित सम्बन्धों का बोध।

इस सम्बन्ध में एक दिलचस्प पहलू शायद यह तथ्य है कि एक सभ्यता में चेतना की यह विशिष्ट क्रियाशीलता स्वयं ही ध्यान का केन्द्र हो सकती है, जिसका परिणाम होगा चेतना के इस सामर्थ्य का सम्भव सीमा तक विस्तार और विभिन्न दिशाओं में उसके निहितार्थों का अन्वेषण। भारत में सभ्यता के विकास के चरित्र को इस विशिष्ट विकास से फलित कहा जा सकता है। उसके इतिहास को इस संघटना के निहितार्थों के अन्वेषण के साथ-साथ उस पर सैद्धान्तिक चिन्तन के क्रमिक उद्यमों के रूप में देखा जा सकता है। भारतीय सभ्यता में ऐसे उद्यम की श्रेष्ठतर स्थिति, उसके विकास में इसकी भूमिका या भूमिकाओं तथा अन्य संसारों पर उसके प्रभाव के अन्वेषण और अध्ययन की ज़रूरत है।

इस प्रकार अन्य संसारों पर एक विशिष्ट 'संसार' की वरीयता या सभी 'संसारों' से चेतना के प्रत्याहार का सामर्थ्य भी किसी सभ्यता को उसका विशिष्ट चरित्र देती है और उस सभ्यता की विभिन्न अवस्थाओं को किसी एक संसार को अन्य संसारों की अपेक्षा प्रदत्त प्रमुखता या वरीयता द्वारा चिह्नित माना जा सकता है। ऐसी वरीयता का निर्धारण उस सभ्यता द्वारा छोड़ी गयी मात्रात्मक और गुणात्मक दोनों ही प्रकार की साक्ष्य-सामग्री के आधार पर किया जा सकता है। इसलिए इसका सरोकार वरीयता प्राप्त संसार के सन्दर्भ में लोगों के वास्तविक व्यवहार के साथ ही साथ सार्थक

और महत्त्वपूर्ण समझे गये संसारों के पदानुक्रम की मूल्यात्मक स्थिति से भी होगा।

मानव प्राणियों द्वारा रचित 'संसार' या 'संसारों' की अवधारणा उस बात पर बल देने की कोशिश करती है जिसे इतिहासकार सामान्यतः कम महत्त्व देते और अधिकांश मानव समाज जिसकी उपेक्षा करने की ओर प्रवृत्त होते हैं। यह है एक दीर्घ काल से सभ्यताओं का निर्माण करते हुए एक वृहत्तर प्रदत्त संसार के भीतर अपने संसार या संसारों के तत्त्वतः रचयिता या निर्माता के रूप में मनुष्य की भूमिका। जब एक बार हम मनुष्य को रचनात्मक निर्माता के रूप में देखने लगते हैं तो हम इतिहास को एक अलग तरीक़े से देखने लगते तथा अतीत को अपनी सारी सीमाओं और उपलब्धियों सहित रचनात्मक निर्मितियों की एक शृंखला के रूप में देख पाते हैं। इसके अतिरिक्त, मनुष्य को उसकी रचनात्मकता तथा विभिन्न संसार रचने के सामर्थ्य के सन्दर्भ में देखना इतिहास को सिद्धान्त रूप में अनिवार्यतः अनिर्धारित तथा अनिर्धार्य मान लेना है। इस परिप्रेक्ष्य में उसके बारे में हमारा मूल्यांकन भी भिन्न होगा। तब वह मानवीय रचनात्मकता की ऐसी कृतियों के बोध के हमारे ढंग के अधिक क़रीब होगा जिनका प्रतिमानात्मक उदाहरण कला है और इस प्रकार सभ्यता को किसी अन्य वस्तु के बजाय कलाकृतियों के रूप में देखा जायेगा। लेकिन, जैसे रचनात्मकता का व्यवहार एक परम्परा के भीतर होता है, उसी प्रकार सभ्यता के इतिहास को भी क्रमिक पीढ़ियों द्वारा विरासत के आधार पर की गयी निर्मितियों के सन्दर्भ में देखा जायेगा। अतीत उत्कृष्टता और उपलब्धियों दोनों के प्रतिमानों का निर्धारण कर देता है और मानव उद्यम के सभी क्षेत्रों में अपूर्ण कार्यों तथा अनुत्तरित समस्याओं को आगामी पीढ़ियों को सौंप देता है। सफल होने पर भी ये उद्यम स्वयं नयी समस्याओं को उत्पन्न करते और आगामी पीढ़ियों के लिए नये कार्य निर्धारित कर देते हैं। इसलिए सभ्यता का इतिहास मानव उद्यम के क्षेत्रों के मानकों और आदर्शों को मुखरित करने के ही साथ सभ्यता की एक अवस्था द्वारा दूसरी अवस्था को सौंपे जानेवाले अपूर्ण कार्यों तथा अनुत्तरित समस्याओं को भी मुखरित करता है। वह किसी पुरानी समस्या के समाधान तथा सम्बन्धित क्षेत्र में किसी वास्तविक प्रवर्त्तक द्वारा किसी पूर्णतया नयी समस्या के बोध दोनों रूपों में ज्ञात नयी समस्याओं के बोध पर भी आग्रह करता है। इसके

अलावा, वह विभिन्न क्षेत्रों की अन्त:क्रियाओं तथा उनके विकास के पारस्परिक प्रभाव को देखने का भी प्रयास करता है।

दिक्काल में किसी सभ्यता के विस्तार की प्रक्रिया में अन्य सभ्यताओं और संस्कृतियों के आमने-सामने होने पर किसी सभ्यता की पहचान या अस्मिता के रूपों में परिवर्तन होता है। इसलिए किसी सभ्यता की पहचान उसके अन्दर से ही नहीं होती, बल्कि अन्य बाहरी सभ्यताओं से बाहरी सामना भी उसका बोध करवाता है। आन्तरिक और बाह्य का वैषम्य दो स्तरों पर घटित होता है। प्रथम का सम्बन्ध एक सभ्यता के अपने को देखने के ढंग से है जबकि द्वितीय का उसे अन्य द्वारा देखे जाने के ढंग से। लेकिन क्योंकि अन्य एक नहीं बल्कि कई होते हैं, इसलिए कह सकते हैं कि एक ही सभ्यता बहुत-से दर्पणों में प्रतिबिम्बित होती और देखी जाती है। इसलिए किसी सभ्यता का चित्र इन सब बाहरी और भीतरी छवियों के सम्मिश्रण से बनाना होगा। बाह्य छवियों की तरह आन्तरिक छवियाँ भी बहुविध हो सकती हैं क्योंकि किसी सभ्यता को न तो उसके सभी सदस्यों द्वारा एक ही तरीक़े से देखा जाता है, न ही इतिहास के सभी कालों में। आन्तरिक और बाहरी दोनों प्रकार की क्रमिक छवियाँ इस प्रकार उस विधि के इतिहास का निर्माण करती है जिसमें कोई सभ्यता अपने को देखती एवं अन्य द्वारा देखी जाती है। अन्य कई प्रसंगों की तरह इस प्रसंग में भी छायाएँ ही वास्तविकता हैं। चुनौती यही है कि दिक्काल में घटित उनकी विविधताओं और परिवर्तनों से अवगत हुआ जाय और देखा जाय कि वे किस हद तक एक-दूसरे को अतिछादित करती और किस हद तक तथा कहाँ वे एक-दूसरे से भिन्न होती हैं।

किसी सभ्यता के इतिहास में उसकी अस्मिता की जड़ में किसी सर्जनात्मक व्यक्ति या व्यक्तियों के स्वप्न का सूत्रीकरण वही कार्य करता है जो 'बिग बैंग' सिद्धान्त ब्रह्माण्ड की रचना में करता है। यह सवाल ही अप्रासंगिक है कि उससे पहले क्या था क्योंकि, जैसाकि हम समझते हैं, वहीं सभ्यता के अध्ययन का सुपरिभाषित बिन्दु है। लेकिन वह स्वप्न सामान्यत: बिम्बों और अवधारणाओं तथा कभी-कभी प्रतीकों और उपकरणों में सन्निहित होता है जो स्वयं उस सभ्यता के क्रमिक इतिहास के लिए सदैव उपस्थित उर्वरता का अक्षय स्रोत प्रदान करते हैं। इस प्रकार, किसी सभ्यता का अध्ययन करना बिम्बों और अवधारणाओं या प्रतीकों और

उपकरणों को गतिहीन और बन्द समझना है मानो उनकी सारी जीवन्तता और गत्यात्मकता समाप्त हो चुकी है। यदि सभ्यता जीवित है तो बिम्ब और अवधारणाएँ प्रयुक्त होते रहते और निरन्तर अपने में अन्तःस्थ गत्यात्मक सर्जनात्मकता को प्रकट करते रहते हैं। इसलिए किसी सभ्यता का अध्ययन या समझना उसे सदैव उसके अतीत के सन्दर्भ में देखने की कोशिश करना है जबकि सभ्यता के सक्रिय भागीदार और निर्माता हमेशा भविष्य की ओर देखते तथा जो कुछ वे करना चाहते हैं उसका उस सभ्यता के द्वारा अतीत में हासिल उपलब्धियों से सार्थक सम्बन्ध जोड़ने का प्रयास करते हैं। इसलिए एक सभ्यता की अस्मिता के विन्यास में उसके द्वारा अतीत में हासिल उपलब्धियों और वर्तमान में अपना लक्ष्य पाने की कोशिशों के बीच लगातार एक तनाव बना रहता है। एक सीमा तक अतीत से जुड़े होने के बावजूद उसके स्वप्न और अभिलाषाएँ अतीत से पूरी तरह निर्धारित नहीं होते—बल्कि उससे उनकी अनबन भी हो सकती है। वस्तुतः किसी सभ्यता की अतीत-गाथा के पुनर्निर्माण में मूल स्वप्न को मूर्त करनेवाले बुनियादी बिम्बों, अवधारणाओं और प्रतीकों द्वारा किये जानेवाले कार्यों में क्रमिक परिवर्तनों तथा उस सभ्यता के इतिहास के क्रमिक युगों में उनके क्रियाशील और जीवन्त प्रयोग द्वारा हुए अपरिहार्य परिवर्तनों का भी विचार करना होगा। इसलिए वास्तविक अर्थ में पहचान बिम्ब या अवधारणा या प्रतीक को दिये गये नाम और रूप की पहचान है जैसे कि किसी व्यक्ति की पहचान उसके नाम में निहित होती है चाहे स्वयं उसमें कालान्तर में कुछ परिवर्तन भी हो जायँ। सामान्यतः परिवर्तन धीरे-धीरे होते हैं, लेकिन जब वे बुनियादी और अचानक हों तो हम उस व्यक्ति की पहचान पर सवाल उठाने की ओर प्रवृत्त होते हैं। और जैसे एक व्यक्ति की जीवन्त पहचान आदतों, मुद्राओं, देखने, अनुभव करने, काम करने के तरीक़े एवं असंख्य बहुत-सी बातों को मिलाकर बनती तथा उसे अन्य लोगों से भिन्न बनाती हैं, उसी तरह एक जीवन्त संस्कृति के साथ भी होता है। और जैसे ये सब बातें उसके नाम और रूप में एकीकृत हो जाती हैं, उसी प्रकार सभ्यताओं के साथ भी होता है। उसकी पहचान के बोध का तात्पर्य उसके मूल में पाये गये प्रतीकों, अवधारणाओं और बिम्बों में मूर्त उसके आदि स्वप्न के साथ-साथ इतिहास के विभिन्न कालों में उसमें हुए क्रमिक रूपान्तरणों तथा पुरानी अवधारणाओं, बिम्बों और प्रतीकों को नया अर्थ और महत्ता देते हुए उनकी जगह छा जाने और उन्हें संशोधित करनेवाले

नये प्रतीकों और अवधारणाओं का अभिग्रहण करना है।

सभ्यता, जैसा हम पहले भी कह चुके हैं, कोई पृथक् अस्तित्व नहीं है, बल्कि वह अन्य सभ्यताओं के बीच रहती है जिनके साथ युद्ध, व्यापार या अन्य प्रकार के सम्पर्क के माध्यम से उनमें सक्रिय पारस्परिक विनिमय होता है। इस अन्तःक्रिया में केवल वस्तुओं का ही नहीं, तकनीकी, प्रत्ययों, ज्ञान और कभी-कभी जीवन-शैलियों आदि के साथ मूल्यों का भी आदान-प्रदान सम्भव होता है। धर्मों, तकनीकी तथा अनुभवात्मक और लोकोत्तर दोनों प्रकार के ज्ञान का विस्तार सुविज्ञात है। इसी प्रकार कला, स्थापत्य, भाषा, भोजन और वस्त्र-सामग्री, पाक-विधा आदि बहुत-सी बातों का इतिहास में आदान-प्रदान होता रहा है। निरन्तर जारी इस सक्रिय अदला-बदली के सन्दर्भ में देखने पर किसी सभ्यता की पहचान की समस्या और भी जटिल हो जाती है। यह समस्या उस व्यक्तित्व की पहचान से अधिक घनिष्ठ है जो निरन्तर दूसरे व्यक्तित्वों के साथ अन्तःक्रिया करता जिसमें दोनों एक-दूसरे को लगातार प्रभावित करते हैं। ऐसे प्रसंग में पहचान का आधार ख़ारिज कर दी जानेवाली चीज़ें तथा स्वीकृत चीज़ों को अपने स्वप्न और परम्परा के अनुसार किये जानेवाले संशोधन होते हैं। इसलिए किसी भी सभ्यता की पहचान को अन्य सभ्यताओं के साथ सम्पर्क के दौरान उसके द्वारा ख़ारिज कर दी जानेवाली बातों तथा स्वीकृत बातों के अपने संशोधन के सन्दर्भ में देखना होगा अर्थात् यह देखना होगा कैसे वह बाह्य को आन्तरिक में तथा परकीय को परम्परा में रूपान्तरित करती है। महाद्वीपों के आर-पार धर्मों का प्रसार तथा अपने मूल केन्द्र से दूसरे परिवेश, सभ्यताओं और लोगों में जाने के कारण उनमें हुए परिवर्तन इस बात के उत्कृष्ट उदाहरण हैं कि अन्य सभ्यताओं की चुनौतियों का सामना करने पर केन्द्रीय स्वप्न कैसे बदल जाता है। कला और स्थापत्य में घटित परिवर्तन उसी प्रकार के अन्य उदाहरण हैं। अधिक सामान्य स्तर पर पाक और परिधान शैलियों के एक सांस्कृतिक क्षेत्र से दूसरे में विस्तार होने पर भी यही बात देखी जा सकती है। किसी सभ्यता के स्थानिक विस्तार से उत्पन्न समस्याएँ भी उतनी ही महत्त्वपूर्ण हैं जितनी काल में उसके विकास की समस्याएँ।

इसलिए किसी सभ्यता की गाथा समान रूप से दिक् में उसके विस्तार के साथ-साथ काल में उसके विकास तथा अन्य संस्कृतियों और सभ्यताओं

से सम्पर्क और अपनी ही प्रारम्भिक अवधारणाओं, बिम्बों व प्रतीकों में मूर्त आद्य स्वप्न या स्वप्नों में निहित अक्षय अन्त:शक्ति के क्रियान्वयन की गतिकी से निर्धारित उसके अपने अन्तर्भूत विकास दोनों की रोशनी में उसके अपने परिवर्तनों और संशोधनों की गाथा होती है।

तथापि, सभ्यताओं के मिलन की कहानी केवल एक ही प्रकार की नहीं होती। कोई सभ्यता किसी अन्य द्वारा सैनिक दृष्टि से विजित और अपने इतिहास के दीर्घकाल तक शासित हो सकती है। उसका बलपूर्वक या ईषत् बलपूर्वक धर्मान्तरण किया जा सकता है—किसी ऐसे धर्म में जिसकी उस सभ्यता के पारम्परिक धर्मों के साथ कोई संगति न हो। ऐसी परिस्थिति में साभ्यतिक पहचान की समस्या जटिल हो जाती और एक विदेशी सभ्यता और संस्कृति से पराजय और उसकी राजनीतिक अधीनता के कारण किसी हद तक विरुपित भी हो जाती है। ऐसी स्थिति में एक द्वैधवृत्ति पैदा हो जाती है क्योंकि एक ओर शासक वर्ग के प्रति सराहना और ईर्ष्या का भाव रहता है तो दूसरी ओर उनके प्रति अनोखा अस्वीकार क्योंकि उन्हें न केवल विदेशी और भिन्न बल्कि अपने देश और संस्कृति के उत्पीड़क शोषकों के रूप में देखा जाता है जिससे पहचान की समस्या को अजीब रूप मिल जाता है, विशेष रूप से उस सभ्यता के विजयपूर्व अतीत तथा उसके विजित काल से सम्बन्ध को लेकर। एक गहरे स्तर पर कोई भी सभ्यता विदेशी प्रभुत्व को कभी स्वीकार नहीं कर पाती और राजनीतिक तथा सांस्कृतिक दोनों सन्दर्भों में उसे अस्वीकार करने का प्रयास करती है। लेकिन विदेशी प्रभुत्व की सफल बर्खास्तगी में लम्बा समय लग सकता है, इसलिए विदेशी शासक या शासकों के राजनीतिक, प्रशासनिक और सांस्कृतिक प्रत्ययों की घुसपैठ उस सभ्यता की गाथा का सक्रिय अंग हो जाती है। ऐसे में एक सभ्यता द्वारा इस स्थिति का मुक़ाबला करने के लिए मनोवैज्ञानिक तथा सांस्कृतिक स्तरों पर अपनायी गयी व्यूह-रचनाओं को देखना होगा। अपनी विफलताओं और पराजयों से समझौते तथा उनके द्वारा प्रस्तुत चुनौतियों का सामना करना किसी भी सभ्यता की गाथा का उसी प्रकार एक हिस्सा है जिस प्रकार उसकी सफलताएँ और विजयें और उसकी पहचान में पूर्ववर्ती का भी उतना ही भाग है जितना अनुवर्ती का।

लेकिन पराजय की कहानी भी किसी अन्य संस्कृति और सभ्यता की

विजय की कहानी है, इसलिए किसी सभ्यता को उसके विजेताओं द्वारा देखे जाने का रूप भी शायद उतना ही महत्त्वपूर्ण है जितना विजयों-पराजयों के दीर्घकालीन संघर्ष तथा अन्ततः सम्भव होने पर आक्रमणकारी विजेता के निष्कासन में स्वयं अपने को देखने का रूप। लेकिन अजीब है कि ऐसी कोई महान सभ्यता नहीं है जिसकी विजयों अथवा दिक्काल में विस्तार की अपनी कोई कहानी न हो, अन्यथा वह सहस्त्राब्दों तक रहने तथा किसी अर्थ में दीर्घकाल तक नैरन्तर्य बनाये रखनेवाली महान सभ्यता नहीं हो पाती। इसलिए यह जानना दुतरफा रोचक होगा कि कोई सभ्यता अपनी विजयों और पराजयों की स्मृति को सुरक्षित रखती है तथा कैसे वह विजयों की कहानी को बार-बार दुहराती और पराजयों का महत्त्व कम करती और उनकी सफ़ाई देती है।

इस प्रसंग में और भी गहरी समस्या है उस सभ्यता द्वारा विजेता की उपलब्धियों के लिए प्रदर्शित द्वैध मनोवृत्ति क्योंकि उसे डाह या ईर्ष्या के साथ ही सही, वैज्ञानिक और तकनीकी क्षेत्रों के साथ-साथ कलाओं के क्षेत्रों और जीवनशैली में विजेता की उपलब्धियों को स्वीकार करना पड़ता है। तथापि, इसके साथ ही जुड़ी है कम-से -कम एक हद तक अपनी आत्मछवि की सुरक्षा और उसके कारण एक उच्च सभ्यता की कथित उपलब्धियों के अल्पांकन की कोशिश। यह स्थिति और भी जटिल हो जाती है जब विजेता सभ्यता कई क्षेत्रों में स्पष्टतया कमज़ोर हो और उसकी विजय का मुख्य कारण सैनिक या सांगठनिक श्रेष्ठता हो अथवा यह बात रही हो कि वह सभ्यता की कलाओं के कारण कमज़ोर या दूषित नहीं हुई थी।

सभ्यताओं की टकराहटों और उनके स्वाभाविक प्रेम-घृणा सम्बन्धों की कहानी पर अभी अपेक्षित ध्यान नहीं दिया गया है। तथापि, एक सम्बद्ध समस्या और भी है जो उतना ही ध्यान माँगती है जितना विभिन्न सभ्यताओं की आपसी टकराहटों और उनके पारस्परिक आदान-प्रदान और अन्तःक्रिया का रास्ता। इसका सम्बन्ध एक न्यायसंगत विजय के मानकों और एक पराजित शत्रु के प्रति व्यवहार के आदर्श रूप से है। सभ्यताओं की मुठभेड़ में युद्ध के वास्तविक कर्म का नियमन करनेवाले मानकों तथा शान्ति स्थापित करने के तरीक़ों का भी उतना ही महत्त्व है जितना अन्य किसी बात का। कुछ सभ्यताएँ हैं जिन्होंने इन सवालों पर गहराई से विचार

किया है जबकि कुछ अन्य का मानना है कि युद्ध अथवा विजय के बाद शान्ति–स्थापना के कोई नियम नहीं होते क्योंकि वे नैतिक क्षेत्र की परिधि से बाहर की चीज़ें हैं। युद्ध के महिमागान और शूरवीरता के उत्सवीकरण के साथ–साथ सभी उपलब्ध साधनों के प्रयोग द्वारा अपनी सीमाओं के विस्तार का राजा के कथित कर्तव्य के सारे सवाल इसी से जुड़े हैं।

सामान्यत: किसी सभ्यता का विस्तार राजनीतिक अर्थात् अन्य प्रदेशों पर उसकी राजनीतिक और प्रशासनिक प्रभुसत्ता, और कभी आधिराज्य का विस्तार होता है, लेकिन इसे व्यापार–वाणिज्य, धर्म, कला और स्थापत्य की शैलियों, साहित्य–रचना के रूपों और ऐसी अन्य चीज़ों में भी देखा जा सकता है। मुद्दा यह है कि सभी चीज़, चाहे कोई दार्शनिक मत हो या धार्मिक आन्दोलन या संगीत, चित्रकला, नृत्य अथवा स्थापत्य की सांस्कृतिक शैली, यहाँ तक कि पाक–शैली जैसी दैनन्दिन चीज़ें भी विस्तार और नये प्रदेशों में फैलने की ओर प्रवृत्त होती तथा दूसरों की सराहना और निष्ठा हासिल करने के लिए अन्य शैलियों और सम्प्रदायों से प्रतिद्वन्द्विता करती हुई उन्हें विश्वास की पद्धतियों और कार्यशैली के अपने रूपों तथा शैलियों में रूपान्तरित करना चाहती हैं। विस्तार की प्रेरणा और उसमें अपनी सभ्यता की सफलता देखना दूसरों को जीतने और उन्हें अपनी जीवनशैली में रूपान्तरित करने की उस आदेशात्मकता से बिलकुल भिन्न बात है जिसे कुछ सभ्यताओं में फ़र्ज़ और उनकी पहचान का घटक समझा जाता है। अपने प्रदेश का विस्तार करने के राजा के कर्तव्य और धर्म में किसी को नवदीक्षित करने के कथित फ़र्ज़ में एक अजीब समानता देखी जा सकती है। लेकिन दोनों में कम से कम एक सम्भव भिन्नता हो सकती है। धार्मिक विस्तार अपने सिद्धान्त की प्रकृति के ही कारण धर्म-प्रचार और धर्मान्तरण के अपने कार्यक्रम में बल के प्रयोग का निषेध कर सकता है। लेकिन, दूसरी तरफ़, राजनीतिक विस्तार तो सिद्धान्त रूप में भी बल के प्रयोग के बिना सम्भव नहीं है। तथापि, जब धार्मिक विस्तार अपने प्रयोजनों की पूर्ति के लिए बल–प्रयोग की सुविधा से इनकार नहीं करता तो वह बहुत कुछ एक शासक या किसी विशेष देश में कुलीन वर्ग द्वारा राजनीतिक विस्तार की माँग जैसा ही मामला हो जाता है। ऐसी स्थिति में राजनीतिक और धार्मिक विस्तार साथ–साथ चलते हैं और ऐसे में वे किसी भी उद्देश्य को प्राप्त करने के लिए बल–प्रयोग को एक अतिरिक्त

प्रेरक शक्ति और औचित्य प्रदान कर देते हैं। ऐसे मामलों में आदर्श और वास्तविक स्वार्थों का विलयन हो जाता है जो पहले उल्लिखित किसी अन्य प्रकार के विस्तार में कभी नहीं होता। ईसाइयत, इस्लाम और साम्यवाद शायद इतिहास में ऐसे मिश्रण के स्पष्टतम् उदाहरण हैं। दूसरे धर्मों, विशेषतया भारत और चीन में पैदा हुए धर्मों का विस्तार कला और साहित्य अथवा जीवनशैली के विस्तार से अधिक घनिष्ठ है, यद्यपि कभी-कभी उन्हें राजनीतिक सहायता और संरक्षण प्राप्त रहा है। राजाओं अथवा शासकीय कालीन वर्ग का धर्मान्तरण धर्म-विस्तार में सदैव ही एक महत्त्वपूर्ण कारक रहा है क्योंकि इससे उस धर्म को ऐसी प्रतिष्ठा मिल जाती है जो अन्यथा सम्भव नहीं होती। लेकिन यह दूसरे क्षेत्रों में संरक्षण के समान ही है। कुलीन वर्ग द्वारा किसी भी क्षेत्र की शैलियों की स्वीकृति का परिणाम उस समाज और अन्य समाजों के भी सदस्यों द्वारा उनका अनुकरण होता है। अनुकृति अथवा अजाने अनुकरण किसी विदेशी रूप या शैली या विश्वास के उस बलात् और उत्पीड़क स्वीकार से मूलतः भिन्न है जिसे दण्ड के भय से मानने को विवश होना पड़ता है।

कभी-कभी व्यापार और वाणिज्य के विस्तार में भी एक तत्त्व ऐसा रहा है जिसके व्यापारिक-वाणिज्यिक हितों की निश्चितता एवं सुरक्षा के लिए कुछ प्रदेशों पर राजनीतिक नियन्त्रण की माँग की है। इसका परिणाम व्यापारिक विस्तार के साथ-साथ राजनीतिक आवश्यकता से उत्पन्न बाह्यताओं के विलयन में घटित हुआ है। सोलहवीं शताब्दी से यूरोपीय सभ्यता में एक-दूसरे को चक्रिक रूप से प्रभावित करनेवाली व्यापारिक और राजनीतिक विस्तार से उत्पन्न माँगों का अजीब सम्मिश्रण देखा जा सकता है। इस विस्तार में दो अन्य विरोधाभासी शक्तियों का अतिरिक्त मिश्रण भी था जिसने एक ओर ईसाइयत की भावना को एक विचारधारात्मक बल्कि आदर्शात्मक मुलम्मा दिया, तो दूसरी ओर, पूरे विश्व में पश्चिमी सभ्यता की भावना के विस्तार की माँग को क्योंकि उसे न केवल उत्कृष्टतम बल्कि अतीत की सभी सभ्यताओं का स्थान ले सकनेवाली सभ्यता माना गया। इसलिए इस विस्तार ने अपने को एक 'साभ्यतिक लक्ष्य' के लिए सक्रिय माना जो ठीक-ठीक धार्मिक न होते हुए भी उसके काफ़ी समान था। प्रसिद्ध मुहावरा 'श्वेत व्यक्ति का बोझ' इस भाव की सटीक अभिव्यक्ति है। वास्तविक भाव को व्यक्त करने के लिए केवल 'बोझ' शब्द की जगह

'लक्ष्य' शब्द का प्रयोग अधिक बेहतर रहता।

अपने विस्तारवादी दौर में यूरोप का 'साभ्यतिक लक्ष्य' इस तथ्य का संकेतक है कि अतीत में भी अन्य सभ्यताओं के विस्तार में इस कारक ने महत्त्वपूर्ण भूमिका निबाही होगी। इस विषय पर लिखनेवाले अधिकांश लोगों द्वारा इस कारक की अनदेखी ही की गयी है। भारत तथा दक्षिण और दक्षिण-पूर्व एशिया के वैदिकीकरण को सम्भवत: यूरोपीय बौद्धिकों द्वारा निर्मित मुहावरे 'श्वेत व्यक्ति का बोझ' के मन्तव्य के सन्दर्भ में ज़्यादा बेहतर तरीक़े से समझा जा सकता है। यह वैदिक सभ्यता के संवाहकों का बोझ ही था जो भारतीय उपमहाद्वीप के सब भागों और अनन्तर दक्षिण तथा दक्षिण-पूर्व एशिया में फैल गया। चीन में भी यही प्रक्रिया घटित हुई लगती है जिसका भू-प्रदेश भारत से कहीं बड़ा है तथा जिसका पश्चिम और पूर्व दोनों ओर विस्तार होता रहा जब तक उसके सभी सीमान्तों पर विस्तारशील भारतीय सभ्यता के साथ उसकी अन्त:क्रिया नहीं होने लगी। सहस्राब्दी में चीनी सांस्कृतिक प्रदेश के महत्त्व की भारत में घटित से तुलना करना बहुत दिलचस्प होगा। मध्य एशिया, कोरिया, चीन तथा जापान और दक्षिण एवं दक्षिण-पूर्व एशिया के देशों में बौद्धधर्म का प्रसार इसका एक अन्य उदाहरण है। श्रेष्ठ युग में भारतीय उपमहाद्वीप की सीमाओं के भीतर जैन धर्म का प्रसार इस तरह के विस्तार का एक और सुपरिचित उदाहरण है।

इस प्रकार किसी सभ्यता का विस्तार कई कारणों और कई रूपों में होता है। लेकिन विभिन्न प्रकार के विस्तारों में निर्णायक फ़र्क़ शायद इस बात में है कि यह विस्तार पूर्व में अस्तित्वमान संस्कृतियों की विविधता के साथ क्या करता है। क्या उन्हें जीवित रहने और उनकी विविधता और बहुलता का सम्मान करनेवाली उस सभ्यता के सम्पर्क से न केवल विकसित होने की अनुमति मिलती है बल्कि जो उन्हें अपनी-अपनी प्रतिभा के अनुकूल विकसित होने में सहायक होती है? यही नहीं, इस विस्तारशील सभ्यता पर उसके सम्पर्क में आनेवाली विविधताओं का प्रतिप्रभाव उसे पहले से अधिक सम्पन्न और बहुवर्णी बना सकता है। इन साक्षात्कारों के माध्यम से वह अपने भावी प्रसार में एक गहरी अन्तर्दृष्टि विकसित कर सकतीं और इस प्रकार एक महत्त्वपूर्ण परिवर्तन का प्रदर्शन करती हुई इस तथ्य का साक्ष्य हो सकती है कि उसने बहुत-सी संस्कृतियों

से बहुत कुछ सीखा है और अपने विस्तार के पथ में और उर्वर हुई है। दूसरी ओर, विस्तारशील सभ्यता अपने विस्तार की प्रक्रिया में सामने आनेवाली सभी पूर्व सभ्यताओं को विनष्ट कर सकती है और वह भी इस हद तक कि उनके अस्तित्व तक को प्रमाणित कर सकने के लिए असाधारण रूप से बड़ी ऐतिहासिक खोज की ज़रूरत हो। उसे इस बात का भी गर्व हो सकता है कि वह अन्य संस्कृतियों से कतई प्रभावित नहीं हुई क्योंकि उसकी दृष्टि में इस तरह का प्रभाव अपर्याप्तता तथा दूषण का चिह्न होता है।

साभ्यतिक विस्तार की ये दो भिन्न रीतियाँ न केवल सभ्यताओं के विस्तार के तरीक़ों के दो विपरीत ध्रुवों को प्रस्तुत करती हैं, बल्कि कुछ ऐसे आदर्श ढंग भी सुझाती हैं जिनके सन्दर्भ में किसी सभ्यता के वास्तविक विस्तार का अध्ययन किया जा सकता है। एक-दूसरे से बिलकुल विपरीत दो सभ्यताओं के साक्षात्कार का मामला और भी दिलचस्प होगा। शायद प्राचीन भारतीय सभ्यता के साथ मुस्लिम सभ्यता के साक्षात्कार को इसको एक मानक उदाहरण के रूप में लिया जा सकता है। दूसरी ओर, ईसाई और मुस्लिम सभ्यताओं या समकालीन यहूदी और मुस्लिम सभ्यताओं के साक्षात्कार केवल अतिवादी ढंग की सभ्यताओं के साक्षात्कार हैं। प्राचीन भारतीय तथा चीनी सभ्यताओं के बीच साक्षात्कारों को एक ही प्रकार की सभ्यताओं के आपसी साक्षात्कार के रूप में देखा जा सकता और इस प्रकार उसे ईसाई और मुस्लिम सभ्यताओं अथवा समकालीन यहूदी और मुस्लिम सभ्यताओं के साक्षात्कार में इसका दिलचस्प वैषम्य खोजा जा सकता है। चीनी और मुस्लिम सभ्यताओं के साक्षात्कार में भी भारतीय और मुस्लिम सभ्यताओं के साक्षात्कार के तरीक़े से दिलचस्प तुलना और वैषम्य दिखाया जा सकता है, यद्यपि इन दोनों साक्षात्कारों के बीच यथेष्ट भिन्नता हो सकती है।

इसलिए सभ्यताओं का अध्ययन मूलतः तुलनात्मक परिप्रेक्ष्य में किया जाना चाहिए क्योंकि अन्ततः वह एक विशेष परिवेश में मानव-उद्यम की कहानी है और इसीलिए किसी अन्य परिवेश में मनुष्य की उपलब्धियों और अपनी समस्याओं को सुलझाने के उसके तरीक़ों से तुलना द्वारा यह अध्ययन और भी अर्थपूर्ण हो जायेगा। इसी तरीक़े से हम किसी सभ्यता की अद्वितीयता की पहचान भी उसी तरह कर सकते हैं जिस तरह किसी

व्यक्ति की व्यक्तिमता का बोध अन्य के साथ उसकी तुलना से होता है।

किसी एक सभ्यता के अध्ययन की अपेक्षा सभ्यताओं का तुलनात्मक अध्ययन इन दिनों प्रचलन में नहीं है क्योंकि यह महसूस किया जाता है कि ऐतिहासिक अध्ययन की इकाई का काल और देश में अधिक फैलना अध्ययन के वैज्ञानिक चरित्र के दावे के लिए कम उत्तरदायी होता है। लघु इतिहास को ही वास्तविक इतिहास समझा जाता है क्योंकि वहाँ हम जानते हैं कि हम क्या बात कर रहे हैं तथा वहाँ हमारे बल बिन्दु और उसके आधारभूत साक्ष्य के बीच सम्बन्ध प्रत्यक्ष और परीक्षणीय होता है जो कि उन कथित सभ्यताओं के मामले में नहीं होता जिनकी देश और काल की सीमाओं की अनिश्चितता उनकी देशकालगत एकता नहीं प्रदर्शित करती। टॉयनबी ने जो महत्त्वपूर्ण सवाल उठाया था कि अध्ययन के प्रयोजन के लिए एक साभ्यतिक इकाई किसे माना जाय या किस कसौटी के आधार पर एक सभ्यता से दूसरी सभ्यता को पृथक् समझा जाय, उसे उसके अनुवर्तियों ने ध्यान देने योग्य नहीं समझा। सभ्यताओं के अध्ययन के लिए उसके द्वारा विकसित सारे उपकरणों को इस आधार पर तिरस्कृत कर दिया गया कि उसके सिद्धान्त के कई आधारभूत तथ्य ग़लत अथवा बड़ी हद तक विवादास्पद हैं। लेकिन ग़लतियों को सुधारने या एक वैकल्पिक नमूना प्रस्तुत करने के बजाय उसके द्वारा उठाये गये मूलभूत सवालों को ही इतिहास-लेखन की कार्यसूची से इस तरह बहिष्कृत कर दिया गया मानो उनका कोई महत्त्व ही नहीं है।

इसके पीछे भाव शायद यह था कि उस तरह के प्रश्नों का सार्थक उत्तर उन उपकरणों और अन्वेषण पद्धतियों के द्वारा नहीं दिया जा सकता था जो अपने अध्ययन के 'वैज्ञानिक' चरित्र का दवा करनेवाले इतिहासकारों को उपलब्ध थीं। अथवा, शायद यह 'तार्किक प्रत्यक्षवाद' का उद्दाम प्रभाव भी हो सकता है जिसके 'वास्तविक वैज्ञानिकता' के प्रतिपादन का अकादेमिक प्रतिष्ठा चाहनेवाले पेशेवर इतिहासकारों पर बहुत प्रभाव था। लेकिन अब, जबकि 'वैज्ञानिक' होने की दो निरकुंश पूर्वशर्तों सत्यापनीयता और मिथ्याकरणीयता को स्वयं ही ध्वंसकारी आलोचना का शिकार होना पड़ा है, सक्रिय इतिहासकार टॉयनबी और अन्य लोगों के छोड़ दिये गये सवालों के लिए अनुकूल वातावरण महसूस कर सकते हैं।

इसी प्रकार सोरोकिन, स्पेंगलर या जॉथ्रोप या अन्य ऐसे कई लोगों द्वारा एक सभ्यता की वैविध्यपूर्ण रचनात्मकता के माध्यम से उसकी एकता के कल्पनात्मक बोध के द्वारा उसके विशिष्ट स्वप्न या आदर्श मूल्य अथवा मूल्यों को सभी क्षेत्रों में चरितार्थ करने के शताब्दियों तक जारी प्रयासों के सन्दर्भ में उस सभ्यता की अद्वितीयता को समझने के प्रयासों के बारे में भी यही सच है। उनमें से प्रत्येक ने उन अर्थों, आदर्शों या मूल्यों के सन्दर्भ में किसी सभ्यता की एकता को समझने का उद्यम किया है जिन्हें वह उपलब्ध करने और अपनी कृतियों में मूर्त करने का प्रयास करती रही थी। किसी विशेष सभ्यता के सन्दर्भ में उनकी अनुमानित एकता से असहमति हो सकती है, अथवा इस पूर्वधारणा पर भी प्रश्नचिह्न लगाया जा सकता है कि सभ्यताएँ प्रत्येक क्षेत्र में किसी एक ही स्वप्न या मूल्य को मूर्त करने के प्रयासों के आधार पर समझी जा सकती है, किन्तु उन्हें इस तरह समझने के उद्यम को प्रणाली-विज्ञान की दृष्टि से अवैध मानकर या यह कहकर कहीं ख़ारिज नहीं किया जा सकता कि वे किसी अन्तर्दृष्टि की ओर नहीं ले जातीं। किसी विशेष सभ्यता की अद्वितीयता को पाने की कोशिश करना अधिक सही होगा क्योंकि उसे पाने के लिए अन्य सभ्यताओं के अभीष्ट या मूल्य से उसकी भिन्नता को जानना ज़रूरी होगा। कला, दर्शन या धर्म का तुलनात्मक अध्ययन उन तरीक़ों की भिन्नता पर विचार किये बिना नहीं रह सकता जिनमें इन सभ्यताओं का आन्तरिक इतिहास दीर्घ कालों तक प्रयासरत रहा है।

यह निश्चय ही सच है कि टॉयनबी अथवा सोरोकिन या स्पेंगलर किसी के भी सभ्यता को 'समझ' के व्यापक सवाल के प्रतिरूप पर इस आधार पर सवाल उठाया जा सकता है कि वहाँ साक्ष्य और निष्कर्ष में बहुत ही विरल सम्बन्ध है और इस निर्मिति का बड़ा हिस्सा सम्बन्धित इतिहासकार की कल्पनात्मक प्रवीणता पर आश्रित होता है। यद्यपि सामान्यत: यह सही माना जा सकता है, लेकिन हमेशा नहीं। उदाहरणार्थ, सोरोकिन ने अपनी कृति 'सामाजिक और सांस्कृतिक गतिकी' में पश्चिमी सभ्यता के इतिहास में ८०० ई.पू. से लेकर १९२० ई.पू. तक की प्रत्येक उपलब्ध कलाकृति पर विचार किया है। उसने इस विशाल आधार सामग्री का विभिन्न व्यक्तियों द्वारा परीक्षण और मूल्य-सन्दर्भित वर्गीकरण करवाया और उसके वैशिष्ट्य निरूपण के सम्बन्ध में तटस्थ निष्कर्षों तक पहुँचने

के लिए हर सम्भव सावधानी बरती। उसने कला जगत की इस आधार-सामग्री को अन्य क्षेत्रों जैसे दर्शन अथवा युद्धों और क्रान्तियों जैसी घटनाओं से भी जोड़ने का प्रयास किया। लेकिन सम्पूर्ण काम के इतना व्यवस्थित ढंग से होने तथा अपनी व्याप्ति में इतना विस्तृत होने के बावजूद इस विषय के अधिकांश अध्येताओं द्वारा उसे गम्भीरतापूर्वक न लेना बहुत आश्चर्यजनक है। और यह उस सारी सावधानी के बावजूद है जो वैज्ञानिक पद्धति के अनुपालन की प्रतिष्ठा के लिए सामान्यतया अपरिहार्य है।

इस विशाल आधार-सामग्री पर आधारित सोरोकिन की भविष्यवाणियाँ १९२० ई. के बाद की पश्चिमी सभ्यता के सन्दर्भ में निश्चय ही विफल रहीं, लेकिन तब विषय के किसी भी गम्भीर अध्येता को पद्धति अथवा आधार-सामग्री पर आधारित भविष्य कथन की विफलता के कारणों पर प्रश्नचिह्न लगाना चाहिए था। शायद अकेले क्रोएबर ने ही अपने प्रसिद्ध ग्रन्थ 'सांस्कृतिक विकास के संरूप' में इस दावे का परीक्षण किया तथा उसके बारे में निषेधात्मक निष्कर्षों पर पहुँचा। लेकिन, जहाँ तक मेरी जानकारी है, किसी ने भी क्रोएबर और सोरोकिन के दावों को एक साथ निष्पक्ष रूप से परीक्षण और यह जानने का प्रयास नहीं किया है कि एक-सी आधार-सामग्री के विश्लेषण से ये दोनों किन कारणों से ऐसे बिलकुल विपरीत निष्कर्षों पर पहुँचे। क्रोएबर का विश्लेषण, निश्चय ही अन्य प्रकार का था, लेकिन तब भी उसमें सोरोकिन के प्रयासों के कुछ अंशों पर दृष्टिपात किया गया था।

एक इतिहासकार के लिए और गहरी समस्या सभ्यता के वृहत् अध्ययन से उत्पन्न दो विरोधी रुझानों की है। यह विरोध कह सकते हैं, समझ और भविष्य कथन के बीच है। किसी सभ्यता को समझने का तात्पर्य अनिवार्यत: उसके भावी विकास के बारे में भविष्यकथन के योग्य होना नहीं होता और एक अर्थ में अतीत को समझने का समूचा उद्यम, चाहे वह टॉयनबी के नमूने पर हो या सोरोकिन अथवा स्पेंगलर के नमूने पर, सभ्यता के भावी विकास के रूप के बारे में भविष्यकथन के मामले में हमारी सहायता करने में विफल रहता है। लेकिन एक तो पेशेवर इतिहासकारों का उनके प्रति व्यवहार केवल उन्हीं के प्रति नहीं है। मार्क्स और हेगेल की नियति भी यही रही यद्यपि इतिहास की समझ के प्रति उनका रुख बिलकुल भिन्न था। तथापि एक बड़े स्तर पर जैविक विकास के सिद्धान्त के साथ भी यही

घटित हुआ जो यह बताने में कोई मदद नहीं करता कि विकास आगे कैसे बढ़ेगा। तब भी, इस आधार पर कोई भी जैविक विकास के सिद्धान्त को ख़ारिज नहीं करता और कोई कारण नहीं है कि मार्क्स के पूँजीवाद के विश्लेषण अथवा सामाजिक जीवन के अन्य पहलुओं के 'निर्धारण' में उत्पादन की पद्धतियों की भूमिका की अवहेलना की जाय। और न ही, वास्तव में, हेगेल की इतिहास-दृष्टि की इसलिए पूरी तरह अवहेलना की जा सकती है कि वह प्रशा के राज्य तथा अपने दर्शन को इतिहास में पूर्वघटित सब कुछ के चरम बिन्दु मानता है। मुद्दा यह है कि मार्क्स, हेगेल, टॉयनबी, स्पेंगलर या सोरोकिन की महाकाय असफलताओं और भारी विलक्षणताओं के बावजूद किसी विशेष सभ्यता अथवा इतिहास की समूची गति को समझने के वृहत् उद्यमों को पूरी तरह छोड़ देने या यह सोचने का कोई आधार नहीं है कि किसी सभ्यता के इतिहास को समझने के लिए उनसे कुछ नहीं सीखा जा सकता।

तथापि, यह भी स्पष्टतया समझ लिया जाना चाहिए कि वृहत् इतिहास की समस्याएँ लघु-इतिहास-लेखन की प्रक्रिया में सम्मुख आनेवाली समस्याओं से मूलतः भिन्न होती है। लघु-इतिहास का क्षेत्र न केवल एक विशेष विषय-वस्तु तक बल्कि काल और देश के भी यथोचित संक्षिप्त विस्तार तक सीमित है जिस पर एक इतिहासकार इतिहास-लेखन के समय उपलब्ध प्रासंगिक आधार-सामग्री के सन्दर्भ में अपनी पकड़ बनाये रख सकता है। लेकिन वृहत-इतिहास के लेखन में ऐसी कोई सीमा अक्षरशः नहीं रहती। सारा उद्यम एक अपरिमित अतीत में फैल जाता है जिसकी परिधि सुदूर कालों की उपलब्ध सामग्री के आधार पर स्वेच्छया तय की जाती है तथा देश में जिसके विस्तार की सीमाएँ निरन्तर परिवर्तित होती रहती हैं। इसी तरह ऐसा कुछ भी नहीं होता जिसे इतिहासकार के एकात्मक बोध अथवा उपलब्ध सामग्री को अन्तस्सम्बन्धों के सन्दर्भ में बनने की इतिहासकार की प्रवृत्ति से बहिष्कृत किया जा सके। ऐसी स्थिति में जो कुछ भी बहिष्कृत किया जाना अथवा सम्मिलित किया जाना और अल्पांकित किया जाना अथवा सम्मिलित किया जाना अथवा सम्मिलित किया जाना और अल्पांकित किया जाना अथवा रेखांकित किया जाना है, उस सबका निर्णय मनमाने ढंग से होता है और इस कारण उस पर आपत्ति की जा सकती है। लेकिन इसका समाधान कठिनाइयों से आतंकित होने या उनके

सम्मुख असहाय महसूस करने में नहीं बल्कि उन विविध केन्द्रों की सर्जनात्मक कल्पना में है जिनमें इर्द-गिर्द बोध की निर्मिति सम्भव हो तथा कहानी कही जा सके। ऐसी स्थिति में शायद इतिहास की प्रकृति और स्वरूप के सवाल पर चिन्तन से कुछ सहायता मिल सकती है। यदि एक बार यह समझ लिया जाय कि इतिहास प्राथमिक तौर पर दीर्घ कालावधि में मनुष्य के विविध उद्यमों में सक्रियता का इतिहास है और यह कि उन्हें कुछ अवधि के लिए छोड़ने के बाद भी बार-बार उनकी ओर लौटता है, तो किसी सभ्यता का इतिहास उन उद्यमों के इर्द-गिर्द निर्मित किया जायेगा जो मनुष्य के आन्तरिक अस्तित्व और प्रकृति तथा प्राणि-जगत के साथ उसकी बाह्य अन्त:क्रिया दोनों में उसके जीने और अन्वेषण के सभी आयामों को अपनी परिधि में ले लेते हैं। मनुष्य की आत्मचेतना की एक अन्य वृत्ति कालातीत लोकोत्तर के साथ उसका सम्बन्ध एक अन्य केन्द्र है जिसके इर्द-गिर्द ऐतिहासिक उद्यम का निर्माण हो सकता है। ज्ञान, अनुभूति और कर्म सदैव ही मानवीय उद्यम के केन्द्र रहे हैं, इसलिए यह देखना मुश्किल नहीं होना चाहिए कि किस प्रकार मनुष्य दीर्घ कालावधियों तक इनकी खोज में लगा रहा है तथा इन क्षेत्रों में उसके उद्यम को क्या विशिष्ट सिद्धि मिली है।

लघु बनाम वृहत अध्ययनों की समस्याएँ केवल इतिहास तक ही सीमित नहीं, बल्कि किसी भी क्षेत्र के एक गम्भीर अध्येता के सम्मुख आती हैं। उदाहरणार्थ, सामाजिक विज्ञानों में शायद अधिक महत्त्वपूर्ण अर्थशास्त्र को तो सदैव ही इस समस्या का सामना करना पड़ता है। लघु अर्थशास्त्री उसकी तुलना में अपने को अधिक मजबूत भूमि पर अनुभव करता है जो एक दीर्घावधि में अर्थ-व्यवस्था की गति के बड़े सवालों से सम्बन्ध रखता है, जहाँ पूरी अर्थ-व्यवस्था ही विचार का विषय होती है। कम्पनी का सिद्धान्त और खेत का सिद्धान्त लघु अर्थशास्त्री के सुपरिचित अवदान हैं। यही बात वृहत्-अर्थशास्त्रियों व्यापार-चक्रों के सिद्धान्त के बारे में है। अर्थव्यवस्था को एक अन्तस्सम्बन्धित समग्र के रूप में देखना, जिसमें प्रत्येक तत्त्व दूसरे को प्रभावित करता तथा एक में परिवर्तन अन्य में भी परिवर्तन कर देता है, उस वृहत् अर्थशास्त्रीय योजना में विचार का केन्द्र रहा है जिसमें आज न केवल विभिन्न अभिकरणों द्वारा आर्थिक आधार-सामग्री के व्यापक संकलन बल्कि कम्प्यूटर सुविधाओं द्वारा भी मदद की

जाती हैं जिनकी पहले कल्पना भी नहीं की जा सकती थी—और जो विभिन्न चर इकाइयों के बीच पूर्वधारित अन्तस्सम्बन्धों के आधार पर उनकी बहुत बड़ी संख्या के बीच अन्तस्सम्बन्धों का सम्पादन कर सकते हैं। लेकिन वृहत् अर्थशास्त्र का स्पष्ट बलाघात किसी अर्थव्यवस्था को वैश्विक व्यवस्था में पदस्थापित करने और उसे वैश्विक अर्थव्यवस्था के ऐसे अंग की तरह देखने पर है जो एक ऐसी आधारभूत उप-व्यवस्था हो जिसे अपने नियन्त्रण से बाहर की शक्तियों से सापेक्षित स्वायत्तता तक भी प्राप्त करने की स्वतन्त्रता नहीं होती। यही समस्या राजनीति का वृहत् स्तर पर अध्ययन करनेवालों के सम्मुख भी आती है। विटगेंस्टाइन जैसे विचारक एक ऐसी राजनीतिक व्यवस्था में विश्वास करते हैं जो अपने को प्रभुसत्ता-सम्पन्न राष्ट्र-राज्य मानने की भ्रान्ति पालनेवाली विभिन्न राजनीतिक व्यवस्थाओं के आन्तरिक कार्य संचालन को निर्णायक रूप से निर्धारित करती है।

सभ्यताओं का अध्ययन समकालीन विश्व की अर्थव्यवस्था अथवा राजनीति के अध्ययन की अपेक्षा कहीं अधिक बड़े स्तर का वृहत् उद्यम है। पैमाने के अविश्वसनीय बड़े अन्तरों के अलावा, एक अतिरिक्त फ़र्क़ इस बात में भी है कि विश्व अर्थव्यवस्था अथवा विश्व-राजनीति के अध्ययन प्रमुखतः किसी न किसी प्रकार के भविष्य-कथन और अपने क्षेत्र में घटित हो रही चीज़ों पर कुछ नियन्त्रण करने की ओर उन्मुख हो सकते हैं, लेकिन जो अतीत की सभ्यताओं के अध्ययन में सम्भव नहीं है। लेकिन अर्थव्यवस्था और राजनीति के अध्ययन के समकालीन वृहत् अध्ययनों तथा सभ्यताओं के वृहत् अध्ययन में आधारभूत भेद के बावजूद परवर्ती अध्ययन पूर्ववर्ती अध्ययनों से कुछ सीख सकता है। इसे एक ग्रहीय प्रारूप कहा जा सकता है जिसमें कोई केन्द्रीय अर्थव्यवस्था या राज-व्यवस्था अपने वृत्त की अन्य अर्थव्यवस्थाओं या राज्य-व्यवस्थाओं को बड़ी हद तक निर्धारित या प्रभावित करती है। इस ग्रहीय प्रारूप पर आधारित सभ्यता का अध्ययन किसी सभ्यता में अर्थव्यवस्था, राज्य-व्यवस्था अथवा संस्कृति के स्थानान्तरित केन्द्रों तथा उनके परिवर्तनशील अन्तस्सम्बन्धों का पता लगाने का प्रयास करेगा। इससे किसी सभ्यता के इतिहास के किसी काल विशेष में राजनीति, अर्थव्यवस्था तथा संस्कृति के प्रतिद्वन्द्वी केन्द्रों द्वारा निर्मित इस भ्रम से भी कुछ न कुछ हद तक मुक्ति

मिल सकेगी कि उस काल में केवल वे ही प्रधान थे। केन्द्र और परिधि तथा उनके परिवर्तनशील सम्बन्धों की सापेक्ष अवधारणाएँ कालावधि में किसी सभ्यता के इतिहास में घटित गत्यात्मक परिवर्तनों को समझने में भी कुछ सहायक हो सकेगी। इससे शक्ति के कथित केन्द्रों के उद्धत अहंकार और दर्प तथा महत्त्वाकांक्षा के साथ–साथ अपनी केन्द्रीयता की निरन्तरता और उसे बनाये रखने के उनके उपायों की भ्रान्तियों पर भी काफ़ी रोशनी पड़ सकती है।

तथापि, राजनीतिक और आर्थिक व्यवस्थाओं के बढ़ते हुए प्रभाव को देखते हुए उनमें तथा संस्कृति में—विशेषतया उनके भूमण्डलीकरण की संरचना को लेकर गहरा फ़र्क़ लगता है। राजनीतिक और आर्थिक व्यवस्था का भूमण्डलीकरण कम से कम सैद्धान्तिक स्तर पर तो सम्भव लगता है, जबकि काफ़ी चर्चित होने के बावजूद संस्कृति के भूमण्डलीकरण को प्राथमिक स्तर पर भी वह वैधता नहीं मिल सकती। राजनीतिक और आर्थिक दोनों क्षेत्रों में अनिवार्यत: एक अवपीड़क तत्त्व है जो सांस्कृतिक क्षेत्र में अनुपस्थित है तथा सम्भवत: इन दोनों के बीच मौलिक अन्तर को इस आधार पर समझा जा सकता है। संस्कृति का विस्तार मुख्यत: उसके अन्तर्भूत आकर्षण की वजह से होता है, यद्यपि अतीत में राजनीतिक अथवा आर्थिक प्रभुता वाले लोगों की सांस्कृतिक प्राथमिकताओं ने उनकी सांस्कृतिक संवृत्ति की स्वीकृति और विस्तार में भी सहायता की है। लेकिन सामान्यतया इसमें कोई वास्तविक अवपीड़क तत्त्व नहीं रहा है। साथ ही, इसके विपरीत संघटना भी न केवल सम्भव है बल्कि अतीत में कई बार वास्तव में हुई भी है। इसका कारण यह है कि राजनीतिक अथवा आर्थिक प्रभुता के अभाव के बावजूद संस्कृति के क्षेत्र में किसी समूह की गुणात्मक नवीनता प्रभुता प्राप्त वर्ग को भी आकर्षित कर सकती है और उनके द्वारा अपनी ही प्रवृत्ति की तरह अपनायी जा सकती है। इसके अलावा, सांस्कृतिक क्रियाशीलता के स्वभाव में ही विकेन्द्रीकरण और बहुलवादिता अन्तर्निष्ठ है क्योंकि वह राजनीति और अर्थव्यवस्था की अपेक्षा वैयक्तिक प्रतिभा पर अधिक आश्रित होती है। इसलिए सांस्कृतिक सर्जनात्मकता के केन्द्र कथित राजनीतिक और आर्थिक केन्द्रों की अपेक्षा अपने चरित्र में ही अस्थिर होते हैं, यद्यपि परवर्ती केन्द्र भी अकसर उतने दीघार्यु नहीं होते जितने समझे जाते हैं। आर्थिक और राजनीतिक केन्द्र

सभी प्रकार के सांस्कृतिक रचनाकर्मियों को सब ओर से आकर्षित करते हैं, क्योंकि वे सभी प्रकार की प्रतिभाओं को संरक्षण और बाज़ार उपलब्ध करवाते हैं। लेकिन, सामान्यतया यह प्रवृत्ति महानगरों में एकत्रित हो जानेवाले व्यक्तियों के लिए ही सच है, बड़े समूहों के लिए नहीं जो कभी-कभी इन केन्द्रों पर आते-जाते रहने के बावजूद यहाँ स्थायी रूप से निवास नहीं करते तथा उनकी गतिविधियों का वास्तविक केन्द्र अन्यत्र ही होता है।

सभ्यताओं के ग्रहमण्डलीय प्रारूप के साथ एक कठिनाई यह है कि इसमें एक ऐसे अदृश्य केन्द्र की कल्पना करनी पड़ती है जिसके वृत्त में सभ्यताएँ घूमती हैं। लेकिन किसी भी वैज्ञानिक ज्ञान-प्रक्रिया में किसी अदृश्य लोकोत्तर केन्द्र की स्वीकार्यता के कारण इस ग्रहमण्डलीय प्रारूप का निहितार्थ यह होगा कि प्रत्येक सभ्यता का एक अपना केन्द्र है जिसके चारों ओर उप-सभ्यताएँ उसी तरह घूमती हैं जिस तरह सूर्य के चारों ओर अन्य ग्रह। या इस उपमा को आगे बढ़ायें तो यह कल्पना करनी होगी कि किसी सभ्यता का एक अपना केन्द्रीय सारस्थल है जिससे पोषित विविध गतिविधियाँ उसी के चारों ओर घूमती तथा दोनों एक-दूसरे को परस्पर प्रभावित भी करती रहती हैं। इस उपमा का एक विस्तार यह भी हो सकता है कि विभिन्न सभ्यताएँ स्वयं विभिन्न सौर-मण्डलों की तरह हैं—अन्तर सिर्फ़ यह है कि वे अपने बीच की देशकालगत दूरियों के अनुसार एक-दूसरे को प्रभावित करती रहती हैं।

लेकिन, उपमाओं से अलग, मुख्य बात यह है कि किसी भी सभ्यता के आन्तरिक अथवा दो सभ्यताओं के पारस्परिक सम्बन्धों को भौतिक जगत की ही तरह अब देशकाल में दूरी के अनुसार बदलते आकर्षण और विकर्षण की प्रभावशाली शक्तियों के हवाले से ही समझा जा सकता है। इन शक्तियों और उनके विभिन्न रूपों तथा प्रकारों का अध्ययन किसी सभ्यता विशेष अथवा अन्य सभ्यताओं के साथ पारस्परिक सम्बन्धों के अध्ययन का शायद एक रोचक तरीका होगा।

सामान्य तौर पर राजनीतिक क्षेत्र में इन्हें केन्द्राभिसारी और केन्द्रापसारी शक्तियों के रूप में देखा जाता है, लेकिन अन्य क्षेत्रों में भी इनकी उपस्थिति है। लेकिन इन विपरीत प्रवृत्तियों को एक अन्य ढंग से भी देखा

जा सकता है। इन्हें एक ऐसी सापेक्ष स्वायत्तता वैयक्तिक स्वाधीनता की तलाश के रूप में भी देखा जा सकता है जिसमें अपने को वृहत्तर समष्टि से जोड़ने की आकांक्षा भी सम्मिलित है क्योंकि ऐसी किसी समष्टि का सदस्य होना न केवल अतिरिक्त महत्ता देता है बल्कि मनुष्य की अनन्त अन्वेषण–यात्रा से जुड़ते हुए उसमें अपने निजी उद्यम से कुछ महत्त्वपूर्ण अवदान कर सकने का बोध भी जगाता है। वास्तविक साभ्यतिक क्रियाशीलताओं के क्षेत्र में यह और भी सही है क्योंकि अन्ततः अर्थव्यवस्था और राजनीति दोनों का कार्य मनुष्य को उन लक्ष्यों में रत होने के अवसर देना है जिनका स्वयं इन दोनों से बहुत कम प्रत्यक्ष सम्बन्ध है। आवश्यक शान्ति और सम्पन्नता के बिना मनुष्य उन क्षेत्रों में भी वह उपलब्ध नहीं कर सकता जिन्हें वह कुछ कारणों से, सारतः मानवीय मानता है। इन क्षेत्रों के अन्वेषण से ही उसे अन्य प्राणियों की तरह एक जैविक जन्तु नहीं, बल्कि एक मानवीय अस्तित्व होने का बोध होता है।

तथापि, अपेक्षित राजनीतिक और आर्थिक सुरक्षा के पैमानों के अत्यन्त भिन्न और व्यक्ति–सापेक्ष होने के कारण यह तय करना आसान नहीं होता कि अपने राजनीत्योत्तर एवं अर्थोत्तर लक्ष्यों की प्राप्ति के लिए उन्हें कितनी सुरक्षा चाहिए। एक अतिरिक्त कठिनाई यह भी है कि कुछ विशेष प्रकार की उपलब्धियों के लिए दीर्घ कालावधि के लिए प्रचुर संसाधनों की निरन्तर ज़रूरत होती है। महान वास्तु कृतियाँ इसका ज्वलन्त उदाहरण हैं। एक विशाल मन्दिर, मस्जिद, मकबरा या चर्च एक दीर्घ काल तक प्रचुर मात्रा में वित्तीय संसाधनों की उपलब्धता के बिना नहीं बनाया जा सकता। ये संसाधन इतने प्रचुर होते हैं कि केवल एक राज्य ही उन्हें दीर्घ काल तक उपलब्ध करवा सकता है। रोम के सेंट पीटर्स की कहानी सभी जानते हैं जिसमें एक पोप तक के पास कोश की कमी के चलते वास्तुकारों को अपना प्रारूप संशोधित करना पड़ा और जिसमें महान वास्तुकारों की एक पूरी परम्परा को अपनी कल्पना को उपलब्ध संसाधनों के अनुकूल बनाना पड़ा। शायद कोणार्क की कहानी भी ऐसी ही है, यद्यपि उसके पाश्वों को अनियन्त्रणीय विशालता को सँभालने में वास्तु–संरचना की असमर्थता को उसके अपूर्ण रहने का कारण बताया जाता है। योजनाबद्ध नगरों, क़िलों तथा महलों के बारे में भी स्पष्टतया यही सच होगा क्योंकि उनके लिए आवश्यक प्रचुर संसाधनों को केवल राजनीतिक और आर्थिक

सत्ता के केन्द्र ही जुटा सकते हैं।

सभी प्रकार की सांस्कृतिक क्रियाशीलताओं के राजनीतिक और आर्थिक संरक्षण का मसला इतना बड़ा है कि उनके अन्तस्सम्बन्धों को सार्थक ढंग से परिभाषित करना बहुत कठिन है। ज्ञान–केन्द्रों, खगोलीय वेधशालाओं, यहाँ तक कि धार्मिक मठों आदि की स्थापना और संचालन के लिए वित्तीय समर्थन की ज़रूरत होती है; जबकि कम से कम आदर्श रूप में इन संस्थाओं के लक्ष्यों का उन्हें समर्थन देनेवाली सत्ता और सम्पन्नता से कोई प्रत्यक्ष सम्बन्ध नहीं होता। साहित्य शायद एक ऐसा क्षेत्र है जिसमें वास्तु, खगोलीय वेधशालाओं अथवा विशाल धार्मिक मठों के लिए आवश्यक समर्थन और साधनों जैसी ज़रूरत नहीं होती। कवियों और लेखकों को, निश्चय ही, अपने पोषण के लिए संरक्षण की ज़रूरत होती है, लेकिन अपनी कला के अभ्यास के लिए उन्हें किसी चीज़ की आवश्यकता नहीं होती। दार्शनिकों और ज्ञान के ऐसे ही अन्य अन्वेषियों को भी इसी कोटि में रखा जा सकता है। वैयक्तिक आध्यात्मिक अन्वेषियों और रहस्यवादियों के बारे में भी यही सच है जो सिद्धान्त और निष्ठा दोनों के स्तर पर अपनी आवश्यकताओं को अत्यन्त सीमित कर लेते तथा अल्पतम सम्भव मात्रा पर जीवित रहते हैं। कुछ और कलाएँ और शिल्प सम्पन्न जीवन से सम्बन्धित हैं और अपने उत्पादों के लिए अच्छे बाज़ार की पूर्वापेक्षा करते हैं, इसलिए उन्हें एक सफल राजनीति और अर्थव्यवस्था के समर्थन पर निर्भर माना जा सकता है।

वास्तव में, मनुष्य में जैविक और जैविकेत्तर ने अपनी ही कुछ विशिष्ट समस्याओं को जन्म दिया है जिन्हें वैयक्तिक मन तथा समाजों और सभ्यताओं ने भिन्न–भिन्न तरीक़ों से सुलझाने के प्रयास किये हैं। प्रत्येक को जीना होता है तथा मनुष्य के मामले में इस 'जीने' में केवल जैविक अस्तित्व के लिए अनिवार्य साधन ही नहीं, वह सब कुछ भी शामिल है जो किसी जैविकोत्तर लक्ष्यों के लिए आवश्यक है। मनुष्य द्वारा सर्जित सामाजिक–राजनीतिक–आर्थिक प्रणाली उस परिदृश्य को प्रस्तुत करती है जिसमें अपनी जाति की निरन्तरता तथा अगली पीढ़ी के पालन–पोषण और प्रशिक्षण सहित अपने जैविक अस्तित्व को निश्चित करने के लिए आवश्यक क्रियाशीलताओं में लगने के साथ–साथ वह जैविकोत्तर लक्ष्यों की प्राप्ति का उद्यम भी करता है जो उसे विशेष रूप से मानव बनाते हैं।

परवर्ती क्रियाशीलताओं के जैविक स्तर के जीवन तथा अस्तित्व का साधन बन जाने पर दोनों के अन्तस्सम्बन्ध और भी अस्पष्ट हो जाते हैं। और जैसा कि अधिकांश व्यक्तियों के साथ होता है, ऐसी स्थिति के संरक्षण अथवा रोज़गार प्राप्त करने में फलित होने के कारण दोनों का अन्तर धुँधला पड़ जाता है और आन्तरिक तत्त्व तथा साधन का भेद किसी के भी सम्मुख पर्याप्त स्पष्ट नहीं हो पाता। तथापि, समाज और राज्य-व्यवस्था के दृष्टिकोण से यह भेद काफ़ी स्पष्ट होता है क्योंकि अधिकांश समाज जैविकोत्तर क्षेत्रों में अपनी उपलब्धियों के लिए गर्व अनुभव करते हैं। लेकिन, किसी जीवित समाज के लिए एक दूसरे स्तर पर समस्या पैदा होती है क्योंकि किसी समाज या राज्य-व्यवस्था का अस्तित्व और निरन्तरता एक मनुष्य के जैविक अस्तित्व से तुलनीय है। इस प्रकार प्रत्येक समाज और राज्यतन्त्र सभी जैविकोत्तर लक्ष्यों, विशेषतया मूलतः समाजोत्तर माने जानेवाले लक्ष्यों के प्रति दुविधापूर्ण रुख रखते हैं। इसी कारण समाज या राज्यतन्त्र के शिखर पुरुष कला, धर्म, दर्शन आदि सभी चीज़ों को समाज या राज्यतन्त्र के अस्तित्व अथवा उसके भावी विकास के लिए सहायक के रूप में ही देखने की ओर प्रवृत्त होते हैं। साथ ही क्योंकि ज्ञान के कुछ प्रकार, आधुनिक काल में विशेषतया विज्ञान एवं तकनीकी, दूसरों के साथ प्रतिद्वन्द्विता में समाजों और राज्यों की सहायता करते हैं, इसलिए एक संगठित तथा व्यवस्थित तरीक़े से उनका अन्वेषण ज्ञान के अपने लाभ की दृष्टि से नहीं बल्कि उन्हें साधन मानकर ही किया जाता है। सम्भवतः प्राचीन काल में भी समाज तथा राज्यतन्त्र के अस्तित्व के लिए तत्काल प्रासंगिक ज्ञान के प्रकारों के प्रति यही रुख रहा था। कुछ लोगों के अनुसार तो यह बात सभी प्रकार के ज्ञान तथा लक्ष्यों पर लागू होती थी और उन्हें इसीलिए महत्त्वपूर्ण माना जाता था कि आभिचारिक सन्दर्भ में समझे जाने के कारण वे उन समाजों तथा राज्यतन्त्रों की चालू गतिविधियों को आवश्यक समर्थन देते थे। लेकिन इस दृष्टिकोण को प्रति-साक्ष्य, विशेषतया कम से कम भारतीय सभ्यता में गहरा प्रभाव डालने वाले जैनमत और बौद्धमत जैसे संन्यासमूलक धर्मों द्वारा प्रदत्त प्रति-साक्ष्य की अनदेखी करने पर ही माना जा सकता है।

वास्तव में, ऐसे प्रयासों की वास्तविक स्थिति उन्हें किसी ऐसे समाज, राज्यतन्त्र अथवा सभ्यता तक के सन्दर्भ में देखने पर ही स्पष्ट होती है जो

अब अस्तित्व में नहीं है। किसी समाज, राज्यतन्त्र अथवा सभ्यता के अतीत हो जाने पर ही उसकी वास्तविक उपलब्धियाँ महत्त्वपूर्ण होती है क्योंकि तब वे अपने ही कारण प्रतिष्ठित होतीं और मनुष्यों की ऐसी उपलब्धियों के साक्ष्य के रूप में देखी जाती हैं जिनके कारण उन्हें याद किया जाता है। सम्पत्ति और सत्ता दोनों वर्तमान में स्थिति को विकृत कर देती हैं क्योंकि कारणात्मक कार्यसिद्धि की उत्तोलक होने की वजह से वर्तमान के सन्दर्भ में—जहाँ सिर्फ़ वे ही महत्त्वपूर्ण होती हैं—उनका प्रभाव प्रत्यक्ष और अभिभूत करनेवाला होता है। लेकिन वर्तमान के अतीत होते ही उनका महत्त्व समाप्त हो जाता और जैविकोत्तर एवं समाजोत्तर दोनों ही प्रकार के क्षेत्रों में मनुष्य की वास्तविक उपलब्धियाँ ही प्रमुख हो जाती हैं। उन्हें वह अपने वास्तविक खोज के साक्ष्य के रूप में रचता है क्योंकि वह इन्हें ही वास्तव में सार्थक समझता है, चाहे उसके ये अन्वेषण और रचनाएँ जीवन-व्यवहार के जैविक और सामाजिक पक्षों के साथ जटिल रूप से गुँथे हुए भी हों।

एक गहरे स्तर पर शायद यह संघर्ष जैविक और जैविकोत्तर के बीच उतना नहीं है जितना सामाजिक और समाजोत्तर के बीच है जिसे दूसरे शब्दों में, नैतिक और नीत्योत्तर के बीच संघर्ष भी कहा जा सकता है। भारतीय सन्दर्भ में सामान्यतया यह परम्परा में उल्लिखित परम पुरुषार्थों धर्म और मोक्ष के बीच संघर्ष का रूप ले लेता है। लेकिन ऐसा केवल इस कारण है कि परम्परा ने ज्ञान अथवा सुन्दर वस्तुओं की रचना आदि अन्य उद्यमों को उनकी अपनी वजह से तत्त्वतः सार्थक नहीं स्वीकार किया। नैतिक क्षेत्र की प्रमुखता इसलिए है कि उसका सम्बन्ध अन्य के दावों से है और उनकी सापेक्षिक पूर्ति के बिना समाज का अस्तित्व नहीं बना रह सकता, और यदि समाज नहीं बचता तो मनुष्य भी नहीं बचा रह सकता। इसलिए मनुष्य के मामले में नैतिक दायित्व की पूर्ति और मानव अस्तित्व परस्पर गहरे में गुँथे हुए हैं। लेकिन मनुष्य इस नैतिक अपेक्षा को न केवल अर्थ और काम की अपनी वैयक्तिक एषणाओं बल्कि उन लक्ष्यों की भी प्रतिद्वन्द्वी पाता है जिन्हें वास्तविक अर्थों में अहंकेन्द्रित अथवा स्वकेन्द्रित नहीं कहा जा सकता।

तथापि, नैतिक आयाम में अपने में ही एक द्वैध है जो मानवीय क्रियाशीलता के अन्य लक्ष्यों में नहीं दिखायी देता। सामान्य तौर पर नैतिक अपेक्षा का

अर्थ किसी समाज विशेष में अन्य लोगों के प्रति कर्तव्य माने गये दायित्व की पूर्ति है, यद्यपि कर्तव्य की व्याख्या को लेकर पर्याप्त लचीलापन मिल जाता है। लेकिन इससे अलग, किसी व्यक्ति का नैतिक बोध उसमें समाज में सामान्यत: स्वीकृत आचार–विचार के प्रति अलग रुख विकसित कर सकता है और वह समाज को उस दिशा की ओर ले जाने की ज़रूरत अनुभव कर सकता जिसे वह स्वयं नैतिक दृष्टि से वांछनीय समझता है। यहाँ एक व्यक्ति के नैतिक बोध और उसके समाज में स्वीकृत नैतिक बोध में एक द्वन्द्व दिखायी देता है। इस प्रकार समाज में समता, न्याय और उचित व्यवहार के आदर्शों की वास्तविक स्थिति को देखते हुए उन्हें और सच्चे रूप में चरितार्थ करने की अपेक्षा निरन्तर बनी रहती है। यह एक गहनतर अपेक्षा है जिसका मनुष्य के अन्य आदर्श लक्ष्यों के साथ गम्भीर द्वन्द्व है। एक अर्थ में यह अपेक्षा प्राथमिक हो जाती है क्योंकि इस क्षेत्र की माँग की ओर पूरा ध्यान न देने के कारण मनुष्य अपराध–बोध से ग्रस्त हो जाता है। दूसरी ओर, नैतिकेतर लक्ष्यों का अन्य लोगों से अधिक से अधिक परोक्ष सम्बन्ध ही हो सकता है, जबकि वे उपर्युक्त नैतिक दायित्व के समान ही नहीं, उससे भी अधिक महत्त्वपूर्ण होने का दावा करते हैं।

वास्तव में नैतिकता के साथ एक बात बड़ी विचित्र है। यदि कोई व्यक्ति इस बारे में अधिक गम्भीर हो जाय तो उसके साथ रहना बहुत मुश्किल हो जाता है; शायद अन्य क्षेत्रों से सम्बन्धित मूल्यों के प्रति अति गम्भीर होने का मामला भी समान ही है। इससे यद्यपि अधिकांश के लिए एक वांछनीय जीवन–स्थिति पर विचार करने का रोचक आयाम तो खुलता है, लेकिन मानवीय स्थिति में अन्तर्भूत नैतिक और नैतिकोत्तर मूल्यों के द्वन्द्व का समाधान नहीं होता। तथापि, सभ्यताओं के इतिहास के परिप्रेक्ष्य में अर्थतन्त्र और राज्यतन्त्र को समाजोत्तर लक्ष्यों के प्रोत्साहन और चरितार्थता के लिए आवश्यक ढाँचा और कार्यभूमि तैयार करने की दृष्टि से देखा जा सकता है। इनके अतिरिक्त अर्थतन्त्र और राज्यतन्त्र को स्वयं उनमें अन्तर्निहित आदर्शों की चरितार्थता के सन्दर्भ में भी समझा जा सकता है। इस क्षेत्र में शायद सबसे रोचक सवाल यह होगा कि सभ्यता विशेष ने क्या मनुष्यों तथा स्त्री–पुरुषों के बीच सामाजिक सम्बन्धों से जुड़े किसी नये मूल्यों का बोध और उसे चरितार्थ करने का प्रयास किया तथा ऐसा करने में उसे किन कठिनाइयों का सामना करना पड़ा।

राज्यतन्त्र और अर्थतन्त्र के क्षेत्रों के साथ एक विचित्र समस्या यह लगती है कि उनकी संरचना के ढंग ही में प्रतिद्वन्द्विता एक घटक स्थिति है। ऐसी किसी राजनीतिक या आर्थिक इकाई की कल्पना नहीं की जा सकती जो सर्वोच्चता के लिए किसी अन्य इकाई की सक्रिय प्रतिद्वन्द्वी न हो। ऐसा नहीं है कि सहयोगमूलक मैत्री के तत्त्वों का बिलकुल ही अभाव हो, लेकिन इन क्षेत्रों में उनकी भूमिका अमुख्य ही रहती है। इस मामले में वे खेलों के समान है जिनमें प्रतिद्वन्द्विता घटक अन्तर्निमित है और यह सोचा भी नहीं जा सकता कि प्रतिद्वन्द्विताहीन चरित्र के खेल का क्या अर्थ होगा। मानवीय क्रियाशीलता के सभी क्षेत्रों में प्रतिद्वन्द्विता का तत्त्व शायद रहता ही है, लेकिन सवाल यह है कि उसकी कोई घटक भूमिका भी है या वह केवल संयोगवश अथवा गौण रूप से उपस्थित है। वास्तव में, जिस प्रकार सभी क्षेत्रों में प्रतिद्वन्द्विता और सहयोग के विभिन्न मिश्रण पाये जाते हैं, उसी प्रकार मानवीय क्रियाशीलता के सभी क्षेत्रों में एक नैतिक आयाम भी है। लेकिन, सामान्यतया अन्य के साथ मुख्यतः सम्बन्धित न होने पर नैतिकता के सन्दर्भ में नहीं बल्कि अपने कर्म–क्षेत्र से सम्बन्धित वस्तुगत मूल्यों के प्रति 'प्रामाणिकता', 'ईमानदारी' या 'प्रतिबद्धता' के सन्दर्भ में ही बात की जाती है। कलाओं में दूसरों को प्रसन्न करने या गृहीता समुदाय को प्रभावित करने के लिए किसी करतब के लिए करतब का प्रदर्शन करनेवाली कलाबाज़ी का ज़िक्र किया जाता है। इसी प्रकार, पाठक को कायल करने, अपनी बात को सिद्ध करने के लिए केवल चयनित समर्थक साक्ष्य पर बल देने या प्रतिसाक्ष्य अथवा प्रतितर्क की अवहेलना करने अथवा अपने ज्ञान–क्षेत्र में जानते–बूझते ग़लत साक्ष्य अथवा जानकारी तैयार करने के उद्देश्य से चालाकी अथवा आलंकारिक उपायों का अनुचित आश्रय भी लिया जाता है। इस तरह, मनुष्य कहीं भी बेईमान हो सकता है तथा मनुष्य के सभी उद्यमों में बेईमानी की पूरी गुँजाइश है; लेकिन मनुष्य के न रहने पर अन्ततः उसका कृतित्व ही शेष रहता है जिसमें इस बात के अन्तःसाक्ष्य भी रहते ही हैं कि प्रति–आवेगों और प्रलोभनों पर विजय पाने तथा अपने उद्देश्य के प्रति निष्ठावान बने रहने में वह कितना समर्थ हो सका।

इस मामले में लिखित पाठों, चित्रकला या वास्तु अथवा तक्षण–कला की कृतियों के विपरीत मनुष्य के कर्म सामान्यतया एक अभाव से ग्रस्त रहते

हैं। अभिलेखन न होने पर मनुष्य का कर्म घटित होने के तत्काल बाद गुमनामी में खो जाते हैं क्योंकि उसका जीवन क्रियमाण वर्तमान में ही रहता है। निश्चय ही, अपने प्रभुत्वों में वह कुछ चिह्न छोड़ जाता है, लेकिन उसे पुनर्निर्मित करना असम्भव है क्योंकि वैसा प्रभाव कई कारणों से हो सकता है तथा इस कारण भी कि स्वयं प्रभाव को इस रूप में संरक्षित रखा जा सकता है कि उसके आधार पर उसके स्रोत-कर्म को पुनर्निर्मित किया जा सके।

कुछ लोगों, विशेषतया रिकौर का कहना है कि इस मामले में कर्म की तुलना वाचिक से की जा सकती है जो, लेखन के विपरीत, क्षणिक और अस्थायी है तथा उसका अर्थ मुख्यतः उसके बोले जाने की स्थिति जिसे कहा गया है, उसके सन्दर्भ से ही समझा जा सकता है। रिकौर ने एक रोचक सवाल यह भी उठाया है कि क्या कर्म के क्षेत्र में लेखन से भी कुछ तुलनीय है तथा सुझाया है कि इतिहास के प्रवाह पर अपना चिह्न छोड़ जानेवाले कुछ असाधारण ऐतिहासिक कार्यों का चरित्र इस मामले में लेखन जैसा हो सकता है। उदाहरणार्थ, फ्रांसीसी क्रान्ति, रूसी क्रान्ति अथवा अलेक्जेंडर की दिग्विजय को इस कोटि के कार्य माना जा सकता है। लेकिन वे कहाँ होते यदि उनका अभिलेखीकरण नहीं किया जाता? दूसरी ओर, यह भी कहा जा सकता है कि उनकी असाधारणता की वजह से ही उनका अभिलेखीकरण किया गया। हज़ारों-हज़ार लोगों ने विभिन्न स्थितियों में उनके बारे में इसीलिए लिखा कि वे इतिहास के पृष्ठों पर अमिट छाप छोड़ जानेवाले कार्य थे।

यद्यपि रिकौर की स्थापना पर गम्भीर विचार की ज़रूरत है, पर उसमें से मूलभूत कमियाँ हैं। प्रथम, उसने उन वाचिक परम्पराओं पर गम्भीरतापूर्वक विचार नहीं किया जिन्होंने बोले गये शब्द को उसकी दैविकता के कारण प्रामाणिकता के साथ सुरक्षित रखने के प्रयास किये तथा इस विचार के कारण भी कि लेखन के सर्वसुलभ होने की वजह से वह दूषित हो जायेगा। वैदिक ग्रन्थ उसकी स्थापना के ज्वलन्त प्रति-उदाहरण हैं। उन्हें एक दीर्घ कालावधि तक वाचिक स्तर पर ही सुरक्षित रखा गया—न केवल शब्द-विन्यास बल्कि उच्चारण और पाठ की दृष्टि से भी। बुद्ध और महावीर के वचनों को भी इसी तरह लिखित रूप देने से पहले दीर्घकाल तक वाचिक स्तर पर ही सुरक्षित रखा गया और इसके लिए वेदों

की वाचिक परम्परा को सुरक्षित रखने की विधियों से भी अधिक जटिल विधियों का विकास किया गया। रिकौर की स्थापना की दूसरी समस्या यह है कि उनमें एक चक्रीयता अन्तर्निहित है। एक ओर, अभिलेखीकरण किसी कार्य की ऐतिहासिकता का साक्ष्य बनता है, जबकि किसी कार्य की ऐतिहासिकता की कसौटी ही किसी प्रकार उसका इतिहास के ख़ाली पृष्ठों पर दर्ज़ हो जाना है। यह सुविदित है कि शासक लोग सदैव ही अपने कार्यों का अभिलेख रखने और उसे सभी तरह के साधनों—प्रस्तर एवं अन्य स्थायी सामग्री के द्वारा सुरक्षित रखने के लिए इतिहासकारों को नियुक्त किया करते थे। साथ ही, किसी घटना की ऐतिहासिकता का ज्ञान बाद में ही होता है, उसके घटित होने के क्षण में नहीं। उदाहरणार्थ, यह कहना मुश्किल है कि ईसा का सलीब पर चढ़ाया जाना उस समय उपस्थित अधिकांश लोगों या उन्हें दोषी करार देकर सज़ा देनेवाले जूडिया के राज्यपाल तक के लिए भी एक ऐतिहासिक घटना के रूप में स्पष्ट था। कुछ कम मात्रा में यही बात बुद्ध और महावीर तथा इतिहास का निर्माण करनेवाले कई अन्य लोगों के बारे में भी कही जा सकती है। अपने समकालीनों के लिए वे उन अन्य लोगों जैसे ही थे जिनके नाम उनकी कृतियों में उल्लेख के कारण ही जाने जाते हैं। यह कहना विवादास्पद होगा कि इतिहास–निर्माण में मार्क्स के विचारों का योगदान उसके समकालीनों के लिए स्पष्ट था तथा यह भविष्य कथन करना भी कठिन ही है कि सोवियत रूस के विघटन के बाद लेनिन की इस क्रान्ति पर क्या निर्णय दिया जायेगा जिसे उसी देश के नागरिकों ने पूरी तरह अस्वीकार कर दिया जिसे कभी सिडनी और बिएट्रिस वेब द्वारा संज्ञापित 'नयी सभ्यता' का उदाहरण माना गया था।

कर्म की क्षणभंगुरता तथा ऐतिहासिक महत्त्व प्राप्त कर लेने के कारण उसके अतिक्रमण का मामला अब समकालीन तकनीकी द्वारा मूलत: बदल गया है जो न केवल सार्वजनिक जीवन बल्कि वैयक्तिक जीवन की भी अधिकांश घटनाओं को दृश्यात्मक रूप से दर्ज़ कर सकती और करती भी है। हमारे पास न केवल घटनाओं की दूरदर्शन द्वारा प्रस्तुति अथवा दृश्य समाचार–पत्र हैं बल्कि वैयक्तिक निजी समारोहों जैसे विवाह अथवा सहभोज जैसी सामान्य घटनाओं की वीडियो फ़िल्में भी बनायी जा रही हैं। वास्तव में, प्रत्येक घटना को दर्ज़ करने का प्रचलन जिसे 'निक्सन

संलक्षण' कहा जा सकता है, तेजी से बढ़ता ही जा रहा है। तथापि, आधुनिक काल में सभी तरह की तकनीकी द्वारा अभिलेखीकरण की प्रचुरता के बावजूद यह कहना मुश्किल है कि हम घटना की तथ्यमूलकता अथवा उसके 'आन्तरिक सत्य' के बारे में कम साक्ष्य उपलब्ध होनेवाली पहले की स्थिति की अपेक्षा कुछ अधिक निश्चित हो सकते हैं। सरकारों द्वारा नियुक्त उन जाँच आयोगों द्वारा भी यह बात सिद्ध है जो कदाचित ही कभी किसी निश्चित निष्कर्ष पर पहुँच पाते हैं। इसके ज्वलन्त उदाहरण के रूप में जॉन. एफ. केनेडी की हत्या की जाँच के लिए नियुक्त वारेन आयोग को लिया जा सकता है। यह दुनिया के उस सर्वाधिक शक्तिशाली राष्ट्र के राष्ट्रपति की दिनदहाड़े हत्या थी जिसके पास अन्वेषण के सर्वाधिक परिष्कृत यन्त्र और राज्य के समूचे संसाधन उपलब्ध थे और तब भी यह आयोग किसी निश्चित निष्कर्ष पर नहीं पहुँच पाया कि हत्या किसने की थी।

साक्ष्यों की निरन्तर बढ़ती हुई मात्रा के हमारी सहायता कर पाने में सुविदित विफलता के बावजूद हम इसी निरन्तर भ्रम में रहने लगते हैं कि थोड़े साक्ष्य और मिल जाने पर हम सत्य का पता लगा सकते हैं। सर्वज्ञता की खोज का प्रारूप शायद इसी ग़लत प्रतिमान पर आधारित है कि घटित की सच्चाई का पता उससे सम्बन्धित सभी साक्ष्यों अर्थात् उससे पूर्व एवं अनन्तर की घटनाओं के आधार पर लगाया जा सकता है। यद्यपि ऐसा लग सकता है कि प्रसिद्ध कथन 'मैं सोचता हूँ, इसलिए मैं हूँ' को एक अर्थहीन 'मशीन का प्रेत' कह दिया जायेगा और स्वयं मनुष्य को एक ऐसा स्वचलन समझा जायेगा जो भाषा द्वारा उत्पन्न व्यवस्थित भ्रान्ति के कारण किसी निजी और आन्तरिक तत्त्व के रूप में चेतना के होने के भ्रम में रहता है। व्यवहारवादियों और प्रत्यक्षवादियों के आर्विभाव से अन्य मनों की समस्या ने दर्शन-जगत को परेशान कर रखा है, लेकिन मूलतः यही स्पष्ट नहीं है कि 'मन' का ठीक-ठीक सम्प्रक्तार्थ या वाच्यार्थ क्या है और इस कारण की गयी उसकी साभिप्राय अथवा व्याप्तिपरक परिभाषा पर आपत्ति प्रासंगिक हो जाती है।

वास्तव में ऐन्द्रिक संवेदन की सभी चीज़ों में एक समस्या समान है—चाहे मनुष्य से सम्बन्धित हो या अन्य प्राणियों से बल्कि उन चीज़ों से भी जिन्हें हम सजीव नहीं मानते। वे सभी हमारे सम्मुख कुछ गुणों को प्रस्तुत करती

हैं—चाहे वे प्राथमिक गुण हों या द्वितीयक अथवा और भी कम महत्त्वपूर्ण—जिन पर लॉक का सुविदित विभेदीकरण लागू होता है। लॉक के अनुसार, सामान्यतया जिस किसी वस्तु अथवा पदार्थ से इन गुणों का सम्बन्ध होता है, वे वस्तुत: 'अज्ञात' ही रहते हैं क्योंकि जिन गुणों के आधार पर उनका वर्णन किया जाता है, वे हमारे बोध से सम्बन्धित होते हैं, इसलिए उन्हें उनके अपने सन्दर्भ में नहीं जाना जा सकता। इसे सामान्य तथा सजीव प्राणियों और विशेषतया मानव प्राणियों का गुण माने गये 'आन्तरिक' आयाम का प्रतिरूप माना जा सकता है। इस प्रकार समस्त ज्ञान में एक 'अज्ञेय' तत्त्व शामिल रहता है। तब पदार्थ की वास्तविकता या सभी गुणों के आत्म का अस्वीकार तथा ज्ञान की वस्तु को हमारे बोध के गुणों में घटा देना ही एकमात्र रास्ता बचा रहता है। पश्चिमी परम्परा के सन्दर्भ में यह काम ह्यूम ने किया जबकि भारतीय चिन्तन के प्रारम्भ में ही यह काम बौद्धों द्वारा कर लिया गया था जब छठी शताब्दी ईसा पूर्व में बुद्ध ने आत्मा तथा वस्तु-जगत की वास्तविकता का निषेध किया था। लेकिन यदि इसे एक भ्रम मान लेने पर भी सवाल उठता है कि इस भ्रम की वास्तविकता क्या है क्योंकि यदि भ्रम पैदा होता है तो निश्चय ही भ्रम के होने और न होने की स्थिति में अन्तर होगा। और, यदि इस 'भ्रम' के आश्चर्यजनक परिणाम होते हैं तो इसकी वास्तविकता से इनकार नहीं किया जा सकता क्योंकि बौद्धों की तरह अन्य बहुत लोग सामान्यतया वास्तविकता की कसौटी उसके 'कारणात्मक प्रभाव' को मानते हैं।

इस पहेली से प्रसूत बहुविध समस्याएँ भारतीय दार्शनिक परम्परा में तीव्र बहसों और विमर्श का विषय रही हैं, लेकिन सभ्यताओं की समझ की दृष्टि से मुख्य समस्या है मनुष्य और उसकी कृतियों के सम्बन्ध की खोज क्योंकि इतिहास के लिए इन दोनों के बीच सम्बन्ध एक आत्मचेतना माने गये व्यक्ति के पीछे छूट गये अवशिष्ट की पुनर्निर्मिति है। इसलिए मानव-इतिहास की कठिन समस्या का सम्बन्ध इस मसले से है कि मानव प्राणियों तथा अन्य सजीव प्राणियों और निर्जीव वस्तुओं के बीच कोई मूलभूत अन्तर है या नहीं, क्योंकि यदि कोई अन्तर नहीं है तो मानव-इतिहास एक ओर भूवैज्ञानिक इतिहास की तरह होगा और दूसरी ओर, वनस्पतियों और जन्तुओं के इतिहास की तरह तथा इनको इतिहास-लेखन के लिए उपयुक्त पद्धति ही किसी भी सभ्यता के इतिहास-लेखन के लिए

उपयुक्त होगी। एक इतिहासकार, अपनी वृत्ति के कारण, यह स्वीकार नहीं कर सकता कि मानव–इतिहास और मानवेतर–इतिहास में कोई अन्तर नहीं है, इसलिए वह अपनी वृत्ति से ही मानव प्राणियों तथा अन्य प्रकार के अस्तित्व के बीच मूलभूत अन्तर को स्वीकार करने के लिए प्रतिबद्ध है—चाहे यह स्थिति पद्धति और अन्ततः मनुष्य के ज्ञानात्मक उद्यम की विषय–वस्तु की एकता में विश्वास करनेवालों के लिए कितनी ही दुविधापूर्ण क्यों न हो। और यह अन्तर इतिहास के सभी प्रकारों में व्याप्त है—चाहे वह मुख्यतः राजनीतिक इतिहास हो अथवा कूटनीतिक, सामाजिक–सांस्कृतिक या लोगों के सामान्य जीवन का इतिहास अथवा दर्शन या कला तथा विज्ञान या तकनीकी जैसे मनुष्य के उद्यमों का इतिहास। इसलिए इतिहासकार की समस्या है इन इतिहासों के पारस्परिक सम्बन्ध तथा अन्य सभ्यताओं में इनके इतिहास से तुलना किये जाने पर उनकी स्पष्ट विशेषता अथवा अन्तर। निस्सन्देह, मानवेतर संसार के ऐसे इतिहास नहीं हो सकते, यद्यपि अन्य प्राणियों के साथ साझा किये जानेवाले परिस्थितिकीय परिप्रेक्ष्य के सन्दर्भ में कुछ समानताएँ हो भी सकती हैं। वस्तुतः मानव–प्राणियों के अन्य प्राणियों के साथ सम्बन्ध इतिहास के लिए एक रोचक विषय हो सकता है क्योंकि वह कालान्तर में बदलता रहा है तथा उसका रूप सदैव अस्पष्ट रहा है। उदाहरणार्थ, अन्य जातियों के अस्तित्व के लिए मनुष्य के उत्तरदायित्व का बढ़ता हुआ बोध एक अभिनव संवृत्ति है तथा मनुष्य नहीं जानता कि इस बढ़ती हुई जिम्मेदारी के निर्वाह के लिए क्या किया जाना है।

भ्रमपूर्ण होने पर भी एक विश्वास की प्रभावोत्पादकता इतिहास के उद्यम की समझ के लिए एक और आयाम प्रस्तुत कर सकती है। यह किसी सभ्यता के इतिहास में भ्रमों की एक शृंखला तथा उनके कारण दीर्घकालावधि तक एक बड़ी जनसंख्या के भावी व्यवहार का रूप ले सकती है। इसके अतिरिक्त भ्रमों से पैदा हुए प्रभावों के सामान्य अर्थ में वास्तविक ही माने जाने के कारण वे स्वयं नये भ्रमों को जन्म दे सकते हैं जो किसी सभ्यता के इतिहास पर निर्णायक प्रभाव डाल सकते हैं। इस परिप्रेक्ष्य में किसी सभ्यता के इतिहास में उन विशिष्ट भ्रमों के इतिहास का अध्ययन भी शामिल होगा जिन्होंने उस सभ्यता के विशेष रूप को अन्य सभ्यताओं से भिन्न बनाया है। इस प्रकार, सभ्यताओं की कथा उन वैकल्पिक भ्रमों की

कथा भी होगी जिनके लिए विभिन्न सभ्यताएँ दीर्घ कालावधि तक सक्रिय रही हैं तथा जिन्होंने उन्हें उनकी विशिष्ट पहचान दी है जो उन्हें अन्य से विशिष्ट करती है।

इतिहास को देखने का यह तरीका दुराग्रह लग सकता है लेकिन ऐसा इसलिए है कि हम किसी सभ्यता के इतिहास में कल्पना के सर्जनात्मक कर्म की केन्द्रीयता को देखने में चूक जाते और सामान्यत: कल्पना के उत्पादों को भ्रामक मानते हैं। फिर भी किसी भी कथा के आरम्भ में एक बड़ा 'यदि' रहता है जो पूर्वधारणा का प्राथमिक कर्म है और उसी में शेष सब कुछ निस्सृत होता है। तथापि, बड़े 'यदि' से शुरू होनेवाली यह पूर्वधारणा केवल एक बार ही होकर नहीं रह जाती बल्कि बार-बार दुहराई जाती है—ख़ासतौर पर किसी कल्पनात्मक निर्मिति के प्रसंग में। शायद औपचारिक निगमनात्मक ज्ञान के क्षेत्र तथा मुख्यत: साहित्य और कलाओं में सुस्पष्ट मूर्त अन्य कल्पनात्मक निर्मितियों में की गयी मूल पूर्वधारणाओं में यह बुनियादी फ़र्क़ है। कुछ भी हो, यदि सर्जनात्मक कल्पना की कार्य-परम्परा को अपने चरित्र में तत्त्वत: भ्रामक माना जाता है तो किसी भी सभ्यता के इतिहास को भ्रमों की शृंखला का इतिहास ही मानना होगा। जिस अर्थ में 'भ्रम' शब्द का प्रयोग किया जा रहा है, वहाँ समस्या 'सत्य' अथवा 'असत्य' की उतनी नहीं है जितनी यह कि किसी भी सभ्यता की कथा को उस रचना-कर्म की बुनियादी अवधारणा की केन्द्रीयता के सन्दर्भ से ही समझा जा सकता है जो एक कल्पनात्मक बोध और किसी बोधगम्य माध्यम में उसके प्रत्यक्ष मूर्तीकरण में अनुवाद से रूपायित होता है। और, क्योंकि अपने कल्पनात्मक बोध व मूर्तीकरण से कोई भी कभी पूरी तरह सन्तुष्ट नहीं होता, इसलिए उसके मूर्तीकरण के और प्रयास होते रहते हैं। यही नहीं, यह मूर्तीकरण स्वयं कल्पनात्मक बोध में ही संशोधन सुझाता है क्योंकि वह अपूर्वानुमेय सम्भावनाओं को उजागर करता रहता है। सामान्यतया किसी भी सर्जक व्यक्तित्व के साथ ऐसा घटित होता है, और उसकी रचना-शृंखला के इतिहास को भी इस आलोक में देखा जा सकता है। लेकिन जब हम इसे किसी सभ्यता की रचना-शृंखला के इतिहास में स्थानान्तरित करते हैं तो कथा सारत: बदल जाती है क्योंकि अनुवर्तियों को एक सुनिश्चित कल्पना के द्वारा पूर्ववर्ती कृतियों में मूर्त कल्पनात्मक बोध की अनुकृति या पुनर्निर्मित या पुनर्रचना

करनी तथा मूर्तीकरण और कल्पनात्मक बोध दोनों स्तरों पर अपनी अपर्याप्तता, अधूरेपन और अपूर्णताओं की उससे तुलना करनी पड़ती है। इसके अतिरिक्त, क्योंकि यह कहानी हर नयी पीढ़ी के साथ दुहराई जाती है, इसलिए सभी क्षेत्रों में हमारे लिए छोड़े गये रचना-अनुक्रम के माध्यम से इतिहास की कहानी की पुनर्निर्मिति को इस परिप्रेक्ष्य में दीर्घ-कालावधियों में कल्पनात्मक बोध की अपर्याप्तता तथा अधूरेपन की पहचान तथा उस सभ्यता के स्त्री-पुरुषों की अनुक्रमिक पीढ़ियों द्वारा चीन्हीं गयी नयी सम्भावनाओं के बोध, दोनों के माध्यम से घटित प्रभावों और रूपान्तरों के तरीक़ों की कहानी के रूप में भी देखा जाना चाहिए। इसका अर्थ किसी सभ्यता के संचालन की प्रक्रिया में मूलतः नये कल्पनात्मक बोध की सम्भावना का निषेध नहीं, बल्कि इस बात का आग्रह है कि ऐसे कल्पनात्मक बोध को अनिवार्यतः पुराने बोध या बोधों से संवाद करना ही होगा और इस प्रक्रिया में, उसे संशोधित करना तथा स्वयं भी कुछ सीमा तक संशोधित होना होगा। इस प्रकार, मूलतः भिन्न और क्रान्तिकारी लगनेवाला बोध भी, कालान्तर में, अपनी कुछ विशिष्ट पहचान बनाये रखते हुए भी, संस्कृति का अंग हो जाता और शेष सबके साथ एकीकृत हो जाता है। वैदिक परम्परा की बौद्ध एवं जैन परम्पराओं से भेंट इसका बड़ा उदाहरण है।

अनुवर्ती पीढ़ियों द्वारा विभिन्न क्षेत्रों में मूर्तीकरण के माध्यम से ही कल्पनात्मक बोध को ग्रहण करने की कठिनाई कुछ अंशों में इस बात से कम हो जाती है कि अनुवर्ती पीढ़ियाँ उन पूर्ववर्ती लोगों द्वारा प्रशिक्षित और संस्कारित होती हैं जो या तो स्वयं उन मूर्तीकरणों के लिए उत्तरदायी होते हैं अथवा उनके रचनाकारों के निकट सम्पर्क से उन्होंने उनके मन्तव्य को समझा होता है। वस्तुतः प्रत्येक सभ्यता न केवल अपने कल्पनात्मक बोध के क्रमिक मूर्तीकरण की परम्परा बल्कि अपनी रचनात्मकता की समझ की परम्परा भी रचती है। इन दोनों परम्पराओं की अन्तःक्रिया किसी भी सभ्यता की कथा का एक प्रमुख तत्त्व है, यद्यपि, जहाँ तक मेरी जानकारी है, उसे इस रूप में शायद ही कहा गया है।

कल्पनात्मक बोध की रचनात्मक परम्परा और उस रचनात्मकता की समझ की परम्परा का सम्बन्ध एक तीसरी परम्परा से मिलता है जो अधिक आधारभूत होते हुए भी इनका केवल स्पर्श मात्र ही करती है। यह है किसी संस्कृति में जीवन जीने का ढंग या जिसे आजकल कभी-कभी

'जीवन शैली' कहा जाता है। जीवन की शैली या शैलियों की अपनी एक परम्परा होती है जो करणीय और अकरणीय अथवा आचरण के सभ्य और असभ्य रूपों के प्रतिमानों या नियमों से शासित होती है। ये रचनात्मक मूर्तीकरण और समझ की परम्पराओं से कमोबेश प्रभावित होते हैं। इस तरह एक सभ्यता का वर्णन तिहरी कहानी है : विभिन्न क्षेत्रों में अपने कल्पनात्मक बोध की रचनात्मक निर्मिति के तरीक़े या तरीक़ों का इतिहास, उसके द्वारा रचित की समझ के तरीक़े या तरीक़ों का इतिहास तथा जीवन की शैली या शैलियों के इतिहास के साथ दीर्घ कालावधि में इन तीनों की अन्त:क्रिया का इतिहास।

किसी सभ्यता के इन तीनों पहलुओं से सम्बन्धित सर्वाधिक चकरा देनेवाली समस्या है उनकी रचनात्मकता और नवाचार के तरह-तरह के स्रोत तथा कभी-कभी उनके पूर्ण नि:शेषण के दीर्घ अन्तराल। कभी नवाचारहीन पुनरावृत्ति मात्र दिखायी देती है या रचनात्मकता एक क्षेत्र से दूसरे क्षेत्र में स्थानान्तरित हो जाती है या कभी-कभी सापेक्ष पृथक्करण हो जाता है जिससे कुछ क्षेत्रों में तो रचनात्मकता के साक्ष्य मिल जाते हैं जबकि अन्य उससे बिलकुल ही अछूते रह जाते हैं। इस प्रकार, किसी सभ्यता में रचनात्मक आवेग का पुनरारम्भ उसके अन्वेष्य तत्त्वों में शायद सर्वाधिक महत्त्वपूर्ण है और सम्भव सीमा तक विभिन्न क्षेत्रों में इससे वैविध्यपूर्ण इतिहास का प्रलेखीकरण कर लिया जाना चाहिए। लेकिन कोई भी सभ्यता सदैव देश में विस्तार की ओर प्रवृत्त होती है, इसलिए कालान्तर में उसके सर्जनात्मक केन्द्रों का परिवर्तन उसकी एक प्रमुख विशेषता है। लम्बे समय तक प्रतिष्ठा और गौरव के बावजूद पुराने केन्द्र अधिक काल तक बने नहीं रहते। व्यापार-वाणिज्य अथवा राजनीतिक सत्ता और संरक्षण के नये केन्द्रों के उदय से कुछ हद तक उनके परिवर्तन को समझा जा सकता है, यद्यपि मात्र वे ही कारण नहीं होते। कभी-कभी, साहस की प्रवृत्ति के कारण भी जनसंख्या का देशान्तरण होता है और नये परिवेश तथा उद्यम दोनों की चुनौती बोध और कल्पना दोनों को पूर्व स्थिति द्वारा आरोपित अभ्यासंगत निरोधों से मुक्त करती और नये प्रत्युत्तरों को सम्भव बनाती है। अमरीकी अनुभव के बाद नयी सीमाओं का विचार तो लोकप्रसिद्ध हो गया है, लेकिन इस धारणा की उपेक्षा नहीं तो भी उस पर पर्याप्त ध्यान नहीं दिया गया है कि सभ्यताओं के इतिहास में सदैव ही सीमा परिवर्तित

होती रही है।

इस प्रकार किसी सभ्यता के इतिहास को जनसंख्या के देशान्तरण के माध्यम से नये प्रदेशों में उसके विस्तार तथा इससे देशान्तरित जनसंख्या को उपलब्ध स्वतन्त्रता और पुराने बोध में नयी चुनौतियों के कारण हर मौलिक परिवर्तनों के सन्दर्भ में भी देखा जा सकता है तथा जैसे कहानी अपनी पुनरावृत्ति करती है, इसे एक सभ्यता द्वारा अपने विस्तार की प्रक्रिया में अधिकृत केन्द्रों की शृंखला तथा नयी भूमि और कभी-कभी नये लोगों में प्रतिरोपण के सम्बन्ध में भी कहा जाना होगा। बात यह है कि कोई भी सभ्यता केवल अपने जन्मस्थान अथवा उन्हीं लोगों तक बाधित नहीं रहती जहाँ उसका उदय हुआ होता है। न वह उस राजनीतिक या आर्थिक केन्द्र तक सीमित रहती है जहाँ उसकी प्रारम्भिक पहचान हुई होती है। वह लगभग उस अदृश्य आत्मा की तरह है जो एक से दूसरे स्थान का भ्रमण करती रहती है और किसी विशेष स्थान पर बँधी नहीं रहती, यद्यपि कभी ऐसे क्षणिक भ्रम हो सकते हैं कि वह किसी विशेष जाति या स्थान या काल की ही सम्पत्ति है। इसलिए सभ्यता का विचार प्रदेश या जाति से बहुत क्षीण सम्बन्ध रखता है, यद्यपि उसे उन विशेष प्रदेशों अथवा जातियों से पहचानने की अपरिहार्य प्रवृत्ति रही है जहाँ उसका उदय अथवा अनन्तर विकास हुआ। किसी अदृश्य आत्मा की उपमा अथवा एक विशेष काल में एक विशेष भूमि में अंकुरित होने और अनन्तर अन्य प्रदेशों और जलवायु में प्रतिरोपित होनेवाले बीज से उसकी तुलना सभ्यताओं की उस विशेषता को संकेतित करने का प्रयास है जिसकी अवहेलना का परिणाम उनके बारे में असाध्य भ्रमों को पालना होगा उदाहरणार्थ, भारतीय सभ्यता को भारत नाम से ज्ञापित भौगोलिक प्रदेश और उसमें रहनेवाले लोगों से घनिष्ठ रूप से आबद्ध माना जाता है। इसी प्रकार, चीनी, ग्रीक, रोमन अथवा पश्चिमी सभ्यताओं को अपरिहार्य और अलंघनीय रूप से उन प्रदेशों और जातियों से आबद्ध माना जाता है जिनमें अभी तक वे फलती-फूलती रही हैं। लेकिन कितना ही आकर्षक होने के बावजूद यह सच नहीं है क्योंकि न केवल इन सभ्यताओं का विस्तार अपने जन्मस्थान से भौगोलिक रूप से बिलकुल भिन्न दूसरे प्रदेशों में हुआ, बल्कि उनके मूल स्त्रष्टाओं से बिलकुल दूसरी जातियों के लोगों की बड़ी संख्या भी उनकी परिधि में आ गयी। सामान्यतः जाति की धारणा

लोगों से जुड़ी है तथा मानवता को एक-दूसरे से बिलकुल अलग परस्पर ऐकान्तिक जातियों में बाँटा गया है। लेकिन जाति का विचार चाहे जितना गहरा लगे, लेकिन जैविक अर्थों में जाति के अलग अस्तित्व के न होने के तथ्य से यह तो प्रकट हो ही जाता है कि वह उस भूमिका को नहीं निभा सकती जिसकी अपेक्षा मनुष्य जाति को प्रिय पूर्वग्रह उससे करते हैं। वस्तुतः जाति और सभ्यता के घनिष्ठ सम्बन्धों के समर्थकों ने इस पर ध्यान नहीं दिया है कि मनुष्य और सभ्यता की निर्णायक घटक भाषा का जाति से कोई महत्त्वपूर्ण सम्बन्ध नहीं है। कोई भी व्यक्ति किसी अन्य की भाषा सीख सकता है, यद्यपि जिस भाषा में वह जन्मा है, वह उसके लिए अधिक स्वाभाविक हो सकती है। यदि हम यह मान भी लें कि दूसरे की भाषा सीखने और इस प्रकार उसकी सभ्यता या संस्कृति में प्रवेश करने में कुछ कठिनाई होती है, तो भी किसी अन्य भाषा को सीखने में किसी विशेष संस्कृति से सम्बन्धित होने के कारण कोई अन्तर्भूत अक्षमता नहीं है। वास्तव में, किसी अन्य सभ्यता को लेकर विकसित दुविधा स्वयं इस बात का साक्ष्य है एक ओर, हम उसके अन्यत्व से आकर्षित होते हैं और जैसे यात्रा में भिन्नता को पसन्द करते और कुछ हद तक उसका आनन्द लेते हैं, उसी प्रकार दूसरी सभ्यताओं में भिन्नता की तलाश करते और इसी कारण उससे अवगत होना चाहते हैं। वे हमारी अपनी वैकल्पिक सम्भावनाओं को प्रस्तुत करती हैं और कई दफा हम उनसे सीखते भी हैं। दूसरी ओर, किसी सभ्यता का 'अन्यत्व' निरन्तर एक तनाव बनाये रखता है; हम नयी प्रक्रियाओं के सम्मुख स्वयं को अजनबी महसूस करते हैं। इस कारण अपने परिचित ढंगों की ओर दुगुने उत्साह से लौटना होता है जैसा परायी जगहों की यात्रा के बाद अपनी भूमि में लौटने अथवा मोहक विदेशी पकवानों के बाद घर का खाना खाने में होता है। मुख्य बात यह है कि एक सभ्यता के साथ एकात्मकता वास्तविक होते हुए भी अन्य एकात्मकताओं की तरह मूलतः सांयोगिक होती हैं—इस अन्तर्दृष्टि को भारतीय चिन्तन के बहुत से पक्षों में समझा गया है, लेकिन सभ्यता के क्षेत्र में आत्म-सजग स्तर पर इसका विस्तार नहीं किया जा सका है।

किसी सभ्यता की पहचान की समस्या उतनी ही कठिन है जितनी उस व्यक्ति की पहचान जो कालान्तर में दैहिक, मानसिक और लगभग उन सभी बातों में पूरी तरह बदल गया है जिनके आधार पर हम उसके

व्यक्तित्व को समझना चाहते हैं। विट्गेंस्टाइन का 'पारिवारिक समरूपता' का सुविदित सिद्धान्त परिवर्तनशील संवृत्ति की पहचान की अवधारणा को स्पष्ट करने में शायद हमारी मदद कर सकता है क्योंकि वह इस तथ्य की ओर हमारा ध्यान आकर्षित करता है कि किसी इयत्ता के इतिहास में यदि उसका कोई तत्त्व अथवा तत्त्व-समूह निरन्तर न बना रहे तो ऐसी स्थिति में भी उसकी पहचान का बोध सम्भव है। विट्गेंस्टाइन के अनुसार यदि 'अ' और 'ब' स्तर तथा 'ब' और 'स' स्तर पर कुछ सामान्य तत्त्व रहते हैं—चाहे 'अ' और 'स' स्तर पर वे सामान्य तत्त्व अनुपस्थित भी हों—तो कालान्तर में भी पहचान सुरक्षित रहती है। उसने निश्चय ही, अपने सिद्धान्त को परिवर्तनशील इयत्ताओं की पहचान के सिलसिले में नहीं बल्कि उस कथित सावभौम लक्षण के विभिन्न रूपों के बीच सामान्य की पहचान के सम्बन्ध में व्याख्यायित किया था जिसके कारण उसके अन्तर्गत आनेवाली सभी विशेषताओं को एक ही संज्ञा से ज्ञापित किया गया। विट्गेंस्टाइन किसी वर्ग के सदस्यों द्वारा प्रदर्शित सामान्य लक्षणों की धारणा के विरुद्ध दलील दे रहा था ताकि उनको एक वर्ग-नाम के अन्तर्गत रखा जा सके। तथापि, स्पष्ट है कि सिद्धान्त उन इयत्ताओं पर और भी अधिक औचित्य के साथ लागू हो सकती है जो परिवर्तनशील होने के बावजूद एक निरन्तरता बनाये रखती हैं, या कम से कम बिना कोई क्षति पहुँचाए इस सिद्धान्त का उन तक विस्तार तो किया ही जा सकता है।

विट्गेंस्टाइन के चिन्तन को गम्भीरतापूर्वक लेने से हम सभ्यताओं के इतिहास की उस सर्वाधिक दु:साध्य समस्या से भी मुक्ति पा सकते हैं जिसका सम्बन्ध इस सवाल से है कि क्या किसी सभ्यता में ऐसा आधारभूत कुछ होता है जो प्रारम्भ से अन्त तक निरन्तर बना रहता और उस सभ्यता को एक बुनियादी एकता और वैशिष्ट्य प्रदान करता है। कुछ सामान्य गुणों में किसी सभ्यता की जड़ों और आधारों की खोज को उतना ही भ्रामक समझना चाहिए जितना किसी व्यक्ति अथवा ऐसी किसी परिवर्तनशील इयत्ता में उन्हें खोजना जो काल-प्रवाह में टिकी रहती है। इस प्रकार सभ्यताओं का एक बौद्ध सिद्धान्त उतना ही सम्भव है जितना वेदान्ती सिद्धान्त। दूसरे शब्दों में, हमें किसी सभ्यता के बारे में अपरिवर्तनशील 'आत्मन' की पूर्वधारणा की वैसे ही कोई आवश्यकता नहीं है जैसे किसी व्यक्ति के बारे में। गुणों या गतिविधियों का किसी सार

तत्त्व से जुड़े होने का विचार उतना ही भ्रामक है जितना यह विचार कि प्रत्येक वस्तु किसी अन्य वस्तु पर टिकी होती है, इसलिए यह पृथ्वी की अनिवार्यत: किसी अन्य तल पर टिकी हुई है।

इस प्रकार सभ्यताओं को केवल भौगोलिक प्रदेशों या विशिष्ट जातियों के साथ उलझाव और एकात्मकता से ही नहीं बल्कि उसके प्रारम्भ में ही स्थित ऐसे किसी आधार से भी मुक्त करना होगा जिसके बिना वे वैसी ही रहेंगी जैसी वे हैं। वस्तुत:, उस परिप्रेक्ष्य में, किसी सभ्यता की कहानी उसके प्रारम्भ में ही बीज रूप में मौजूद किसी ऐसी बुनियादी अन्तर्दृष्टि, प्रत्यय अथवा स्वप्न के प्रकटन के रूप में नहीं बल्कि प्रत्ययों, अन्तर्दृष्टियों और स्वप्नों की एक शृंखला के रूप में देखी जाएगी जिसमें पूर्ववर्ती और परवर्ती के बीच एक निरन्तरता तो रहेगी, लेकिन किसी एक प्रत्यय, अन्तर्दृष्टि या स्वप्न के उस सभ्यता के पूरे कालिक आयाम में निरन्तर बने रहने की कोई अनिवार्यता नहीं होगी।

इसका तात्पर्य, निश्चय ही, यह नहीं है कि प्रत्यय, अन्तर्दृष्टियाँ अथवा स्वप्न परवर्ती स्तरों में अनुपस्थित होंगे या कि एक बार लोप हो जाने के बाद उस सभ्यता में कभी उनका पुनर्प्रकटन नहीं हो सकेगा। इसका तात्पर्य केवल यह है कि निरन्तरता अनिवार्य नहीं है और किसी सभ्यता की पहचान के लिए किसी मूल रूपक, मूल मूल्य अथवा मूल स्वप्न की खोज भी अनिवार्य नहीं है। इससे सभ्यताओं की अन्त:क्रिया, आदान-प्रदान और पारस्परिक प्रभावों की समझ के लिए पहले के उस प्रारूप से कहीं बेहतर रास्ता खुल जाता है जो उन्हें किसी विशेष भौगोलिक प्रदेश, विशेष जाति, विशेष विश्व-दृष्टि, विशेष स्वप्न या मूल्य से एकात्म कर देता है।

लेकिन यदि किसी सभ्यता का तादात्म्य किसी विशेष भौगोलिक प्रदेश, विशेष जाति या विशिष्ट विश्व-दृष्टि अथवा स्वप्न से न हो तो एक वैध सवाल यह बनता है कि ऐसे में उसकी बात कैसे की जाय उसे दूसरों से कहाँ पृथक माना जाय या उसे एक पहचान कैसे दी जाय जो उसे अन्य से सार्थक ढंग से विशिष्ट बना सके। और यदि हमारी स्थापना को गम्भीरतापूर्वक लिया जाय तो कोई भी भारतीय, चीनी, पश्चिमी एशियाई अथवा यूरोपीय सभ्यता की बात ही कैसे कर सकता है? इसका उत्तर

शायद द्विआयामी है। पहला तो यह तथ्य कि सभ्यताएँ केवल अतीत की ही नहीं भविष्य की भी हो सकती हैं तथा अतीत के इतिहास के सन्दर्भ में देखे जाने पर भी कई सभ्यताएँ अपने ऐतिहासिक जीवन में न केवल कई सार्थक घुमाव ले चुकी हैं बल्कि निर्णायक क्षणों में कई ऐसे आधारभूत विचलन हुए हैं जो बाद में उनके अतीत में घुल गये और उनके इतिहास के अभिन्न अंग हो गये हैं। उन पर गम्भीरतापूर्वक विचार से प्रकट होता है कि सभ्यताएँ मनुष्य के वे अपूर्ण उत्पाद हैं जिनमें अभी विकास और परिवर्तन की असीम सम्भावनाएँ हैं। दूसरे आयाम का सम्बन्ध इस तथ्य से है कि मूलतः मानवीय उपलब्धियाँ होने के कारण सभी सभ्यताओं को सामान्य मानवीय उद्यम के एकीकृत रूप में देखा जाना होगा जिसमें किसी स्थान विशेष अथवा जाति विशेष की उपलब्धियाँ केवल सांयोगिक नहीं बल्कि सार्वभौमिकता का दावा करनेवाली ऐसी घटना होती है जो किसी भी देशकाल में सम्पूर्ण मनुष्य जाति के लिए प्रासंगिक है। इसलिए सभ्यताओं देश-काल में बिखरे विविधवर्णी मानवीय उद्यम के रूप में देखा जाना चाहिए जिसमें सभी मानव-प्राणियों का समान साझा है, और वस्तुतः उन्हें इसका अधिकार भी है। स्वामित्व की अवधारणा स्वाभाविक होते हुए भी समस्त अहंवादिता की तरह एक मतिभ्रंश और अन्ततः एक भ्रम है। इसे स्वीकार कर लिए जाने पर, सभ्यताओं को ऐसे सामूहिक मानवीय प्रयास और उद्यम के रूप में देखना होगा जो दीर्घकालावधि तक क्रमिक पीढ़ियों द्वारा जारी रहा और जो, कभी-कभी क्रमभंग होने पर भी उन मानवों द्वारा कभी भी अधिक समय के लिए छोड़ नहीं दिया गया, उन्हें अतीत की विरासत के बारे में चाहे कितना ही अस्पष्ट बोध क्यों न रहा हो। इस परिप्रेक्ष्य में महत्त्वपूर्ण तत्त्व सभ्यताओं की दीर्घकाल तक अपने विशिष्ट व्यक्तित्व का विकास करना नहीं बल्कि यह है कि वे एक-दूसरे की उपलब्धियों और कमियों से ग्रहण करती रही हैं। इस तरह सभ्यताओं की कथा एक ही साथ सहयोगमूलक और प्रतिद्वन्द्वितामूलक उद्यम रही है जिसमें प्रतिद्वन्द्विता का तत्त्व इस बोध के साथ रहा है कि वे सभी इस पृथ्वी पर एक ऐसे सर्वनिष्ठ उद्यम में रत हैं जो स्वयं काल की तरह अनन्त है।

यह निश्चय ही सही है कि अब तक सभ्यताओं की कहानियाँ कुछ इस तरह कही गयी हैं मानो वे कमोबेश पृथक कहानियाँ हों और प्रत्येक के

प्रारम्भ में एक आदि-स्वप्न था जो कालान्तर में उनके इतिहास में अन्तर्भूत होकर चरितार्थ होता रहा। सामान्यतया यह दावा भी किया जाता रहा है कि बाहरी दुनिया या अन्य सभ्यताओं के साथ उनके सम्बन्ध मुख्यतः परिधिपरक और सांयोगिक ही रहे जिन्होंने मूलतः आन्तरिक कारणों से निर्धारित उनके विकास में कोई महत्त्वपूर्ण योगदान नहीं किया। प्रणाली विज्ञान की दृष्टि से इसमें कोई हानि नहीं है यदि हम सावधान हों कि यह प्रणाली-विज्ञान की युक्ति मात्र है तथा सभ्यताओं की अन्तःक्रियारत इकाइयों को इस पृथ्वी पर मानवता द्वारा विकसित एक समेकित इकाई के रूप में देखनेवाला प्रति-स्वप्न भी उतना ही वैध, और शायद अधिक सार्थक है। एकतावर्धक धर्म कुछ ऐसा ही करने का प्रयास करते हैं, लेकिन अपने पैगम्बर, मसीहा अथवा किताब से ही बँधे रहने के कारण वे ऐकान्तिकता में ही रहते और फलते-फूलते हैं। यही नहीं, वे सभ्यताओं की पृथकता के समर्थकों की तरह उन्हीं भ्रान्तियों और भ्रमों के शिकार होते हैं, अर्थात् वे भावी प्रकाशन या श्रुति की सम्भावना का निषेध करते हैं मानो ईसा, या मोहम्मद, या बुद्ध, या महावीर या वैदिक ऋषियों को हुए प्रकाशन से ईश्वर की सम्भावनाएँ निःशेष हो गयी हों। साथ ही, वे नामों, व्यक्तियों और स्थानों की लघु अहंमन्यताओं से इतने जुड़ जाते हैं मानो प्रकटन का विगत माध्यम अथवा कथित स्थान प्रकाशन की विषय-वस्तु से भी अधिक महत्त्वपूर्ण हो। इसके अतिरिक्त, वे भी अपनी कथा को बिलकुल पृथक और किसी आदि या मूल स्वप्न से निर्धारित मानते हैं जो अन्तःस्थ होकर शेष सब कुछ को निर्धारित करता है। यह विचित्र है कि धर्मों की सामान्य कथा भी आदानों, परिवर्तनों और विकासों को अपने इतिहास में उसी तरह दबाती है जिस तरह सभ्यताओं की कथा अभी तक सामान्यतः कही जाती रही है।

क्षेत्र का मानचित्रीकरण
सभ्यताओं की समझ के उद्यम में भ्रम, प्रलोभन और सम्भावनाएँ

क्षेत्र का मानचित्रीकरण
सभ्यताओं की समझ के उद्यम में भ्रम, प्रलोभन और सम्भावनाएँ

सभ्यता को किसी विशेष प्रदेश, जाति या स्वप्न या विश्व-दृष्टि से एकात्म न मानने के विचार के कारण सभ्यताओं के इतिहास पर काम करनेवाले के साथ-साथ किसी विशेष इतिहास के लेखक के लिए भी एक दुविधा पैदा होती है। उसे न केवल सभ्यता की उत्पत्ति और फलने-फूलने के स्थानों और जातियों के साथ-साथ उसके द्वारा चरितार्थ किये जानेवाले मूल्यों और आदर्शों का सन्दर्भ निरन्तर रखना होता है, बल्कि अपने को भी किसी प्रदेश और संस्कृति में अवस्थित करना होता है—विशेषतया जहाँ पर उसका जन्म और पालन-पोषण हुआ हो। इसलिए, दार्शनिक चाहे व्यक्तिवाचक नामों के बारे में कुछ भी कहें, इतिहासकार का एक नाम भी होता है जिसका तादात्म्य किसी विशेष देश, समूह, धर्म या परम्परा से होता है। बड़े होने के तथ्य में यह अन्तर्निहित है और इसीलिए किसी ऐतिहासिक निर्मिति के कर्ता और विषय दोनों ही उन अभिलक्षणों के सन्दर्भ में विशिष्ट हो जाते हैं, जिन्हें पूर्व विश्लेषण में, सांयोगिक माना गया है। एक अर्थ में यह मनुष्य की बुनियादी दुविधा है क्योंकि गहनतम विवेक उसे यह बताता है कि उसके बारे में सत्य को किन्हीं लक्षणों के आधार पर नहीं जाना जा सकता, बल्कि अपने अस्तित्व के लिए अन्ततः सांयोगिक लक्षण के तादात्म्य के बिना उसके लिए कोई भी ज्ञान, अनुभव या कर्म सम्भव नहीं है। यहाँ तक कि हमारी भाषा तक में अन्तःस्थ लिंगभेद, जिसका अतिक्रमण करने के लिए हमें लगातार दोनों लिंगों से सन्दर्भित शब्दों का प्रयोग करना पड़ता है, उन लक्षणों की तरह अन्ततः सांयोगिक ही है जिन्हें हम स्वयं या अन्य हम पर आरोपित करते हैं।

लेकिन जैसे लिंग से तादात्म्य हमारी चेतना के गहनतम अंश को निर्धारित करता है, उसी प्रकार जाति, धर्म, भाषा या संस्कृति जैसे अन्य स्तरों से तादात्म्य भी। प्राचीन भारतीय चिन्तकों ने इस स्थिति का सामना करने के लिए 'व्यवहार' और 'परमार्थ' में भेद करके सुझाया कि एक का सत्य दूसरे का सत्य नहीं है। दो सत्यों के इस सिद्धान्त ने अन्ततः मनुष्य के मन में एक ऐसा द्विभाजन कर दिया कि वह इन दोनों को जोड़ने, विशेषतया पारमार्थिक सत्य को व्यावहारिक सत्य में फलित करने में सफल नहीं हो सका। इन दोनों को जोड़ने का एक तरीका शायद इस बोध में हो सकता है कि आवश्यक होते हुए भी तादात्म्य अस्थायी और तात्कालिक हैं तथा व्यवहार के क्षेत्र में जीते, कर्म करते या अनुभव करते समय भी अपने अस्तित्व के कम से कम एक अंश को सदैव इसका बोध करते रहना चाहिए। परम्परा में एक अनासक्त साक्षी-चेतना या दृष्टि के साथ-साथ अनासक्त कर्ता और अनासक्त भोक्ता के प्रत्ययों का विभिन्न प्रसंगों में गुणगान एवं कार्यान्वयन किया गया है, लेकिन उन्हें किसी एकीकृत केन्द्र में नहीं लाया गया है। भारतीय दर्शन के बारे में किंचित भी जानकारी रखनेवाले अध्येता के लिए दृष्टा या साक्षी का प्रत्यय सुपरिचित है; जबकि गीता के बारे में अस्पष्ट-सी जानकारी रखनेवाला भी अनासक्त, निष्कामकर्ता के प्रत्यय से सामान्यतः सुविज्ञ होता है। भारतीय कलाओं और विशेष तौर पर साहित्य पर चिन्तन में उपलब्ध अनासक्त भोक्ता या निस्संग भोक्ता के प्रत्यय को कला-प्रसंग के अलावा प्रतिपादित नहीं किया गया लगता है। इसका कारण शायद यह है कि अनासक्त, निरपेक्ष भोक्ता का प्रत्यय अपने में अन्तर्विरोधपूर्ण लगता है क्योंकि भोग की अवधारणा में ही उसकी प्रक्रिया में उस विषय के साथ पूर्ण तल्लीनता पूर्वमान्य है जो उसका स्रोत और कारण दोनों है। लेकिन मुकुन्द लाठ ने यह प्रश्न रखकर एक लगभग असम्भव कमाल दिखाया है कि यदि 'निष्काम कर्म' का प्रत्यय अपने में अन्तर्विरोधपूर्ण नहीं है तो 'निस्संग भोग' के प्रत्यय को ऐसा क्यों माना जाना चाहिए। कुछ भी हो, इस विचार को विकसित किया जाना चाहिए क्योंकि इसमें ऐसी सम्भावनाएँ प्रस्तावित हैं जिन्हें अभी तक परम्परा में विकसित नहीं किया है। तथापि, जैसाकि सब जानते हैं, यह केवल एक आदर्श है जिसे शायद ही पाया गया हो। लेकिन इसमें कोई सन्देह नहीं कि इस आदर्श को पाने का प्रयास करना चाहिए चाहे कुछ अंशों में ही सही। सभ्यताओं के इतिहासकार के लिए

भी यही सच है, जो स्वयं किसी विशेष प्रदेश, जाति, संस्कृति और भाषा से तादात्म्य रखते हुए इन्हीं प्रतिबन्धों की शिकार किसी सभ्यता का अध्ययन करता है। उसे निरन्तर इस बात का बोध बने रहना चाहिए कि सजगता, इच्छा और विवेक होने पर इन बाधाओं पर विजय पायी जा सकती है।

किसी विशेष प्रदेश, भाषा, धर्म और संस्कृति में जन्म लेने और वयस्क होने के अनिवार्य सहगामी इन स्वाभाविक तादात्म्यों द्वारा आरोपित बाधाओं को जीतने के सम्भव तरीक़ों में शायद सर्वाधिक महत्त्वपूर्ण है अन्य के साथ एक काल्पनिक तादात्म्य का प्रयास तथा उसके दृष्टिकोण से चीज़ों और स्थितियों को समझने की कोशिश। इंग्लैण्ड और संयुक्त राज्य अमेरिका में जातीय सम्मिश्रण वाली कुछ शालाओं में इस तरह के कुछ प्रयोग किये गये हैं जिनमें एक नृजातीय समूह के बच्चों को दूसरे समूह के बच्चों की तरह वस्त्र पहनाने और उनकी ही तरह का व्यवहार करवाने के माध्यम से यह अनुभव करवाने की कोशिश की गयी है कि दूसरे समूह के बच्चों के साथ किस तरह का व्यवहार किया जाता है। कुछ सीमा तक यह उद्देश्य नाट्यात्मक प्रदर्शनों से भी पूरा किया जा सकता है जिसमें कोई बहुत-सी भूमिकाएँ—विशेषतया अपने से बिलकुल विपरीत तादात्म्य वाली भूमिकाएँ निभाता है। इतिहास-लेखन जैसे ज्ञानात्मक उद्यम में भी कोई विभिन्न दृष्टिकोणों से विभिन्न इतिहास लिखने का कल्पनात्मक प्रयास कर सकता है। निश्चय ही, अभी तक किसी ने ऐसा प्रयास किया नहीं है, लेकिन किसी भी इतिहासकार के लिए यह एक रोचक प्रयास होगा कि वह किसी एक घटना अथवा घटनाक्रम के विभिन्न विवरण उस ऐतिहासिक घटना से जुड़े विभिन्न समूहों और व्यक्तियों के साथ काल्पनिक तादात्म्य के आधार पर लिखे। उदाहरणार्थ, भारतीय सन्दर्भ में किसी जन्मजात मुस्लिम इतिहासकार के लिए मध्यकाल के इतिहास को हिन्दू दृष्टिकोण से लिखना बहुत रोचक हो सकता है—और ऐसा ही विपरीत छोर से भी किया जा सकता है। यह प्रयास स्वयं कम से कम आंशिक वितादात्म्य की ओर ले जायेगा क्योंकि इससे दोनों ही अपने किसी एक समुदाय में जन्म लेने के सांयोगिक तथ्य के कारण आरोपित अचेतन पूर्वग्रहों और परिप्रेक्ष्यों के प्रति सजग हो सकेंगे। इसी प्रकार, ब्रिटिश काल के इतिहास को भी ब्रिटिश, हिन्दू और मुस्लिम दृष्टिकोणों के त्रिकोणात्मक

परिप्रेक्ष्य से लिखा जा सकता है।

इस ज्ञानात्मक खेल को बहुगुणित किया जा सकता है तथा कोई राशोमन शैली का इतिहास भी लिख सकता है, लेकिन तब निश्चय ही यह सवाल उठेगा कि वास्तविक इतिहास कौन-सा है और क्या किसी एक परिप्रेक्ष्य द्वारा आरोपित सीमाओं का अतिक्रमण सम्भव भी है। पाठक का अपना परिप्रेक्ष्य भी होगा, लेकिन विभिन्न परिप्रेक्ष्यों और दृष्टिकोणों से लिखे गये इतिहास पढ़कर वह न केवल घटनाओं के बहुविध सत्य बल्कि अपने पूर्वग्रहों और पक्षपातों के प्रति भी सजग हो सकेगा।

एक अन्य सम्भव तरीका इस दलील में हो सकता है कि इतिहास-लेखन ऐसे ही किसी व्यक्ति द्वारा लिखा जाना चाहिए जिसका सम्बन्धित घटना से जुड़े व्यक्तियों में से किसी के भी साथ तादात्म्य न हो, जैसाकि प्राचीन कालों अथवा मेसोपोटामिया, एजटेक या रोम तथा यूनान के इतिहास लेखन के मामले में होता है, यद्यपि यूनान या रोम के सन्दर्भ में यह कहना मुश्किल है कि एक आधुनिक यूनानी या इटालियाई किसी सीमा तक अपनी वर्तमान सभ्यता के पूर्वजों के लिए कुछ झुकाव नहीं रखते होंगे, अथवा पश्चिमी लोग, विशेष रूप से पश्चिमी यूरोपीय, यूनान और रोम के इतिहास को अपने इतिहास का ही एक हिस्सा नहीं समझते होंगे। मुद्दा यह है कि प्राचीन इतिहास के साथ भी किसी का किसी न किसी रूप में तादात्म्य हो सकता है, यद्यपि कुछ सभ्यताओं के वर्तमान मानव समूहों के साथ विच्छेद को देखते हुए निश्चयपूर्ण यह कहा जा सकता है कि वर्तमान में कोई भी उनके साथ तादात्म्य नहीं अनुभव करता।

इस प्रकार हमारे सम्मुख दो प्रकार की सभ्यताएँ हैं; प्रथम तो वे जिनसे वर्तमान में कोई भी तादात्म्य अनुभव नहीं करता और दूसरी वे जिनके साथ कोई छोटा या बड़ा समूह अपना तादात्म्य रखता है और उन पुरानी सभ्यताओं के वाहकों को अपने पूर्वजों के रूप में देखता है, जिनकी उसके साथ एक निरन्तरता है और जिनकी उपलब्धियों पर वह गर्व करता है क्योंकि वह अनुभव करता है कि वे उसके अपने हैं। इन दोनों ही मामलों में एक हल यह सुझाया जा सकता है कि सभ्यता विशेष का अध्ययन ऐसे ही लोगों द्वारा किया जाना चाहिए जो उस सभ्यता से तादात्म्य न रखते हों। लेकिन, इसका तात्पर्य यह होगा कि कोई भी पश्चिमी इतिहासकार यूनान-ओ-रोम का इतिहास लिखने का वास्तविक

अधिकारी नहीं होगा। यह स्थिति इस तथ्य से और भी जटिल हो जाती है कि वर्तमान काल में सभी सभ्यताओं का इतिहास इस बात से बुनियादी स्तर पर प्रभावित हुआ है कि पश्चिमी यूरोपीय लोगों ने पिछले लगभग तीन सौ वर्षों में सभी अन्य सभ्यताओं की विजय और उपनिवेशन किया है और इसलिए यद्यपि वे उन सभ्यताओं के साथ प्रभावी रूप से कोई तादात्म्य नहीं रखते, उन सभ्यताओं के प्राचीन काल के प्रति उनका अवबोधन इस तथ्य से मूलतः प्रभावित है और इस कारण उन सभ्यताओं के प्राचीन इतिहास को भी उस वर्तमान के सन्दर्भ में अलग देखने में असमर्थ रहते हैं जिसमें उन्होंने एक अविस्मरणीय निर्णायक विजेता की भूमिका अदा की है।

बहुत-सी प्राचीन सभ्यताओं के इतिहास के अध्ययन के सम्बन्ध में तब यह विरोधाभासी सवाल उठता है कि यदि अपने को उनसे तादात्म्य न करते हुए भी पश्चिमी इतिहासकार अपने ही कारणों से उनका अध्ययन नहीं कर सकते और उनसे तादात्म्य रखनेवाले इस तादात्म्य के ही कारण उनका अध्ययन नहीं कर सकते, तो और कौन उनका अध्ययन करेगा? कोई सुझाव दे सकता है कि उस पर विजयी या उससे पराजित हुए बिना किसी सभ्यता से तादात्म्य न रखनेवाले लोग ही उसके अध्ययन के लिए सर्वाधिक योग्य हैं। चीनी और भारतीय लोग ही इस कसौटी पर खरे उतरने के सर्वाधिक निकट हैं क्योंकि उनमें से किसी ने दूसरों को कभी विजित नहीं किया। साथ ही, दूसरी सभ्यताओं के अतीत या वर्तमान से भी दोनों में से किसका तादात्म्य नहीं है। लेकिन इससे सभ्यताओं के इतिहास-लेखन का उद्यम बहुत संकीर्ण क्षेत्र में सिकुड़ जायेगा और इस कारण सैद्धान्तिक आधार पर तर्कसंगत होने के बावजूद अभी सक्रिय इतिहासकारों को स्वीकार्य नहीं होगा।

इतिहास-लेखन के सन्दर्भ में रखी गयी इस समस्या पर सांस्कृतिक नृविज्ञान के क्षेत्र में विस्तारपूर्वक विचार हुआ है जहाँ अन्य सभ्यताओं के अध्ययन की सम्भावना पर बहस केन्द्रित रही है। विवाद इस बात पर केन्द्रित रहा है कि किसी संस्कृति के अध्ययन और समझने के लिए बाहरी व्यक्ति सर्वाधिक योग्य है या कि उस संस्कृति के अन्दर जन्मा और पला-पुसा व्यक्ति ही उसे बेहतर समझ सकता है। अन्तरंगी बनाम बर्हिरंगी विवाद को संकेतित करनेवाले शब्द 'इटिक' (ETIC) और (EMIC) हैं जो

अधिक प्रबोधक होने के बजाय सरल और बहुसम्प्रेषणीय शब्दों की जगह कठिन अबूझ शब्द गढ़ने के पण्डितों के चाव को प्रदर्शित करते हैं। इन दोनों के बीच का पुल उस बाहरी व्यक्ति या बहिरंगी द्वारा बनाया जाता है जो किसी संस्कृति के दैनन्दिन जीवन का 'सहभागी प्रेक्षक' बनने का प्रयास करता तथा अपने पर्यवेक्षण के अभिलेखन के माध्यम से एक दूरी बनाये रखते हुए अनन्तर उस सांस्कृतिक समुदाय को छोड़कर उस संस्कृति के अपने लोगों द्वारा निरूपित अवधारणाओं और सैद्धान्तिकी से बिलकुल असम्बद्ध उसे अवधारणात्मक और सैद्धान्तिक शब्दावली में निरूपित करता है। वह उसे उससे और भी विलग कर देती है। उस संस्कृति के अन्तरंगियों द्वारा अपने अनुभव के निरूपण में प्रयुक्त अवधारणाओं और सैद्धान्तिकी के इस बाहरी वैज्ञानिक के ज्ञान-क्षेत्र में प्रचलित अवधारणाओं और कोटियों में अनुवाद के द्वारा यह विलगाव और भी बढ़ जाता है और इस प्रकार किसी संस्कृति को उसके अन्तरंगी द्वारा समझने की अपर्याप्तता को भी प्रत्यक्षतः अथवा परोक्षतः व्यक्त कर देता है।

लेवीस्ट्रॉस जैसे कुछ सिद्धान्तकारों की इस स्थापना ने स्थिति को और भी जटिल बना दिया है कि कोई संस्कृति केवल उन्हीं के लिए अध्ययन का विषय हो सकती है जिन्होंने पहले उसे जीत और अपने अधीन कर अक्षरशः विषय की हैसियत में ला दिया होता है। इससे किसी अध्येता 'वैज्ञानिक' की संस्कृति और राज्यतन्त्र द्वारा किसी संस्कृति को जीतने और अपने अधीन कर लेने की पूर्व शर्त को पूरा किये बिना किसी के भी द्वारा किसी संस्कृति के अध्ययन की सम्भावना का ही निषेध हो जाता है। क्लॉड लेवीस्ट्रॉस की वास्तविक स्थापना है :

मानव-विज्ञान को अपने विषय के लिए कम अरुचिकर बनाने के उद्देश्य से यह सुझाव दिया गया है कि भूमिकाओं को उलट देने और कभी-कभार मानव-विज्ञानियों का स्वयं को अपने विषयों के अध्ययन का विषय बना देना पर्याप्त होगा। निस्सन्देह सदाशयतापूर्ण होने पर भी मुझे यह समाधान भोला और अव्यावहारिक जान पड़ता है, मानो समस्या साथ खेलने के अनभ्यस्त उन बच्चों की समस्याओं की तरह सरल और सतही हो जिनके झगड़े 'तुम मुझे अपनी गुड़िया से खेलने दो और मैं तुम्हें अपनी गुड़िया से खेलने दूँगा' के सरल नियम का अनुकरण करवा कर सुलझाये जा सकते हैं। केवल दैहिक रूप जीवन-शैली में ही नहीं, बल्कि एक-

दूसरे से हैसियत में भी असमान लोगों के बीच किसी समझौते के लिए राज़ी होना एक सर्वथा भिन्न प्रश्न है।[१]

वास्तव में, लेवीस्ट्रॉस के अनुसार, 'मानव-विज्ञान हिंसा के इस युग की पुत्री है जिसकी मानवीय स्थिति से सम्बन्धित तथ्यों के अधिक वस्तुगत स्तर पर मूल्यांकन की क्षमता ज्ञानमीमांसात्मक स्तर पर उनके हालात को प्रतिबिम्बित करती है जिनमें मानव-जाति का एक हिस्सा दूसरे के साथ अपने विषय की तरह व्यवहार करता है।' और यह, वह आगे कहता है, 'एक ऐसी ऐतिहासिक प्रक्रिया का परिणाम था जिसने मानवजाति के एक बड़े हिस्से को दूसरे के वशवर्ती बना दिया है, और जिसमें लाखों निर्दोष मनुष्यों के संसाधन लूट लिए गये तथा उनकी संस्थाएँ और विश्वास नष्ट कर दिये गये, जबकि स्वयं उनका क्रूरतापूर्वक वध किया गया, उन्हें दासता में जकड़ा गया तथा उन बीमारियों से संदूषित किया गया जिनके प्रतिरोध की क्षमता उनमें नहीं थी।'[२]

अधिकांश मानव-विज्ञानियों की अपेक्षा लेवीस्ट्रॉस अपनी स्थापना में अधिक स्पष्ट है। लेकिन आश्चर्यजनक बात तो यह है कि किसी भी ग़ैर-पश्चिमी अथवा पश्चिमी मानव-विज्ञानी ने लेवीस्ट्रॉस की इस स्थापना पर आपत्ति या चुनौती नहीं प्रस्तुत की ख़ासतौर पर यह देखते हुए भी कि यह स्थापना मानवजाति की बहुसंख्या के बौद्धिकों द्वारा किसी भी योगदान की सम्भावना का निषेध करती हुई समाज-विज्ञानों की जड़ पर ही कुठाराघात करती है। लेकिन यदि कोई सैनिक विजय और एक विशेष प्रकार के ज्ञान की उपलब्धि के बीच अनिवार्य सम्बन्ध को स्वीकार करता है तो उस ज्ञान को उपलब्ध करने के लिए उसे युद्ध करना ही होगा।

इस प्रसंग में विचित्र बात यह है कि यद्यपि लेवीस्ट्रॉस की स्थापना पर बहस करने के लिए स्मिथ सेनियन इंस्टीट्यूट और वेनर-ग्रेन फाउंडेशन द्वारा एक अन्तर्राष्ट्रीय सम्मेलन का आयोजन किया गया लेकिन वहाँ भी उसकी स्थापना के इस भाग पर कोई बात तक नहीं हुई। इस विस्मयजनक प्रणाली वैज्ञानिक वक्तव्य पर यद्यपि कोई विचार-विमर्श नहीं हुआ, पर स्वयं लेवीस्ट्रॉस भी न केवल अपने वक्तव्य के सामाजिक-राजनीतिक

१. करेन्ट एंथ्रोपोलॉजी, खण्ड-८, संख्या-४, अक्टूबर, १९६७, पृ. सं. ३५६
२. वही,

निहितार्थों बल्कि उसकी प्रणालीवैज्ञानिक निष्फलता से पूर्णतः अनभिज्ञ लगता है। लेवीस्ट्रॉस यह नहीं देख पाता कि यदि एक संस्कृति का अध्ययन करने के लिए उसका किसी अन्य के राजनीतिक और सांस्कृतिक प्रभुत्व के अन्तर्गत होना अनिवार्य है, तो उसका अध्ययन एक अजीवित वस्तु के रूप में ही किया जा सकता है क्योंकि जीवित होने का तात्पर्य अनुभव का विषयी होना है, न कि किसी के अध्ययन का विषय मात्र होना। केवल यही नहीं,वह जहाँ हेगेल की इस गहन अन्तर्दृष्टि को भी भूल गया लगता है कि स्वामी और दास का सम्बन्ध दास को ही नहीं, स्वामी को भी उतना ही दास बना देता है, वहीं सार्त्र की इस तर्क की गहरी अन्तर्दृष्टि को भी कि किसी अन्य द्वारा ताका जाना भी किसी को विषय बना सकता है।

किसी अध्ययन के विषय के अपने अधिकारपूर्वक विषयी भी होने को भूल जाना सांस्कृतिक मानव-विज्ञानी का सबसे बड़ा शाप रहा है। लेकिन इतिहासकार के सम्मुख आनेवाली समस्या मूलतः भिन्न कोटि की है क्योंकि वह ऐसे लोगों का अध्ययन नहीं करता है जो वर्तमान में जीवित होने के कारण अपनी एक व्यक्तिमत्ता या विषयिता रखते हैं, जिसका अन्य भूमियों और संस्कृतियों से आये अतिथि विद्वानों द्वारा निषेध कर दिया जाता है। उनकी विषय-वस्तु का सम्बन्ध छोड़े गये साक्ष्यों से प्रमाणित अतीत के लोगों से होता है और इस प्रकार उन्हें इस साक्ष्य के आधार पर उनकी व्यक्तिमत्ता अथवा विषयिता की पुनर्रचना करनी होती है। ऐसा करने में सर्वथा उपयुक्त होने की समस्या उस सांस्कृतिक मानव-विज्ञानी की समस्या से मूलतः भिन्न है, जो अपने समकालीन युग में दूसरी संस्कृतियों के जीवित लोगों का अध्ययन करता है।

अपनी सभ्यता के अतीत के जीवन्त तादात्म्य का बोध कराने तथा एक गहरे अर्थ में मार्मिक बोध के कारण अपने अस्तित्व में प्रतिध्वनित होनेवाले तत्त्वों के अध्ययन तथा उसी सभ्यता के अजनबी या पराये लगनेवाले उन तत्त्वों के अध्ययन में भी महत्त्वपूर्ण फ़र्क़ है, यद्यपि उन्हें भी उसी सभ्यता से सम्बन्धित स्वीकार करना ही पड़ता है। प्रतिध्वनित होने तथा एक निरन्तरता के अनुभव की यह क्षमता ही उस सभ्यता के कम से कम कुछ पहलुओं की तो समझ का मर्म है जिसके साथ कोई तादात्म्य और संगति महसूस करता है। लेकिन अन्ततः आन्तरिक और बाह्य के बीच कुछ

सन्तुलन और उचित व्यवहार तो होना ही होगा, जैसाकि मानव प्राणियों और उनकी कृतियों को समझने के अन्य सभी प्रयासों में होता है।

इन सब समस्याओं के अतिरिक्त, किसी भी सभ्यता के इतिहास के निर्माण—ख़ासतौर पर ग़ैर-साहित्यिक स्रोतों के आधार पर निर्माण में एक समस्या और आती है जिसे केवल अनुभवात्मक अनुभव के हवाले से ही समझा जा सकता है। अनुभवात्मक प्रागनुभव की अवधारणा अपने में ही अन्तर्विरोधपूर्ण है क्योंकि यदि वह अनुभवात्मक है तो परिभाषा से ही प्रागनुभव नहीं हो सकता; और यदि वह परवर्ती है, तो पूर्ववर्ती नहीं हो सकता। काण्ट ने 'संश्लेषात्मक प्रागनुभाव' के प्रसंग में इस समस्या को उठाया है, लेकिन हम जिसे अनुभवात्मक प्रागनुभव कह रहे हैं वह दार्शनिक साहित्य में विचरित संश्लेषणात्मक प्रागनुभव से बिलकुल भिन्न है। संश्लेषणात्मक प्रागनुभव का सवाल यह है कि क्या तथ्यों के मामलों में कोई अनिवार्य वक्तव्य हैं; लेकिन अनुभवात्मक प्रागनुभव के सन्दर्भ में हमारी रुचि इस सवाल में है कि क्या मानव-रचित अनुभवात्मक साक्ष्य का कोई अंश मानवीय क्षेत्र में कुछ अन्य बातों की पूर्वधारणा को भी अनिवार्य बना देता है जिनके बिना वह जैसा है वैसा नहीं होता और इसलिए जिन्हें किसी स्वतन्त्र साक्ष्य की उपलब्धि के अभाव में भी स्वीकार किया जा सकता है। यह समझ लिया जाना चाहिए कि यह केवल कारणता का मामला नहीं है, यद्यपि उसका भी एक तत्त्व निश्चय ही इसमें है। प्रकृति के क्षेत्र में इसकी तुलना कारणात्मक ज्ञान से बरामद निष्कर्ष से की जा सकती है, लेकिन क्योंकि प्राकृतिक क्षेत्र में कारणात्मक ज्ञान स्वयं हमारे निरन्तर परिवर्तनशील और इसलिए अधूरे एवं अंशतः भ्रान्तिपूर्ण ज्ञान की वृत्ति है, उसमें अनिश्चितता का एक तत्त्व सदैव बना रहता है। लेकिन इतिहास के निर्माण की विषय-वस्तु के आधार के रूप में मानवीय क्षेत्र में एक साक्ष्य की स्थिति बिलकुल भिन्न प्रकार की है। वह उस कारणात्मक अन्तर्बन्धन को नहीं उतना सुझाता जिसमें वह घटित हुआ, जितना उस संरचनात्मक अन्तर्बन्धन को जिसका वह घटक अंग है और जिसके बिना उसका अस्तित्व ही सम्भव नहीं होता। साथ ही, उसे उन लोगों के जीवन और समुदाय में अपनी भूमिका या भूमिकाओं के आधार पर भी परिभाषित किया जाता है जिनका वह अंगभूत है और जहाँ जीवन-व्यवहार में उससे महत्त्वपूर्ण कार्य पूरा करने की अपेक्षा की जाती है।

विट्गेंस्टाइन बताता है कि भाषा जीवन के रूप तथा उसके सन्दर्भ में बोधगम्यता के रूप में बद्धमूल होती है। लेकिन यह केवल भाषा ही नहीं, प्रत्येक मानवीय वस्तु के बारे में सच है, और इसीलिए मनुष्य द्वारा छोड़े गये किसी भी साक्ष्य का उसे सन्निहित करनेवाले जीवन-रूप के प्रसंग में ही समझना होगा। किसी ऐतिहासिक स्थान पर मिला मृण्पात्र का कोई टुकड़ा एक भौतिक वस्तु मात्र नहीं होता बल्कि अपने अंगभूत गतिविधियों के एक समग्र विन्यास को संकेतित करता है, जिसके बिना मानवीय सन्दर्भ में उसका कोई अर्थ नहीं होता। यह केवल कुम्हार की कला या चाक पर अथवा चाक के बिना बने होने को ही नहीं, यह भी पूर्वधारणा करता है कि इसमें लोग अपनी आवश्यकता की वस्तुओं का संग्रह करते होंगे। यही नहीं, कुछ ऐसी वस्तुएँ भी होती थीं जिनका संग्रह इसमें किया जा सकता था। इसके अलावा, पात्र का अभिकल्पन भी उसके निर्माता और प्रयोक्ता दोनों की कलात्मक संवेदना का भी प्रमाण होगा। और अभिकल्पन की अमूर्तता अथवा यथार्थपरकता पात्र के निर्माता और प्रयोक्ताओं की दृष्टि, चीज़ों को अनुभव किये जाने के ढंग के बारे में भी बहुत कुछ बता सकता है। इसका एक तात्पर्य यह भी होगा कि एक पीढ़ी से दूसरी पीढ़ी तक कला के हस्तान्तरण की भी एक परम्परा अवश्य थी और एक ही प्रकार के पात्रों का विभिन्न स्थानों पर पाया जाना उसकी माँग और व्यापार के साथ-साथ ऐसे व्यापारी वर्ग का संकेतक भी होगा जिनके पास इन पात्रों को बिना टूटे दूर तक पहुँचाने के लिए उपयुक्त परिवहन के साधन उपलब्ध थे। एक मृण्पात्र को लेकर की गयी पूर्वधारणा को बहुगुणित करते रहा जा सकता है। तथापि, महत्त्वपूर्ण यह है कि ये पूर्वधारणाएँ ज्ञानात्मक स्तर पर ज्ञान का वैसा ही हिस्सा हैं जैसाकि वह मृण्पात्र जिसे ज्ञान के एक 'वस्तुगत' अंग की तरह देखा, उपलब्ध किया और बरता गया तथा केवल जिसके बारे में ही हम उतने निश्चित हो सकते हैं जितना मानवीय स्थिति में हुआ जा सकता है। मुख्य बात यह है कि साक्ष्य की तरह उपलब्ध कुछ तथा उससे पूर्वधारित और आवृत्त सब कुछ में ज्ञान के अंग के रूप में भेद नहीं किया जा सकता। यही अनुभवात्मक प्रागनुभव की धारणा है जो मेरी दृष्टि में, संस्कृति के मानवीय क्षेत्र में ही मिलती है, यद्यपि इसके तुल्यरूप सजीवों के अनुभवात्मक संसार में भी पाये जा सकते हैं, जहाँ पारिस्थितिकीय स्वतन्त्रता को मानवीय संसार के समान ही समझा जा सकता है। लेकिन मानवीय संसार जहाँ मानेवतर

सजीव संसार के साथ पारिस्थितिकीय निर्भरता का साझा करता है, वहीं, इसके साथ-साथ उसमें उन औपचारिक और अनौपचारिक संस्थाओं से सम्बद्ध अन्य प्रकार की निर्भरताएँ भी हैं, जिनमें एक समुदाय अपने जीवन-रूप जीता और पीढ़ियों का भी पोषण करता है जिनके माध्यम से ज्ञान सहित सभी प्रकार के पारम्परिक शिल्प हस्तान्तरित और परिष्कृत होते रहते हैं।

मैंने पहले शिल्प, शास्त्र, पुरुषार्थ, स्मृति, संस्कार और वर्ण के आयामों की ऐसी बुनियादी अवधारणाओं के रूप में चर्चा की है जिनके सन्दर्भ में उपलब्ध साहित्यिक और ग़ैर-साहित्यिक साक्ष्यों के आधार पर इतिहास का निरूपण और निर्मिति की जानी चाहिए। इसलिए केन्द्रीय प्रश्न यह है कि क्या कोई सभ्यता इन धारणाओं के सन्दर्भ में अन्य सभ्यताओं से कुछ ऐसी भिन्नता रखती है जो उसे अपनी अलग विशिष्टता और व्यक्तित्व देती है और जिसे इन धारणाओं के सन्दर्भ में उपलब्ध साक्ष्यों के परीक्षण के आधार पर इतिहासकार निर्मित करता है। तथापि, यह ध्यान में रखना चाहिए कि जिस अर्थ में हमने अनुभवात्मक प्रागनुभव की बात की है वह इस सवाल से बिलकुल पृथक है कि 'मानवीय प्रकृति' जैसी कोई चीज़ अथवा कुछ ऐसे 'सार तत्त्व' हैं कि नहीं, जिनके आधार पर हम किसी वस्तु को परिभाषित करते हैं। बहुत-से समकालीन विचारक मानवीय प्रकृति जैसी किसी भी चीज़ के अस्तित्व के प्रति संशयालु हैं और उनमें अधिक क्रान्तिकारी यह महसूस करने लगते हैं कि न केवल मानव-प्राणियों में ऐसा कोई सार-तत्त्व है जिसके सन्दर्भ में उन्हें परिभाषित किया जा सके, बल्कि किसी भी वस्तु में कोई सार-तत्त्व नहीं है। बौद्धों ने बहुत पहले सत्ता को निस्सत्व बताते हुए सुझाया था कि इस तरह की किसी भी पूर्वधारणा के बिना भी ज्ञानात्मक प्रयास सार्थक रूप से किये जा सकते हैं। अपने बौद्ध पूर्ववर्तियों से लगभग अनजान इस विचार के उत्तर-आधुनिक समर्थक इसी कहानी को फिर दोहरा रहे हैं। इस सम्बन्ध में स्पष्टतः मुद्दा यह नहीं है कि कोई 'सार-तत्त्व' अथवा वस्तुओं की अपनी कोई निर्धारक प्रकृति है या नहीं, बल्कि यह कि क्या वस्तुओं के बीच ऐसे संयोजन हैं या नहीं जिससे किसी एक तत्त्व के आधार पर अन्य के अस्तित्व का तर्कसंगत अनुमान कर सकें। उदाहरणार्थ, कोई 'मानव-प्रकृति' जैसी चीज़ न होने के बावजूद हम उनके बारे में बहुत-सी बातें

निरापद रूप से मान सकते हैं, जैसे कि उनके प्रजनन की प्रणाली, यह तथ्य कि बच्चे बड़े होते हैं, कि उनको भाषा सीखनी पड़ती और उन्हें ग़लत–सही उच्चारण में भेद करने के साथ–साथ ग़लत और सही व्यवहार का फ़र्क़ भी बताना पड़ता है और उनकी जीवनशैली आवासी है या खानाबदोश तथा इसी तरह की अन्य बहुत–सी बातें। ये सब अनुभवात्मक अनिवार्यताएँ हैं और, मानव–प्रकृति के किसी 'सार' को स्वीकार किये बिना भी इन्हें स्वीकार करना असंगत नहीं होगा।

आज भी हम कई प्रागेतिहासिक संस्कृतियों को उनके मृण्पात्रों या उनके अभिकल्पन और उन पर किये गये चित्रांकन से पहचानते हैं। केवल यही नहीं, हम उपलब्ध मृण्पात्रों को बनने की तकनीकों में भेद भी करते हैं। साथ ही, हम धार्मिक या आनुष्ठानिक प्रयोजन के लिए प्रयुक्त एवं अन्य प्रकार के मृण्पात्रों में भी भेद करते हैं। हमारी पूर्वधारणाओं के इस आख़िरी आयाम तथा पूर्व आयामों में यह फ़र्क़ तत्काल देखा जा सकता है क्योंकि जहाँ पहले की पूर्वधारणाओं की अनिवार्यताओं के बारे में कोई सन्देह नहीं होता, वहीं इस बात पर सदैव प्रश्नचिह्न लगा रहता है कि क्या वस्तुतः किसी विशेष पात्र को धार्मिक प्रयोजन के लिए प्रयोग में लिया जाता था अथवा यह कि प्रयोक्ता समुदाय का धार्मिक प्रयोजन क्या था। इस प्रकार तकनीकी के सम्बन्ध में की गयी पूर्वधारणा धर्म के सम्बन्ध में की गयी पूर्वधारणा से भिन्न है, जिनके सन्दर्भ में दो निर्मितियाँ की जा रही है। लेकिन अवशिष्ट मृण्पात्र के आकार और ढाँचे से प्रमाणित उसके उत्पादक और उपभोक्ता दोनों की रुचि और संवेदनशीलता के बारे में क्या कहा जायेगा? इस मामले में पूर्वधारित निर्णय धर्मवाले मामले की अपेक्षा तो अधिक वस्तुपरक होगा, लेकिन तकनीकी और उसके उत्पाद के बारे में की गयी पूर्वधारणा की वस्तुपरकता से कुछ कम। उदाहरणार्थ, सम्बन्धित वस्तु के ढाँचों और रूपों को लेकर उस सभ्यता के लोगों के और हमारे अपनी रुचि और निर्णय में एक सामंजस्य की पूर्वधारणा हो सकती है। लेकिन, तब क्या हम यह पूर्वधारणा नहीं कर रहे हैं कि अतीत की सभ्यता की पुनर्निर्मिति के लिए साक्ष्य की तरह प्रयुक्त वस्त्र के समान प्रकार के लिए कोई और वैकल्पिक तकनीकी नहीं हो सकती? यदि यह सम्भावना मान ली जाय, तो भी यह सन्देह नहीं किया जा सकता कि परवर्ती मामले में पूर्ववर्ती मामले की अपेक्षा विकल्पों की सम्भावना बहुत कम है। हमारे

और अतीत के लोगों की कलात्मक रुचि और संवेदना का सामंजस्य कला के क्षेत्र में वस्तुपरकता को प्रमाणित करता है जैसे कि यह तथ्य भी कि यदि मृण्पात्र एक विशेष प्रकार के हैं तो उनके उत्पादन के प्रयुक्त तकनीकी में आवर्ती चाक का इस्तेमाल किया जाता होगा। लेकिन यदि आवर्ती चाक था तो क्या दूसरे प्रकार के चाक भी नहीं होंगे जिनका अन्य प्रयोजनों के लिए इस्तेमाल होता होगा? सुदूर अतीत की किसी वस्तु से भेंट कलात्मक रुचि का सामंजस्य हमारी अपनी कलात्मक संवेदना की प्रतिध्वनि और दोहराव मात्र नहीं, बल्कि एक ऐसी भेंट है जिसका परिणाम हमारी अपनी कलात्मक संवेदना का विस्तार हो सकता, और कई बार होता भी है।

लेकिन, किसी एक क्षेत्र में कलात्मक संवेदना के साक्ष्य से दूसरे क्षेत्रों में भी वैसी ही कलात्मक संवेदना की उपस्थिति के निष्कर्ष पर पहुँचना ज़रूरी नहीं है क्योंकि सामान्यतया एक क्षेत्र में प्राप्त संवेदना का दूसरे क्षेत्रों की संवेदनाओं से बहुत कम सम्बन्ध होता है।

फिर भी, यदि अतीत संस्कृति द्वारा अन्य प्रकार के साक्ष्य भी छोड़े गये हों तो उनमें व्यक्त कलात्मक संवेदनाओं का तुलनात्मक अध्ययन तथा यह अन्वेषण रोचक होगा कि क्या उनके बीच कोई आत्मिक समानता है। यही सवाल पूर्वधारित तकनीकी के बारे में भी किया जा सकता है, क्योंकि सामान्यतया एक तकनीकी शिल्प केवल अपने में विशिष्ट ही नहीं होता बल्कि कुछ कामों को करने के लिए ज्ञान के एक से अधिक सामान्य प्रकार की पूर्वधारणा भी करता है। उदाहरणार्थ, यदि धातु के कुछ ख़ास तरह के पात्र बनाने के लिए धातु-कर्म की तकनीकी के साक्ष्य मिलते हैं तो यह असम्भव होगा कि उस संस्कृति में इस तकनीकी का प्रयोग अन्य प्रकार की धातु वस्तुएँ बनाने में नहीं किया जायेगा। और यदि कुटियों, मकानों और ऐसी ही अन्य इमारतों के निर्माण में ईंटों के प्रयोग का साक्ष्य मिलता है तो तकनीकी के साथ-साथ संरचनात्मक रूपों की संवेदना की भी पूर्वधारणा की जा सकती है जिनके अनुस्मारक उन सार्वजनिक भवनों में अधिक सचेत स्तर पर प्रदर्शित किये गये हैं, जो किसी विशेष संस्कृति में वास्तुशिल्पीय उत्कृष्टता का दावा करने की ओर प्रवृत्त होते हैं।

ये निश्चय ही, बहुत सामान्य विचार हैं जो उन संस्कृतियों पर लागू होते

हैं जिनके बारे में कोई साहित्यिक साक्ष्य नहीं मिलता; लेकिन साहित्यिक साक्ष्य मिल जाने पर स्थिति बिलकुल बदल जाती है क्योंकि पढ़ लिए जाने पर लिखित पाठ किसी भी ग़ैर-साहित्यिक साक्ष्य की अपेक्षा अपना अर्थ अधिक सुस्पष्ट रूप से बताता है। किसी जाति द्वारा छोड़े गये ग़ैर-साहित्यिक साक्ष्य के सन्दर्भ में जो बात केवल अनुमान का विषय होती है, वह साहित्यिक साक्ष्य के मिलने के साथ ही व्यक्त और स्पष्ट हो जाती है। साहित्यिक और ग़ैर-साहित्यिक साक्ष्य के सम्बन्ध की समस्या आँखें फाड़े खड़ी हो जाती है, क्योंकि दोनों प्रकार के साक्ष्यों का एक ही दिशा की ओर संकेत करना आवश्यक नहीं है। यह स्थिति तब और भी जटिल हो जाती है जब साहित्यिक साक्ष्य का रूप ऐसी किसी वस्तु के उत्पादन के लिए निर्देशात्मक विधि पुस्तक अथवा शास्त्र का होता है जो ग़ैर-साहित्यिक प्रकार के साक्ष्यों में मूर्त होती है। संगीत, नृत्य, स्थापत्य अथवा काल के बारे में बताने-सिखानेवाले ग्रन्थ और इनके वास्तविक क्रियान्वयन के बीच सम्बन्ध इतना सरल और सीधा नहीं होता कि एक से दूसरे को जाना जा सके। निश्चय ही, सभी शास्त्र निर्देशात्मक नियमावलियाँ नहीं हैं। उनकी प्रकृति वर्णनात्मक और कभी दोनों के समन्वय की भी हो सकती है। उदाहरणार्थ, किसी व्याकरण-ग्रन्थ को लिया जा सकता है जो एक साथ किसी विशेष भाषा की संरचना के वर्णन के साथ-साथ सही और ग़लत प्रयोग का भी नियमन करता है।

बात दरअसल यह है कि किसी भी संस्कृति और सभ्यता के बारे में साहित्यिक साक्ष्य के एक बार मिलना शुरू होते ही उस सभ्यता की समझ और निर्मिति में उसका महत्त्व प्रबल हो जाता है और शेष अन्य साक्ष्यों को गौण माना जाता तथा यह उसी के प्रकाश में व्याख्यायित किया जाता है। साहित्यिक साक्ष्य एक ही प्रकार के नहीं होते और उनका सम्बन्ध विभिन्न विषयों जैसे गणित, खगोल-शास्त्र, रेखा गणित, भौतिकी अथवा दर्शन, धर्म, साहित्य और कलाओं या भाषा, तर्कशास्त्र, काव्यशास्त्र आदि के साथ हो सकता है। उन सबके बीच कोई महत्त्वपूर्ण सम्बन्ध सम्भव नहीं भी हो सकता है। फिर भी, वे सभी किसी संस्कृति की बौद्धिक क्रियाशीलताओं और उस संस्कृति की दृष्टि में उनके महत्त्व का साक्ष्य प्रस्तुत करते हैं। तथापि, अधिक महत्त्वपूर्ण बात यह है कि क्या संस्कृति इन सब क्रियाशीलताओं पर एक आत्म-चेतन आलोचनात्मक द्वितीय-

स्तर के चिन्तन का प्रदर्शन करती है। दूसरे शब्दों में, वह अन्य क्रियाशीलताओं की तुलना में बौद्धिक क्रियाशीलता का कितना महत्त्व आँकती है या एक संस्कृति के आत्म-चेतन हो जाने पर यह समस्या उठती है कि उसकी विभिन्न प्रकार की क्रियाशीलताओं का मूल्यांकन कैसे किया जाय और उनका सापेक्षिक मूल्यांकन अपने में उस संस्कृति विशेष का विशेषक चिह्न माना जा सकता है।

शिल्प, शास्त्र और पुरुषार्थ के जिन अन्तस्सम्बन्धों को निरूपित करने का प्रयास हम करते रहे हैं, उनकी जटिलता को सभ्यता के अध्ययन में बिलकुल नहीं समझा गया है। कुछ भी ऐसा नहीं है, अक्षरशः कुछ भी नहीं, जिसकी पृष्ठभूमि में कोई तकनीकी नहीं हो। साथ ही, तकनीकों के विशेष और सामान्य दोनों ही आयाम होते हैं और एक बार आविष्कृत हो जाने पर वे अपने आविष्कार के क्षेत्रों के अतिरिक्त अन्य क्षेत्रों में भी फैलती और प्रयुक्त होती हैं। लेकिन शास्त्र सर्वथा भिन्न होता है; वह साक्षरता तथा आत्म-चेतन पर्यवेक्षण और उस पर्यवेक्षण पर चिन्तन की पूर्वधारणा करता है। लेकिन सभ्यताओं की समझ के लिए उन बहुविध स्तरों को समझना अधिक महत्त्वपूर्ण है जिन पर शास्त्रों का निर्माण होता है। शास्त्रों की रचना विभिन्न क्षेत्रों की क्षैतिजिक बहुलता के सन्दर्भ में हो सकती है। शास्त्रों की एक ऊर्ध्वाधर क्षैतिजिक निर्मिति भी हो सकती है, जहाँ शास्त्रीय क्रियाशीलता अर्थात् शास्त्र निर्माण की क्रिया ही चिन्तन का विषय बन जाय। सामान्यतः अन्य क्षेत्रों में भी ऐसा होता है। दूसरे स्तर की यह आत्म-चेतन क्रियात्मकता ही जीवन के लक्ष्यों पर चिन्तन का विकास करती है कि एक मानव-प्राणी के लिए अनुसरणीय लक्ष्य क्या हैं, या होने चाहिए। तकनीकी में भी एक लक्ष्य निहित होता है और उसी तरह शास्त्र-निर्माण में मूर्त ज्ञानात्मक उद्यम में भी। लेकिन पुरुषार्थ-चिन्तन एक सर्वथा अलग बात है क्योंकि वह मानव-जीवन की समग्रता का चिन्तन करता है और इस प्रकार तकनीकी और शास्त्र दोनों में ही सन्निहित लक्ष्यों का उनके अपने दृष्टिकोण से भिन्न दृष्टि से आलोचनात्मक चिन्तन का विषय बनाता है।

इसलिए अपने पीछे लिखित दस्तावेज़ छोड़ जानेवाली सभ्यता की संवीक्षा उसके द्वारा सम्भव शास्त्रीय उद्यम की प्रकृति के आत्म-चेतन चिन्तन तथा मानव-प्राणियों के लिए अनुसरणीय जीवन चर्चाओं और उनके पदानुक्रम

व अन्तस्सम्बन्धों के सन्दर्भ में की जानी होगी। निश्चय ही, यह भी सम्भव है कि लिखित दस्तावेज़ छोड़ जानेवाली किसी सभ्यता ने ज्ञान के क्षेत्र में किसी शास्त्र का निर्माण नहीं किया हो या जीवन के लक्ष्यों अथवा मनुष्य होने के अर्थ पर चिन्तन का साक्ष्य न छोड़ा हो। किन्तु इस चिन्तन के साक्ष्य के अभाव में भी हम मान सकते हैं कि मनुष्य को अन्य प्राणियों से भिन्न करने और उसकी अद्वितीयता को किसी न किसी रूप में परिभाषित करने और समझने का प्रयास अवश्य हुआ होगा। इसके अलावा, उच्च प्राणियों और मानवों के बीच स्पष्ट समानता होने के कारण मानव-शिशु को पशु जगत से भिन्न करने और उसे विशिष्ट सदस्य की तरह अपने समाज में प्रविष्ट कराने की प्रक्रिया का अनुष्ठानीकरण भी अवश्य हुआ होगा। ऐसा सभी ज्ञात सभ्यताओं में पाया जाता है और अतीत के समाजों में इसके विस्तार को लगभग एक अनुभवात्मक प्रागनुभव की तरह माना जा सकता है। यहाँ महत्त्व इस प्रयोजन के लिए प्रयुक्त किसी विशेष अनुष्ठान का नहीं, बल्कि मानव होने की आत्म-चेतना का समग्र प्राणी-जगत से विशिष्ट होने तथा अन्य समूहों के बरक्स एक समूह विशेष का सदस्य होने के बोध का है। एक ही मानव-संसार से जुड़े होने के बावजूद यह बोध अन्य मानव-समूहों से अलग करता तथा 'हम' और 'वे' के भेद को जन्म देता है। जहाँ लिखित साक्ष्य किसी प्रकार के आत्म-चिन्तन के स्पष्ट बोध का प्रमाण नहीं देते, वहाँ भी 'मैं', 'तुम' और 'वे' जैसे पदों में उसे खोजा जा सकता है। 'मैं' शब्द का प्रयोग निर्णायक है क्योंकि यह एक मानव-प्राणी को अन्य सभी से विशिष्ट करनेवाली आत्म-चेतना को मूर्त करता है और यह तथ्य अनन्तर आत्म की प्रकृति पर गम्भीर चिन्तन को जन्म देता तथा चिन्तनशील चेतना के विषय के रूप में आत्म तथा जिसका यह विषय है, उसके बीच एक द्वैध प्रस्तुत कर देता है। वास्तव में, प्राचीनतम दस्तावेज़ों की समीक्षा केवल आत्म के या मानव के रूप में अन्य प्राणियों से पृथक् होने के बोध के सन्दर्भ में ही नहीं, मनुष्य के प्राकृतिक परिवेश और उसके साथ उसके सम्बन्ध-विधान के बोध के सन्दर्भ में भी की जा सकती है।

उपर्युक्त पहलुओं के अतिरिक्त, लेखन में और कई पहलू सन्निहित होते हैं; इसमें न केवल किसी वस्तु पर एक स्थायी चिह्न बनाने की तकनीकी शामिल है बल्कि सम्बन्धित चिह्न द्वारा संकेतित वस्तु और चिह्न के बीच

एक सह-सम्बद्ध क्रियाशीलता भी और यद्यपि अनुकृत चित्र में यह सम्बन्ध साफ़ और स्पष्ट होता है, लेकिन इन चिह्नों के छोटे और प्रतीकात्मक होते ही उनका अर्थ दूसरों को सिखाने के व्यवस्थित प्रयास होने लगते हैं। इस प्रकार तत्काल चिह्न और उसके अर्थ में एक भेद पैदा हो जाता है यह अपने-आप नहीं होता और इसे सीखना पड़ता है जिससे उस अर्थ को जाननेवाले को एक विशेषज्ञता मिल जाती है जो सीखने की प्रक्रिया में से गुजरे बिना किसी के सम्मुख स्पष्ट नहीं होता। इससे समाज में जाननेवालों और न जाननेवालों के बीच एक विभाजन हो जाता है, जिसका समाज की संरचना और भावी विकास पर भारी प्रभाव पड़ा है। लेखन का एक और पहलू है जिसका महत्त्व दूसरे प्रकार का है। चिह्न क्योंकि पृथक् नहीं, दूसरों से अन्तस्सम्बन्धित होते हैं, इसलिए उस व्यवस्थित क्रम की सार्थकता को भी सीखना पड़ता है जिसमें उन चिह्नों का प्रयोग किया गया है क्योंकि किन्हीं चिह्नों के एक क्रम में होने का अर्थ उनके किसी दूसरे क्रम में होने के अर्थ से बिलकुल भिन्न हो सकता है। चिह्नों के एक क्रम-विन्यास से उत्पन्न वाक्यगत सम्बन्ध अर्थ का वह आयाम है जो पृथक् चिह्नों द्वारा सम्प्रेषित अर्थ से बिलकुल अलग है।

इनमें से बहुत-ही बातें भाषा-विज्ञान और व्याकरण में तो सुविदित हैं, लेकिन लिखित दस्तावेज़ छोड़ जानेवाली किसी सभ्यता की समझ के लिए उनके गहरे महत्त्व को समान स्तर पर नहीं समझा गया है। अध्ययन के विषय के रूप में भाषा के बहुविध पहलू केवल सम्बन्धित भाषा के पहलू ही नहीं, बल्कि उसके प्रयोक्ताओं की चेतना को निर्धारित करनेवाले घटकों को भी अपने में मूर्त करते हैं। मुद्दा यह है कि एक ही साथ अपनी संरचना में अन्तर्निहित मानसिकता को भी प्रदर्शित करती तथा चेतना द्वारा ग्रहीत रूप को भी 'निर्धारित' करती है क्योंकि वह भाषा का एक विशेष संरचना के साथ प्रयोग कर रही है, न कि किसी अन्य संरचना के साथ। वास्तव में, अपने लिखित और वाचिक दोनों रूपों में भाषा एक विशेषता का प्रदर्शन करती है, जो एक भाषा की हैसियत से उसकी न मानी जाने पर भी सभी भाषाओं की अंगभूत विशेषता लगती है। इसे सामान्यतया किसी वाचिक और लिखित भाषा की 'सुचिता' और उसका 'गँवारपन' या 'अभद्रता' कही जाती है। इस भेद के अनुसार भाषा का प्रयोग करनेवाले भी 'सुसंस्कृत' और 'असंस्कृत' में विभाजित हो जाते हैं। भारतीय परम्परा

में भाषा का नाम ही 'संस्कृत' था, अर्थात् संस्कृत लोगों की भाषा/आज की ऑक्सफोर्ड और कैम्ब्रिज में प्रशिक्षित लोगों द्वारा बोली या लिखी गयी अंग्रेज़ी तथा दूसरों की, विशेष तौर पर इंग्लैण्ड के पूर्व उपनिवेशों के उन ग़ैर-पश्चिमी लोगों की अंग्रेज़ी में सुविदित अन्तर है, जो कभी भी जन्मजात अंग्रेज़ी के मानकों तक नहीं पहुँच पाये। फ्रांसिसी और जर्मन भाषाओं के लिए भी, निश्चय ही, यही सच है। केवल अमरीकियों ने ही इंग्लैण्ड में अभिजात वर्गों द्वारा बोली और लिखी जानेवाली अंग्रेज़ी की प्रबल प्रतिष्ठा से पीछा छुड़ाया है, लेकिन उन्होंने भी उसके समतुल्य अपने भेद विकसित कर लिए हैं।

इस प्रकार, भाषा में भी 'सटीकता' और 'शुद्धता' का एक आयाम है जो स्पष्टतया धार्मिक या लोकोत्तर प्रसंगों में अनुष्ठान की सटीकता और शुद्धता का तुल्यरूप है। संस्कृत वैयाकरणों विशेषतया 'महाभाष्य' में पतंजलि ने यह सुझाते हुए इन दोनों का तादात्म्य कर दिया है कि संस्कृत शब्दों को सही निरूपित और उच्चरित किये बिना वैदिक यज्ञ का उद्दिष्ट फल प्राप्त ही नहीं हो सकता। इस तरह वाचन और लेखन की कलाओं का यह पहलू किसी संस्कृति में निर्धारित तरीक़े से भाषा का प्रयोग करनेवालों को एक विशेषाधिकार प्रदान कर देता है। वाचिक और लिखित दोनों तरह के भाषा-शिक्षण का एक कार्य विद्यार्थियों को भाषा का 'शुद्ध' प्रयोग सिखाना है।

संस्कृति के अनुरक्षण, संरक्षण और संचरण में भाषा की भूमिका न केवल सामान्यतया समझे गये अर्थों में केन्द्रीय है, बल्कि एक गहरे स्तर पर वह सही और ग़लत, उचित और अनुचित की धारणा की निरन्तर संशुद्धि या कि निर्धारण करती रहती है। वस्तुतः एक बड़े हो रहे बच्चे को लगातार यह बताया जाता है कि उसके द्वारा जो बोला या किया गया है, वह बोलना या करना सही नहीं है। यही बात एक शिक्षक द्वारा विद्यार्थी की औपचारिक शिक्षा के बारे में है। और, यदि 'आचरण' को एक अभाषिक सम्प्रेषण का तुल्यरूप माना जाय तो शुद्धता या अशुद्धता की धारणाओं को सभी सम्प्रेषणात्मक क्रियाशीलताओं का मुकामी माना जा सकता है। भाषा के बोलने-लिखने तथा आचरण के क्रियान्वयन से बरामद सही और ग़लत की धारणाओं का सम्प्रेषण की सफलता के अतिरिक्त एक और आयाम भी है क्योंकि यथेष्ट मात्रा में इस सफलता की अपेक्षा तो सभी सम्प्रेषणात्मक

प्रक्रियाओं में की जाती है। सही और ग़लत, उचित और अनुचित को निर्धारित करनेवाले दूसरे आयाम का सम्बन्ध व्यावहारिक के बजाय नन्दतिक आयाम से अधिक है। कभी-कभी, निश्चय ही, एक नैतिक आयाम भी इसमें सम्मिलित होता है, क्योंकि न केवल कुछ शब्दों या मुहावरों का प्रयोग समाज में वर्जित है, बल्कि सम्प्रेषिती के प्रति अवांछनीय अभिवृत्ति का प्रदर्शन भी हो सकता है।

किसी सभ्यता के इतिहास की निर्मिति के आधार उसके छोड़े गये साहित्यिक साक्ष्य को न केवल उसकी विषयवस्तु के सन्दर्भ में बल्कि उसके 'रूप' तथा रूप में समाहित समझे जानेवाले घटकों अर्थात् उनके नन्दतिक और नैतिक आयामों के सन्दर्भ में देखना होगा, जो स्पष्टतया सम्प्रेषित होनेवाली विषय वस्तु से भी अधिक महत्त्वपूर्ण होते हैं। इसके अतिरिक्त ग्रन्थों के ऐतिहासिक अनुक्रम में परस्पर सम्बद्ध होने के कारण यह जानने के लिए भी उनका परीक्षण किया जा सकता है कि केवल सम्प्रेष्य वस्तु में ही नहीं, उसे मूर्त करनेवाले 'रूप' में भी क्या परिवर्तन हुए हैं, यदि हुए हैं तो, और इस प्रकार कालान्तर में नैतिक और नन्दतिक संवेदन में परिवर्तनों के सूत्र को पाया जा सकता है। स्पष्टतया साहित्यिक एवं दर्शन, कला और स्थापत्य जैसे अन्य क्षेत्रों के लिखित दस्तावेज़ों के साक्ष्यों के मिलान के माध्यम से यह खोजने का प्रयास किया जाना चाहिए कि केवल साहित्यिक साक्ष्य के आधार पर एक सभ्यता की नैतिक और नन्दतिक संवेदना में देखे गये परिवर्तनों के लिए कोई समुच्चयात्मक समर्थक साक्ष्य हैं या नहीं। दूसरी ओर असंगत साक्ष्य मिलने पर कोई इन क्षेत्रों में संवेदना के विभेदक विकास की परिकल्पना को चुन सकता और दलील दे सकता है कि एक क्षेत्र में विकास का तात्पर्य अनिवार्यत: दूसरे क्षेत्रों में भी विकास होना नहीं होता।

विभिन्न प्रकार की संवेदनाओं के बीच सहसम्बन्ध के सवाल पर मनोविज्ञान अथवा संस्कृतियों और सभ्यताओं के अध्ययन में निश्चय ही विशेष शोध नहीं हुआ है। निगमनात्मक क्षमता का विकास स्वयं में साक्ष्य और उद्दिष्ट साध्य के बीच सम्बन्ध को समाहित करनेवाले तर्क के प्रति संवेदनशीलता का विकास है। लेकिन निगमनात्मक प्रवृत्ति का विकास नन्दतिक संवेदना के विकास में हस्तक्षेप कर सकता है क्योंकि उसमें कथित अथवा प्रस्तुत के नन्दतिक रस के आस्वादन और आनन्द के लिए तर्कबुद्धि पर कुछ न

कुछ नियन्त्रण की अपेक्षा रहती है। दूसरे की कमियों के प्रति एक प्रकार की अनदेखी भावात्मक मानवीय सम्बन्धों की पूर्वशर्त है क्योंकि यदि कोई अपने मित्रों या प्रियजन के प्रति अधिक आलोचनात्मक होता है तो भावात्मक सम्बन्धों का अधिक समय तक निर्वाह मुश्किल हो सकता है। तथापि, मानवीय बुद्धि में मूल्यांकन के द्वन्द्वात्मक मानकों के अपेक्षाकृत स्वायत्त क्षेत्रों और सम्बन्धित क्षेत्रों के लिए प्रासंगिक संवेदना की आदतों के विकास की ऐसी विलक्षण क्षमता है कि किसी संस्कृति में परस्पर असंगत संवेदनाओं के समकालिक विकास के साक्ष्य मिल जाने पर विस्मित नहीं होना चाहिए। कुछ सीमा तक भारतीय परम्परा भी ऐसे विकास का उल्लेखनीय साक्ष्य प्रस्तुत करती है। सुसंस्कृत व्यक्ति माने जाने के लिए पण्डितों के कवि भी होने की अपेक्षा ने उन्हीं व्यक्तियों में नव्य न्याय की आत्यन्तिक वितण्डावादी, निगमनात्मक तर्क पद्धति और उच्च कोटि की काव्य-रचनाओं के विचित्र संयोग को सम्भव किया। निश्चय ही, यह सही है कि चैतन्य जैसे व्यक्ति को अपनी भक्ति-साधना के लिए नव्य-न्याय की ओर अपनी प्रकृति को त्यागना पड़ा जिसके वह जन्मजात विद्वान थे। लेकिन वह एक अपवाद ही लगते हैं क्योंकि मिथिला और बंगाल न्याय-दर्शन के क्षेत्र में दुस्साहसी दार्शनिकता के केन्द्र होने के साथ ही साथ अतिभावनात्मक भक्ति के भी केन्द्र थे, जहाँ विपरीत प्रकार की संवेदनशीलताओं की अपेक्षा रखनेवाले इन दो भिन्न लक्ष्यों में कोई अन्तर्विरोध नहीं महसूस किया जाता था।

किसी भी संस्कृति में ज्ञान और अनुभूति के सम्बन्धों तथा विभिन्न व्यक्तियों द्वारा उनके अनुसरण के लिए अपेक्षित एवं विकसित विभिन्न अभिवृत्तियों और संवेदनाओं का अध्ययन और अन्वेषण एक चित्ताकर्षण विषय है, लेकिन विभिन्न प्रकार के ज्ञान के अनुसरण के लिए अपेक्षित अभिवृत्तियों और संवेदनाओं को लेकर कुछ समस्याएँ हो सकती हैं। उदाहरणार्थ, प्राथमिक तौर पर गणित, व्याकरण, भाषा-विज्ञान तथा तर्कशास्त्र के लिए अपेक्षित संवेदना और अभिवृत्ति सामाजिक विज्ञानों और मानविकी के ऐसे समाज-विज्ञान, मनोविज्ञान, चिकित्सा, राजनीति, दर्शन आदि ऐसे बहुत-से अनुशासनों से भिन्न होती है जिनमें वास्तविक और मानकीय अन्तर्ग्रथित होते हैं। असल बात यह है कि समस्त ज्ञान एक ही प्रकार का

नहीं होता और अलग प्रकार के ज्ञान के सफल अन्वेषण के लिए अलग प्रकार की अभिवृत्ति और संवेदना अपेक्षित होती है। इसलिए, इस प्रसंग में यह अन्वेषण रोचक होगा कि किसी सभ्यता में ज्ञान के किन प्रकारों का अनुसरण किया गया तथा किन प्रकारों ने कब शास्त्रीय रूप ग्रहण किया। साथ ही, यह भी देखना होगा कि क्या कालान्तर में एक प्रकार के अनुशासनों से दूसरे प्रकार के अनुशासनों में रुचि का स्थानान्तरण हुआ और क्या नयी अभिवृत्तियों और संवेदनाओं की अपेक्षा रखनेवाले ज्ञान के नये क्षेत्रों को खोला गया। इसी तरह, ज्ञान के एक क्षेत्र में विकास का उसके अन्य क्षेत्रों में हुए विकास से सह–सम्बन्ध तथा उनके बीच समय के अन्तराल को भी ध्यान में रखा जाना चाहिए।

किसी संस्कृति के लक्ष्य ज्ञान–प्रकारों के इस विभाजन के साथ ही जुड़ी हुई समस्या यह देखना है कि मनुष्य की आन्तरिक परिस्थिति के रूपान्तरण के लिए ज्ञान के किन प्रकारों को प्रासंगिक तकनीकी में अनूदित किया गया। मनुष्य की चेतना तथा स्वयं अपने और अन्य के प्रति उसकी अभिवृत्तियों में रूपान्तरण की तकनीकी भी उसके जीवन के बाह्य परिवेश के रूपान्तरण के लिए आवश्यक तकनीकी जितनी ही, बल्कि अधिक महत्त्वपूर्ण है। सामान्यतः तकनीकी पद का इस्तेमाल पूर्ववर्ती के लिए नहीं बल्कि परवर्ती क्षेत्र के लिए ही किया जाता है, लेकिन यह एक भूल है क्योंकि एक आत्म–चेतन व्यक्ति के व्यक्तित्व के आन्तरिक और बाह्य दोनों आयाम होते हैं। साथ ही आन्तरिक रूपान्तरण एक बड़ी हद तक बाह्य परिस्थिति के बोध का निर्धारण करते हैं, यद्यपि यह भी उतना ही सच है कि बाह्य परिवेश में परिवर्तन भी आन्तरिक दुनिया में परिवर्तनों को अभिप्रेरित करता है। यह दिलचस्प है कि मनुष्य अपनी इस असाध्य द्वैध स्थिति से उत्पन्न दो भिन्न आदर्शों का अनुसरण करता आया है। एक ओर, वह अपनी आन्तरिक दुनिया के रूपान्तण के आदर्श का इस ढंग से अनुसरण करता आया है कि वह कम से कम किसी सारभूत अंश में, बाह्य परिवेश में हुए परिवर्तनों से प्रभावित न हो। विकल्पतः, दूसरा आदर्श बाह्य परिवेश में ऐसे केन्द्रीय रूपान्तरण की कल्पना करता है कि वह वांछनीय आन्तरिक व्यक्ति का पूर्णतः निर्धारण कर सके। जहाँ सभी सभ्यताओं में पहले आदर्श का एक सुदीर्घ इतिहास है, वहीं परवर्ती आदर्श की अभिव्यक्ति हाल ही में, और वह भी केवल पश्चिमी सभ्यता में हुई है। इसके पीछे

वास्तविक भाव आन्तरिक व्यक्ति के पूर्ण निषेध या कम से कम उसकी आत्मनिर्भरता और स्वायत्तता तथा मनुष्य को व्यवहारवादी सन्दर्भ में समझने का रहा है। जननिक कूट के कूटानुवाद तथा उसके परिणामस्वरूप जननिक अभियान्त्रिकी के स्वप्न ने अपनी प्राथमिकता और रुचि पर आधारित आदर्श के अनुसार मानव प्राणियों के उत्पादन का मार्ग खोल दिया है। वैतानिकी (साइबर नैटिक्स) और सूचना तकनीकी के विकास से मनुष्य को निर्जीव प्रकृति के नमूने पर समझने के इस वैकल्पिक तरीक़े को ओर समर्थन मिल गया है जिसमें ज्ञान तथा उसके परिणामस्वरूप तकनीकी में हुई प्रगति बहुत सफल रही है। सामाजिक और ऐतिहासिक यथार्थ की मार्क्सवादी दृष्टि की सामाजिक प्रणालियों और उत्पादन सम्बन्धों के दृष्टिकोण से मनुष्य और समाज को देखने ने भी इस ढंग को और पुष्ट किया है। तथापि, न केवल आत्मघोषित 'वैज्ञानिक' सिद्धान्त पर आधारित मार्क्सवादी स्वप्न—जिसकी सोवियत संघ और पश्चिमी यूरोप के उसके उपग्रहों के विघटन तथा पचहत्तर वर्षों तक उसकी अभ्यास करनेवाली भूमि में ही उसका आवेगपूर्ण अस्वीकार हो गया—बल्कि आधुनिक विचारधारा भी विश्वास करती है कि मनुष्य बाह्य शक्तियों की सृष्टि है और इसलिए उसे कौशल से रूपान्तरित किया जा सकता है। शायद विज्ञान की एक विशेष दृष्टि से प्रसूत इस विचारधारा पर एक अभियोग प्राकृतिक पर्यावरण पर उसके नियन्त्रण का अभाव है क्योंकि तकनीकी के अपने समस्त ज्ञान के बावजूद आधुनिक मनुष्य भूमण्डल के सभी भागों में पारिस्थितिकीय ह्रास निरन्तर बढ़ता गया है। मनुष्य को देखने-समझने के वैकल्पिक ढंग पर यह एक बड़ा अभियोग है क्योंकि मनुष्य ही वह भौतिक पर्यावरण है जिस पर सारे सजीव प्राणी निर्भर हैं और पर्यावरण को नियन्त्रित करने के लिए उपयुक्त समझी गयी तकनीकी ने मूलतः उसे ही दुर्बल बना दिया है।

लेकिन गहनतर समस्या का सम्बन्ध बाह्य प्रकृति से उतना नहीं, जितना इस तथ्य से है कि कथित 'बाह्य पर्यावरण' भी अन्य मानव प्राणियों और उनके पारस्परिक व्यवहार के ढंग द्वारा रूपायित होता है। और, यही पर्यावरण आन्तरिक व्यक्ति को रूपायित और प्रभावित करता है; लेकिन कोई ज्ञात तकनीकी नहीं है जो मानव प्राणियों के पारस्परिक व्यवहार को इस तरह रूपायित कर दे कि उनमें से प्रत्येक का आन्तरिक व्यक्ति अपनी

सम्पूर्णता में विकसित हो सके। सभी समाज अपने दीवानी और फ़ौजदारी क़ानूनों द्वारा एक विशेष प्रकार के आचरण को सुनिश्चित करने का प्रयास करते हैं। लेकिन, जैसाकि हर कोई जानता है, सफल होने पर भी ये अल्पतम मात्रा में ही ऐसा कर पाते हैं और जहाँ अधिकांश व्यक्तियों द्वारा उनका सापेक्ष पालन शान्तिपूर्ण सामाजिक जीवन की एक पूर्व शर्त है, वहीं मानव प्राणियों की वास्तविक समस्याएँ मुख्यत: उन अन्य लोगों के प्रसंग में पैदा होती हैं जिनके साथ उनके निजी प्रकार के अन्तरंग, भावात्मक सम्बन्ध हैं और ये सम्बन्ध ही किसी व्यक्ति के मानसिक लोक का बड़ी हद तक रूपायन करनेवाले बाह्य मानवीय परिवेश की रचना करते हैं। लेकिन, इस तथ्य के बावजूद कि पर्यावरण के परिचालन का कोई 'वैज्ञानिक तकनीकी' प्रकार का कोई कौशल इस क्षेत्र की सुनिश्चितता के लिए अधिक कुछ नहीं कर सकता, यह भी बिलकुल स्पष्ट नहीं है कि मनुष्य की चित्तावस्थाओं के सापेक्ष रोधन की ध्यानात्मक अथवा अन्य ज्ञानात्मक तकनीकें इसमें सहायक हो सकती हैं। इसका कारण यह है कि या तो हम अपने को अन्य के साथ वास्तविक सम्बन्धों के प्रति बन्द कर लेते हैं अथवा उन्हें इस सीमा तक कम कर लेते हैं कि हम पर अन्य का प्रभाव न पड़े। लेकिन दोनों ही मामलों में अन्य को प्रभावित कर सकने की सम्भावना भी बहुत कम हो जाती है, यद्यपि विश्व की अधिकांश आध्यात्मिक परम्पराओं के गुरु शिष्य के बीच ऐसे सम्बन्ध विकसित करने का प्रयास किया है जिनमें गुरु शिष्य को धनात्मक रूप से प्रभावित करते हुए भी स्वयं उससे धनात्मक अथवा ऋणात्मक किसी भी रूप में प्रभावित नहीं होता। निश्चय ही, यह आदर्श है, यद्यपि यह विश्वास करना कठिन है कि व्यवहार में गुरु अपने शिष्यों अथवा उनके द्वारा उत्पन्न समस्याओं से प्रभावित नहीं होता होगा।

लेकिन अधिक गम्भीर समस्या यह है कि आध्यात्मिक परम्परा में कल्पित इस आदर्श के चरितार्थ हो जाने पर भी मानव प्राणियों की वास्तविक समस्या हल नहीं होती क्योंकि समस्या का सम्बन्ध गुरु–शिष्य सम्बन्ध से नहीं, बल्कि मानव–प्राणियों के उन सामान्य सम्बन्धों से है जो सामान्यतया कमोबेश समान स्तर के लोगों के बीच होते हैं। सम्भवत: एक अधिक सार्थक अन्तस्सम्बन्धात्मक मानवीय परिवेश की दिशा मानव जाति की कुछ आध्यात्मिक परम्पराओं द्वारा अन्वेषित क्रियाशीलता के नमूने पर

आधारित किसी क्रियाशीलता में ही तलाशी और रची जा सकती है; लेकिन इस मूल अन्तर के साथ कि यहाँ मानवीय प्रयास का केन्द्र मनुष्य की अपनी चेतना की अवस्था की उपलब्धि नहीं, बल्कि दूसरों की चेतना है जिनके साथ उसका किसी न किसी प्रकार का सक्रिय सम्बन्ध है। यदि मानव-प्राणियों की ऐसी स्थिति की कल्पना करने के लिए प्रेरित किया जाय जिसमें कोई किसी अन्य के सभी सम्भव आयामों में विकास के साथ अनिवार्यतः जुड़ा है, न कि अपने बारे में, तो एक ऐसा मानवीय परिवेश रचा जा सकता है जो न केवल मानवीय सुख के लिए, बल्कि इन सम्बन्धों में सम्मिलित सभी मनुष्यों के गहनतर परितोष के लिए अधिक सहायक होगा।

इसलिए स्वकेन्द्रित ज्ञान की परम्पराएँ और उनके आधार पर विकसित तकनीक अन्तर्वैयक्तिक और अन्तर्आत्मिक जीवन के लिए उतनी ही त्रुटिपूर्ण जान पड़ती हैं जितनी वे जिनका सरोकार ज्ञान के उन तथाकथित वस्तुगत प्रयोजनीय प्रकारों और तकनीकों से है जो समकालीन युग की प्रधान विशेषता है। इस अर्थ में अतीत और वर्तमान की अपर्याप्तता बहुत स्पष्ट है कि दोनों ही मानवीय अस्तित्व की वास्तविक समस्याओं के बारे में असफल रहे हैं। लेकिन सभ्यता के अध्ययन को इस प्रश्न पर भी ग़ौर करना चाहिए कि किसी सभ्यता में इस समस्या के प्रति कितनी जागरूकता है, और यदि है तो समाधान की उसकी दिशाएँ क्या हैं। साथ ही, उसे उस सभ्यता द्वारा एक ओर स्व अथवा आत्मन्-केन्द्रित ज्ञान और तकनीकों तथा दूसरी ओर पदार्थ-केन्द्रित, प्रकृति-केन्द्रित अथवा समाज-केन्द्रित बाह्य और प्रयोजनीय ज्ञान और तकनीकों पर अति आग्रही होकर अपने लिए स्वयं पैदा कर ली गयी समस्याओं और दुविधाओं का भी विचार करना चाहिए। सभ्यताओं का एक और रोचक अध्ययन इन दो व्यापक क्षेत्रों के अन्तर्गत उनकी विविधता और श्रेणियों के सन्दर्भ में हो सकता है जिनके आधार पर विभिन्न सभ्यताओं की विशेषताएँ उनके विकास और विस्तार के विभिन्न स्तरों के दौरान पहचानी गयी हैं।

बाह्य अथवा आन्तरिक अथवा मनुष्य के अन्तर्वैयक्तिक परिवेश के रूपान्तरण के लिए ज्ञान के विभिन्न अनुशासनों और प्रकारों का तकनीकी शिल्प में अनुवाद के अतिरिक्त एक और प्रश्न यह भी है कि किसी संस्कृति में किन क़िस्मों के ज्ञान ने शास्त्रीय रूप ग्रहण किया तथा शिल्पों का सामान्यतः

ज्ञान के सभी क्षेत्रों और विशेषत: शास्त्रीय रूप ग्रहण करनेवाले ज्ञान से क्या सम्बन्ध रहा है। शिल्पों तथा ज्ञान के आत्मचेतन निरूपण दोनों के विकास की अन्त:क्रिया, चाहे ज्ञान ने शास्त्रीय रूप ग्रहण किया हो अथवा नहीं, अपने में अन्वेषण का एक रोचक विषय है और यह जानना सार्थक होगा कि किसी सभ्यता में ये दोनों कितनी सापेक्ष स्वतन्त्रता के साथ विकसित हुए हैं। यह सवाल भी है कि किन तरह के शिल्पों तथा ज्ञान के किन प्रकारों को किसी विशेष सभ्यताओं में वरीयता दी गयी है और क्या वह कालान्तर में बदलती भी रही है। यह जानना भी रोचक होगा कि किसी शिल्प को वास्तव में काम लेनेवालों द्वारा अपने क्षेत्र से सम्बन्धित शास्त्रीय ज्ञान के शास्त्रीय प्रतिपादन का सम्मान केवल औपचारिक आनुष्ठानिक क़िस्म का है अथवा वह वास्तव में उस शिल्प के यथार्थ प्रयोग को भी प्रभावित करता है। प्रदर्शनकारी कलाओं के क्षेत्र में यह समस्या सुविदित है, जहाँ उस शिल्प के वास्तविक प्रयोग तथा उसके विकास का उन कलाओं के सैद्धान्तिक विकास के साथ अत्यन्त विरल सम्बन्ध होता है। यह समस्या सर्वत्र पायी जाती तथा सभी तरह के प्रदर्शनकारी शिल्पों और उनसे सम्बन्धित आत्मचेतन, आलोचनात्मक और अवधारणात्मक प्रतिपादनों पर लागू होती है।

शिल्प और शास्त्र के बीच सम्बन्ध तो एक सामान्य अर्थ में महत्त्वपूर्ण है ही लेकिन किसी संस्कृति की दृष्टि में जीवन को जीने योग्य बनानेवाले आत्मचेतन लक्ष्यों के साथ उनका सम्बन्ध और भी महत्त्वपूर्ण है क्योंकि 'पुरुषार्थों' द्वारा केवल शिल्पों और उनसे सम्बन्धित ज्ञान का पदानुक्रम ही नहीं, बल्कि उनके पोषण के लिए मनोयोग भी इसी बात से निर्धारित होता है कि वह किसी लक्ष्य को कितना मूल्यवान समझती है। यह अपने में विभिन्न पुरुषार्थों को दिये जानेवाले महत्त्व तथा ब्रह्माण्ड को अपनी दृष्टि से समझने के आधार पर जीवन के विभिन्न लक्ष्यों को समझना है। यह स्मरणीय है कि पुरुषार्थ का प्रत्यय सामान्यत: भारतीय परम्परा में प्रतिपादित पुरुषार्थों तक ही सीमित अथवा नि:शेष नहीं है। प्रत्येक सभ्यताओं के अपने पुरुषार्थ होते हैं और इसीलिए अन्य किसी भी वस्तु की तरह ही विभिन्न सभ्यताओं के पुरुषार्थों के तुलनात्मक अध्ययन से भी सभ्यताओं की समझ का महत्त्वपूर्ण सूत्र मिल जाता है। इससे यह समझने में भी सहायता मिल सकेगी कि किसी सभ्यता में क्यों कुछ विशेष प्रकारों के

ज्ञान या शिल्पों की कुछ विशेष क़िस्मों का विकास नहीं हुआ, या उन्हें लघु भूमिका ही मिल सकी।

ज्ञान और शिल्पों का लोप तथा अन्य प्रकार के शिल्पों एवं ज्ञान का प्रतिस्थापन भी एक रोचक संघटना है, जो किसी सभ्यता के विकास से सम्बन्धित सार्थक जानकारी प्रदान करता है, विशेषतया यदि हम यह याद रख सकें कि प्रत्येक प्रकार का शिल्प और ज्ञान उन सामाजिक संस्थाओं के आधार-स्थल में अन्त:स्थ होता है जो उनके वास्तविक प्रयोग को प्रभावी बनाती हैं और इस प्रकार उनमें हुए किसी भी परिवर्तन में इन संस्थाओं में होनेवाला परिवर्तन को भी अपरिहार्य बना देता है। सामान्य तौर पर, तकनीकों, शिल्पों और ज्ञान के प्रकारों के लोप पर केवल समकालीन प्रसंग में ही विचार किया जाता है, जहाँ इन क्षेत्रों में हो रहे द्रुत परिवर्तनों ने इस संवृत्ति को प्रत्येक मनुष्य के सम्मुख बिलकुल स्पष्ट कर दिया है। लेकिन अतीत में भी ऐसा कई बार हुआ है तथा प्रत्येक सभ्यता में कालान्तर में होता ही रहता है। तथापि न तो इस तथ्य पर ग़ौर किया गया है और न समस्त सामाजिक-आर्थिक संरचना पर इसके परावर्तक प्रभाव का अन्वेषण ही किया गया है। एक ब्रॉदेल दैनन्दिन जीवन की छोटी-छोटी चीज़ों में हुए परिवर्तनों के माध्यम से हुए विशाल रूपान्तरण के प्रति हमें सजग बना सकता है, लेकिन उसके द्वारा प्रदत्त अन्तर्दृष्टि को केवल उसके द्वारा वर्णित युग अथवा वस्तुओं तक सीमित नहीं रखा जाना चाहिए। यह संवृत्ति दिक्काल में सर्वव्यापक है तथा किसी सभ्यता के अंगभूत लक्षण के रूप में देखा जा सकता है, और अनुभवात्मक प्रागनुभव के आधार पर हम इसके अस्तित्व और संघटन के बारे में पूर्ण रूप से निश्चित हो सकते हैं। लेकिन, अधिकांशत: यह सच नहीं है कि साक्ष्य उपलब्ध नहीं हैं, किन्तु सही क़िस्म के प्रश्न न पूछने के कारण हमने उनकी खोज ही नहीं की। ब्रॉदेल स्वयं भी इस भ्रम से ग्रसित है कि केवल उसके द्वारा वर्णित कालावधि में ही यह संघटना हुई। किसी विशेष युग पर काम करनेवाले के लिए यह भ्रम स्वाभाविक है क्योंकि आधार-सामग्री की बहुलता और जटिलता से कोई भी शोधकर्ता इतना प्रभावित हो जाता है कि कुछ हद तक उसे उसकी अद्वितीयता का अनुभव होता ही है। केवल 'अनुभावात्मक प्रागनुभव' का प्रत्यय ही इतिहासकारों और विद्वानों को इस स्वाभाविक भ्रम का शिकार होने से बचा सकता है।

विभिन्न ज्ञानात्मक उद्यमों में अन्तस्थ संरचनात्मक भ्रमों की समस्या विशेषतया जब वे शास्त्रीय रूप ग्रहण करते और उसके प्रयोजन के लिए निर्दिष्ट एवं नियुक्त पेशावर वर्ग द्वारा उसका अनुसरण किया जाता है—एक ऐसा विषय है जिसका मेरी जानकारी में, अभी तक कोई अनुसन्धान नहीं हुआ है। ज्ञान का समाजशास्त्र जैसे अध्ययन या उसका विचार तथा वर्गचेतना से इतिहास के सम्बन्ध दोनों की बात करनेवाले मार्क्सवादी रूप न केवल भिन्न प्रकार के हैं बल्कि उस संरचनात्मक भ्रम से मूलतः भिन्न हैं, जिसकी ओर संकेत करने का प्रयत्न हम कर रहे हैं। किसी क्रियाशीलता की संरचनात्मक परिस्थितियों द्वारा निर्धारित संरचनात्मक भ्रम का स्पष्टतम उदाहरण चाक्षुष भ्रमों में प्राप्त होता है, जैसेकि क्षितिज पर पृथ्वी और आकाश के मिलने या एक सीधी लकड़ी के पानी में डुबाने पर टेढ़े दिखने के दृश्यों में। इस प्रकार के भ्रमों का एक विशेष लक्ष्य यह है कि वे चीज़ों को देखने की समान संरचनात्मक प्रक्रिया वालों के लिए समान होते हैं और इस प्रकार एक तरह की अन्तर्वैयक्तिक प्रकार की वस्तुगतता प्राप्त कर लेते हैं। इसलिए केवल उसी स्तर पर सक्रिय रहने और 'अन्तर्वैयक्तिक वस्तुगतता' का परीक्षण कर सकनेवाली योग्यता न होने पर हम भ्रम के लक्षण को नहीं पहचान सकते। सामान्यतया तर्क से ही इस तरह की प्रतीति के भ्रम को पहचान सकते हैं—चाहे वह सभी के लिए एक-सा हो और 'तर्क' द्वारा भ्रमात्मक घोषित कर दिये जाने के बावजूद वैसा ही प्रतीत होता रहे। इसलिए यह केवल एक सैद्धान्तिक संशोधन होता है और किसी दृश्यात्मक अनुभव को सारतः प्रभावित नहीं करता। लेकिन यदि प्रत्यक्ष ज्ञान में ऐसे संरचात्मक भ्रम हो सकते हैं जो प्रत्यक्ष ज्ञान के स्तर पर नहीं जाने जा सकते तो क्या स्वयं 'तर्क' के भी अपने संरचनात्मक भ्रम नहीं हो सकते। काण्ट ने उन्हें दिखाने का प्रयास किया और केवल तर्क द्वारा अस्तित्व में लायी गयी प्रतीयमान वस्तुगत वास्तविकताओं की भ्रमात्मकता को एक अन्तःप्रज्ञात्मक आलोचना के उपयोग से प्रकट किया। लेकिन काण्ट ने यह विचार नहीं किया कि तर्क अन्तःप्रज्ञात्मक आलोचना द्वारा भी अपने उन भ्रमों की कलई कैसे खोल सकता है, जो तर्क की अपनी संरचना का परिणाम हैं। संरचनात्मक भ्रम के सिद्धान्त अथवा मानवीय परिस्थिति को समझने के लिए इसके मौलिक निहितार्थों के विस्तार में जाने का यह अवसर नहीं है। तात्कालिक मुद्दा केवल इतना ही है कि स्वयं ज्ञानात्मक उद्यम में भी संरचनात्मक भ्रम हो सकते हैं और वे

मनुष्य के विविध ज्ञानात्मक प्रयासों से प्रतिविशिष्ट हो सकते हैं। इस सम्भावना को स्वीकार कर लेने पर सवाल उठता है कि तब इतिहास की संज्ञा से विदित ज्ञानात्मक उद्यम के संरचनात्मक भ्रम क्या हैं। एक अर्थ में यह वही सवाल है जिसे हम पूर्व में भी पूछ चुके हैं कि इतिहास के रूप में जाने गये ज्ञानात्मक उद्यम की अनुभवातीत स्थितियाँ क्या हैं? लेकिन दोनों सवालों के घनिष्ठ रूप से सम्बद्ध होने और एक दृष्टि से एक–सरीखा दिखने पर भी, वे इस अर्थ में भिन्न हैं कि किसी भी क्रियाशीलता की अनुभवातीत स्थिति से उत्पन्न संरचनात्मक भ्रम स्वयं अनुभवातीत स्थितियाँ नहीं है। काण्टीय योजना में, सामान्यतः भ्रम यह भूल जाने पर ही उत्पन्न होते हैं कि अनुभवातीत स्थितियाँ प्रकृति में तो अनुभवातीत हैं, लेकिन वास्तव में, चरित्र में नहीं। इसे एक भिन्न प्रकार से यों ही कहा जा सकता है कि काण्टीय योजना में संरचनात्मक भ्रम तभी उत्पन्न होते हैं जब ज्ञान की अनुभवातीत पूर्वस्थितियों को ही उसका लक्ष्य मान लिया जाता है। उदाहरणार्थ, दिक् और काल, काण्ट में, उन प्रसिद्ध विप्रतिषेधों को जन्म देते हैं जब उन्हें इन्द्रियों द्वारा ग्राह्य किसी वस्तु की अनुभवातीत पूर्वस्थिति के बजाय ऐन्द्रिकता के विषय मान लिया जाता है।

इसलिए, ऐतिहासिक ज्ञान की अनुभवातीत स्थितियाँ ऐतिहासिक भ्रम या भ्रमों के ऐतिहासिक ज्ञान से सम्बन्धित संरचनात्मक भ्रमों का रूप केवल तभी लेगी, जब उन्हें उसकी अनुभवातीत स्थितियों की तरह नहीं, बल्कि ऐतिहासिक चेतना द्वारा आविष्कृत अथवा उसे प्राप्त वस्तु या वस्तुओं के रूप में देखा जायेगा। सम्भवतः इतिहास के मामले में संरचनात्मक भ्रम इस तथ्य से पैदा होता है कि इतिहासकार अपने अध्ययन के विषय में अनिवार्यतः अपनी सांस्कृतिक मानसिकता का प्रक्षेपण करता है और अपने समर्थन में जुटाए गये साक्ष्य के चयन में उसका वस्तुगत प्रदर्शन मानता है। इसका निहितार्थ यह है कि काण्ट के समान अथवा भिन्न चिन्तन की सार्वभौमिक कोटियों सहित समझ और तर्क की सामान्य संरचना के अतिरिक्त सांस्कृतिक तर्क जैसी भी कोई चीज़ होती है, जो अपने को सार्वभौमिक तर्क से भिन्न करती बल्कि समझ की मनुष्य द्वारा रचित अनिवार्य पूर्वमान्यता के विशेष अर्थ में उसका पूरक बनती है। काण्ट यह महत्त्वपूर्ण भेद करता नहीं लगता, क्योंकि उसके विश्लेषण में प्रकृति पर विचार की कोटियों और मनुष्य तथा उसके कृतित्व पर विचार

की कोटियों में कोई मौलिक भेद नहीं है। अवबोध के स्तर पर भी काण्ट का सरोकार संवेदना के उन्हीं अनुभवातीत रूपों से है जो किसी भी वस्तु के बोध के लिए प्रासंगिक है। वह यह भी नहीं समझता लगता कि उसके द्वारा मान्य संवेदना के अनुभवातीत रूप दिक् और काल एक प्राकृतिक वस्तु के सन्दर्भ में ठीक वैसे ही नहीं हैं, जैसे मनुष्य द्वारा रचित किसी वस्तु के अंगभूत के रूप में। उदाहरणार्थ, किसी चित्र अथवा वस्तु का दिक् ठीक वही नहीं है जिसमें काण्ट के 'तारामय आकाश' स्थित हैं, न संगीत में काल वही है जिसका माप पृथ्वी द्वारा सूर्य का चक्कर लगाने अथवा मानवीय स्तर पर घड़ियों से किया जाता है। लेकिन, यदि प्राकृतिक वस्तुओं का दिक् और काल सांस्कृतिक वस्तुओं के दिक् और काल से मूलतः भिन्न है तो अवबोध के स्तर पर भी इन दोनों के बीच भेद और उनके आपसी सम्बन्धों की समस्या तो रहती ही है।

एक अन्य समस्या की ओर भी काण्टीय विद्वानों का ध्यान नहीं गया लगता है कि काण्ट के चिन्तन में दिक् और काल में एक बुनियादी अन्तर है; और यदि ऐसा है तो, उन्हें संवेदना के अनुभवातीत रूपों की तरह भी समान स्तर पर नहीं समझा जा सकता। काण्ट के लिए, यदि मैं सही समझा हूँ तो, आन्तरिक संवेदन की वस्तुएँ दिक् में नहीं हो सकतीं, यद्यपि उनमें कालिकता प्रागनुभविक रूप अनिवार्यतः रहता है। वस्तुतः प्रत्येक वस्तु को काल में होना पड़ता है, क्योंकि बाह्य संवेदना की वस्तुओं को बोध की आन्तरिक संवेदना के माध्यम से होता है, जिसका अनिवार्यतः अनुभवातीत रूप काल है। नहीं कहा जा सकता कि काण्ट में श्रवण की ठीक-ठीक स्थिति क्या है। उसे निश्चय ही बाह्य संवेदना में सम्मिलित करना होगा। लेकिन, क्या दिक् भी उसमें अनिवार्यतः शामिल होगा? क्या ध्वनि का बोध सदैव ही दिक् में स्थित अथवा दिग्विस्तार के रूप में किया जाता है? अन्य संवेदनों, विशेषतया घ्राण संवेदन के बारे में भी समान प्रश्न पूछे जा सकते हैं। कुछ भी हो, यदि काण्ट आन्तरिक और बाह्य संवेदनों में मौलिक अन्तर मानता है तो वह एक नये ढंग से मन और पदार्थ के बीच अन्तर के देकार्तीय द्विभाजन को पुनर्स्थापित कर रहा है। महत्त्वपूर्ण अन्तर केवल यह है कि देकार्त में विस्तार पदार्थ का मूलभूत धर्म है, जबकि उसके लिए मन मूलतः एक विचारशील तत्त्व है, केवल वह नहीं जिसमें कालिकता का अनुभवातीत रूप अन्तर्निहित है। सम्भवतः कालिकता के

प्रत्यय का देकार्तीय योजना में इस बात पर बल देकर समावेश किया जा सकता है कि चिन्तन के मूलतः एक क्रियाशीलता होने के कारण काल उसमें सम्मिलित ही है। यद्यपि, देकार्तीय योजना में भी यह अतिरिक्त समस्या रहती ही है कि क्या दिक् के अनिवार्यतः सम्मिलित न होने पर भी किसी ऐन्द्रिक बोध को पदार्थात्मक माना जा सकता है।

तथापि, न तो देकार्त और न काण्ट ही ने दिक् और काल के उन प्रकारों की समस्या का सामना किया होगा जो कला-वस्तुओं और सामाजिक-सांस्कृतिक क्रियाशीलताओं और वस्तुओं के साथ जुड़े हैं। कला-वस्तुओं के दिक् और काल को सामान्यतः प्रत्यक्ष कहा जाता है, जिसका निहितार्थ यह है कि वे अपने स्वरूप में 'वास्तविक' नहीं है। लेकिन वस्तुओं के अप्रत्यक्ष दिक् और काल के अतिरिक्त दिक् और काल का एक और प्रकार भी है, जिसे न तो 'भौतिक' ही समझा जा सकता है और न 'अप्रत्यक्ष' ही क्योंकि वह इन दोनों से विशिष्ट है। वह सामाजिक-सांस्कृतिक घटनाओं का 'दिक्' और 'काल' जो भौतिक दिक् और काल की 'वास्तविकता' में साझा करते हुए भी तत्त्वतः उनसे भिन्न है। सामाजिक-सांस्कृतिक लेखन में सामाजिक-सांस्कृतिक दिक् और काल की भौतिक संसार से पृथक् अवधारणा लगभग आम है। लेकिन 'दिक्' और 'काल' की इन तीनों अवधारणाओं के सम्बन्ध को समझने का प्रयास बहुत कम किया गया है जो भौतिकी, सामाजिक-सांस्कृतिक मानव-विंज्ञान और कला-अध्ययन में प्रस्तुत होती है।

इस तथ्य से एक गहनतर सवाल यह उठता है कि यदि दिक् और काल जैसे संवेदना के ये बुनियादी प्रागनुभविक रूप वस्तुओं के रूप में समान रूप से बोध्य विभिन्न चिरन्तन दुनियाओं के सन्दर्भ में मूलतः भिन्न हैं तो क्या यह भी सम्भव है कि इन में से क्षेत्र से सम्बन्धित सुविदित काण्टीय शब्दावली में, ज्ञान की कोटियाँ और तर्क के प्रत्यय भी भिन्न हों। काण्ट ने मुख्यतः भौतिक वास्तविकता को समझने के प्रसंग में ही ज्ञान की कोटियों और तर्क के प्रत्ययों का ब्योरा दिया था और यद्यपि अपने अन्तिम 'क्रिटीक' में उसने सौन्दर्य बोध से सम्बन्धित कोटियों पर भी विचार किया है लेकिन ऐसा नहीं लगता कि इस क्षेत्र को उसने 'प्रयोजनरहित प्रयोजनीयता' के अलावा अन्य विशिष्ट कोटियों वाला स्वायत्त क्षेत्र माना हो। यहाँ भी काण्ट मुख्यतः भौतिक जगत की प्रधानता से ही सरोकार

रखता है और उसका कला की दुनिया को देखना भी प्रमुखतः उसी से सम्बन्धित है। यह सही है कि काण्ट ने मानव-विज्ञान पर भी लिखा, लेकिन विचित्र है कि उसकी संरचना अन्य तीन 'क्रिटकों' की तरह नहीं है और वह यह प्रश्न उठाता नहीं लगता कि सामाजिक-सांस्कृतिक विश्व के सन्दर्भ में कोई ज्ञान की ऐसी कोटियाँ और तर्क के प्रत्यय हैं या नहीं, जिनके साथ एक सामाजिक-सांस्कृतिक मानव-विज्ञानी प्रमुखतः सम्बन्धित होता है। वस्तुतः काण्ट के चिन्तन में व्यावहारिक तर्क के उत्कृष्टतम रूप उसके केन्द्रीय सरोकार नैतिकता को उस सामाजिक-सांस्कृतिक क्षेत्र से जोड़ने का कोई प्रयास नहीं दिखाई देता, जहाँ काण्ट की अपनी विचार-योजना में नैतिकता प्रभावी हो सकती है।

सभ्यताओं की समझ के हमारे केन्द्रीय सरोकार के सन्दर्भ में उपर्युक्त विचार-विमर्श की प्रासंगिकता का सम्बन्ध इस बात से है कि क्या सामान्यतः सामाजिक-सांस्कृतिक वास्तविकता और विशेषतः सभ्यताओं के इतिहास के लिए इन क्षेत्रों से प्रतिविशिष्ट कोई अनुभवातीत कोटियाँ हो सकती हैं। और काण्ट से एक संकेत ग्रहण करते हुए, हम पूछ सकते हैं कि क्या तर्क की द्वन्द्वात्मकता से उत्पन्न एवं इन क्षेत्रों से सम्बन्धित अनिवार्य भ्रमों के विप्रतिषेध हैं, जो काण्ट की प्रथम 'मीमांसा' में पूर्ण प्रभाव से तथा कुछ हद तक अन्य 'मीमांसाओं' में भी बतलाये गये विप्रतिषेधों से तुलनीय हैं।

सुन्दर राजन ने हाल ही में अपनी पुस्तक 'टुवार्ड्स ए क्रिटीक ऑफ़ कल्चरल रीजन' में संस्कृति के क्षेत्र से सम्बन्धित काण्टीय परिप्रेक्ष्य को विकसित किया है। रिकौर और काण्ट के आधार पर उन्होंने एक ओर अर्थ और प्रतीकीकरण तथा, दूसरी ओर, निश्चायक और विमर्शक विचार में भेद किया है। प्रथम भेद का सम्बन्ध अर्थ की प्रसंगबद्ध और प्रसंगमुक्त धारणा से है, जो रिकौर के पूर्वोल्लिखित वाचिक और लिखित के भेद से व्युत्पन्न है। निश्चयात्मक और विमर्शक विचार का भेद उस भेद पर आधारित है, जिसमें अवधारणा अथवा सार अपने अन्तर्गत आनेवाली बोधात्मक वस्तु की प्रकृति को पूर्णतया निर्धारित करता है, जबकि विमर्शक विचार उन बोधात्मक वस्तुओं से सम्बन्धित माना जाता है जिनमें एक ऐसी अन्तर्निहित आवयविक अन्विति होती है, जिसे अनुभव किये और समझे जाने पर भी विचार के किन्हीं निश्चित ढाँचों में पूरी तरह नहीं निरूपित किया जा सकता क्योंकि बोधात्मक स्तर पर ग्रहण की गयी वस्तु

की आवयविक अन्विति से बाहर उसका कोई अस्तित्वपूर्ण सार नहीं होता। सुन्दर राजन आवयविक अन्वितियों के रूप में जानी गयी वस्तुओं तथा उन वस्तुओं में भी भेद करते हैं जिनके बोध को विमर्शक विचार में निरूपित किया जा सकता है। भेद यह है कि जहाँ एक सौन्दर्यात्मक वस्तु को उसके अपने सन्दर्भ में समझा जाता है, वहीं एक सांस्कृतिक वस्तु का सम्बन्ध उससे तत्त्वतः जुड़ी अर्थों की एक समग्र पूर्वपीठिका से है और इसलिए एक प्रतीक की तरह अथवा सुन्दर राजन द्वारा नामित अर्थीकरण के बजाय प्रतीकीकरण के एक उत्पाद की तरह काम करती है। सुन्दर राजन आगे इस रोचक बिन्दु को भी उजागर करते हैं कि सौन्दर्यात्मक और सांस्कृतिक वस्तु दोनों ही आनन्द की एक निरपेक्ष अनुभूति से उद्घाटित होते हैं, जो इस प्रसंग में, एक ज्ञानात्मक कार्य करती है।

रिकौर तथा काण्ट की प्रमुख अन्तर्दृष्टियों के इर्द-गिर्द निर्मित बहुत दिलचस्प सिद्धान्त के बावजूद सुन्दर राजन यह नहीं समझते लगते कि उनके आधारभूत द्विभाजनात्मक भेद न केवल व्यवहार बल्कि सिद्धान्त रूप में भी मूलतः अतर्कसंगत है। उदाहरणार्थ, अर्थीकरण और प्रतीकीकरण में भेद इस आधार पर अतर्कसंगत हैं कि परवर्ती उस तरह प्रसंग-मुक्त नहीं है जैसा सुन्दर राजन उसे बनाने की कोशिश करते हैं। प्रसंग व्यापक अथवा संकीर्ण या पूर्णतया प्रतिविशिष्ट हो सकता है, जैसा 'मैं', 'तुम', 'यहाँ' या 'वहाँ' जैसी अभिसूचक अभिव्यक्तियों में अथवा उनमें होता है जो अपने अर्थ के बोध के लिए एक सम्पूर्ण विश्व-दृष्टि या सांस्कृतिक प्रसंग को पूर्वमान्य करती हैं। भाषा स्वयं, जो एक उत्कृष्ट सांस्कृतिक वस्तु और मुख्यतः अर्थों की वाहक है, अर्थ वैज्ञानिक और व्याकरणात्मक सम्बन्धों की उस समग्र व्यवस्था में अन्तःस्थापित होती है, जिसके माध्यम से वह अपना विशिष्ट अर्थ प्राप्त करती है। इसी प्रकार, निश्चायक और विमर्शक विचार का भेद, काण्ट से व्युत्पन्न होने पर भी, मूलतः दोषपूर्ण लगता है क्योंकि अवधारणा और निर्देश में सदैव अन्योन्य क्रिया होती रहती है क्योंकि आवश्यक होने पर हमारे बोधात्मक अनुभव की रोशनी में अवधारणा संशोधित होती रहती है। साथ ही, कुछ ऐसे सीमारेखीय मामले सदैव होते ही हैं जिनमें यह निश्चय करना कठिन होता है कि निर्देश अवधारणा के अन्तर्गत है या नहीं और इसलिए एक ऐसी स्थिति पैदा होती है जहाँ हमें एक नयी अवधारणा की रचना और पुरानी अवधारणा

के सम्पृक्तार्थ में ऐसे परिवर्तन के बीच चयन करना पड़ता है, जो नये निर्देश को भी समायोजित कर सके।

सुन्दर राजन के 'सौन्दर्यात्मक' और 'सांस्कृतिक' के बीच भेद की गम्भीर सीमा भी यही है। यह सही है, जैसा वह कहते हैं कि एक सौन्दर्यात्मक वस्तु सांस्कृतिक वस्तु का कार्य कर सकती है, लेकिन यह सही नहीं है कि एक सांस्कृतिक वस्तु को भी सौन्दर्यात्मक वस्तुओं की ही तरह एक निरपेक्ष आनन्द में जाना जाता है। वास्तव में, सांस्कृतिक वस्तुएँ सामान्यतः निरपेक्ष आनन्द का विषय नहीं होती—बल्कि सदैव पक्षधर और विशिष्ट होने के कारण ही वे सांस्कृतिक होती तथा अन्य संस्कृतियों की प्रतीकात्मक वस्तुओं के विपरीत और विषम होती हैं। कोई मन्दिर अथवा बुद्ध की प्रतिमा इस्लाम के कट्टर अनुयायी को भी सौन्दर्यात्मक आनन्द दे सकती है, लेकिन एक सांस्कृतिक वस्तु की हैसियत से वह विद्वेष, घृणा और विनाश का आवेश ही पैदा कर सकती है।

ज्ञान, अनुभूति अथवा कर्म, किसी भी प्रसंग में किसी वस्तु के विप्रसंगीकरण की सुन्दर राजन द्वारा उठायी गयी समस्या को एक भिन्न रोशनी में देखना होगा। इस मसले का सम्बन्ध मूलतः किसी वस्तु की सम्भाव्य उपयोगपरकता से है, चाहे उसका बोध या अनुभव न केवल दिक् और काल के एक विशेष बिन्दु पर बल्कि एक निश्चित प्रसंग में हुआ है, जो व्यक्तियों या घटनाओं या कि प्राकृतिक परिवेश अथवा ऐसी ही किन्हीं अन्य वस्तुओं का प्रसंग भी हो सकता है। जहाँ तक मूल के बन्धन से सम्भाव्य स्वतन्त्रता की बात है, वह बोधगम्य, अनुभूत अथवा इच्छित वस्तु की प्रकृति और बोध या अनुभूति या इच्छा के प्रकार सहित बहुत से कारकों पर निर्भर है। कुछ ज्ञानात्मक वस्तुओं को उनके मूल के प्रसंग से सरलतापूर्वक मुक्त किया जा सकता है। गणित तथा प्राकृतिक संघटना से सम्बन्धित ज्ञान इस प्रकार के ज्ञान के सुविदित उदाहरण हैं। तथापि, यह स्मरणीय है कि जिस प्रसंग से इस ज्ञान को मुक्त किया जाता है, वह एक ओर दिक्काल-प्रसंग है तो दूसरी ओर व्यक्ति का प्रसंग। लेकिन उसे गणित अथवा प्राकृतिक विज्ञानों से सम्बन्धित ज्ञान के प्रसंग से न तो मुक्त किया जाता और न ही किया जा सकता है—बल्कि हमारे ज्ञान में वृद्धि के साथ-साथ उनकी अनिवार्य अन्तस्सम्बद्धता और भी स्पष्ट होती जाती है और पहले 'स्व-प्रमाणित' लगनेवाली अप्रसंगाधीनता ज्ञान के विस्तृत प्रसंग में भ्रम लगने

लगती है। तकनीकी के कुछ विशेष प्रकारों के बारे में भी यही सच लगता है जो इसी लक्षण के कारण आसानी से एक सांस्कृतिक क्षेत्र से दूसरे सांस्कृतिक क्षेत्र तक पहुँच जाते और उन लोगों द्वारा मुक्त भाव से अंगीकार कर लिए जाते हैं, जिनका उनके अन्वेषण में कोई योगदान नहीं होता। लेकिन, मूल के विशेष प्रकार के प्रसंग से मुक्त होने का सामर्थ्य मानवीय चेतना के सभी उत्पादों को समान रूप से प्राप्त नहीं होता, यद्यपि यह कहना कठिन है कि कोई भी वस्तु ऐसी है जिसमें कुछ न कुछ मात्रा में यह सामर्थ्य न हो क्योंकि सभी मनुष्यों में अपनी से भिन्न दुनिया में प्रवेश करने का कल्पनात्मक परानुभूति का सामर्थ्य रहता है। सम्भवतः यही वे क्षेत्र हैं जिनमें अनुभूतियों और भाव स्वयं ज्ञानात्मक बोध के अंगभूत होते हैं, जिससे ऐसी मुक्ति प्राप्त करने में आनेवाली बड़ी कठिनाई से बचाव हो जाता है, क्योंकि उन्हें इच्छानुसार नहीं तलब किया जा सकता। कर्म और विचार की आदतों की तरह ही भावनाओं की भी आदतें होती हैं। लेकिन, जहाँ किसी व्यक्ति के विचारों और कर्म में परिवर्तन अपेक्षाकृत सरल है, वहीं अनुभूतियों और भावनाओं की आदतों को बदलना बहुत कठिन है। यही नहीं, अनुभूतियाँ और भावनाएँ अपनी प्रेरक वस्तुओं के साथ अन्तरंग-रूप से जुड़ी होती हैं और सम्भवतः इसी कारण कोई प्रधानतः केवल उन्हीं कलाकृतियों का प्रतिसंवेदी होता है जिनका वह अपनी संस्कृति में अभ्यस्त होता है। अधिकांश सौन्दर्यात्मक वस्तुओं से जिस 'निरपेक्ष आनन्द' का अनुभव करवाने की अपेक्षा की जाती है, वह केवल कर्म के व्यावहारिक प्रयोजन के प्रसंग में ही 'निरपेक्ष' होता है। वे इस अर्थ में 'निरपेक्ष' नहीं होते कि या तो वे किसी के उसी प्रकार के पूर्व अनुभव से जुड़े होते हैं या उसी अथवा किसी समान प्रकार की वस्तुओं से सम्बन्धित वस्तुओं के माध्यम से पूर्व में प्राप्त होने के ही कारण कोई उनके पास जाना नहीं चाहता। कोई किसी ऐसी सौन्दर्यात्मक वस्तु के पास इसलिए लौटता है कि वह उससे पूर्व में प्राप्त 'निरपेक्ष आनन्द' को पुनः पाना चाहता है और इसलिए इस 'वापसी' को वैसा 'निरपेक्ष' नहीं कहा जा सकता, जैसा पहली बार था। इसके अतिरिक्त, 'निरपेक्ष आनन्द', जैसा सुन्दर राजन मानते हैं, वैसा 'अप्रसंगाधीन आनन्द' नहीं है।

सुन्दर राजन रिकौर द्वारा प्रस्तावित भेद को अत्यधिक गम्भीरता से लेने और ज्ञान के क्षेत्र में काण्टीय उद्यम को ग़लत समझने के कारण भटक गये

लगते हैं। लेकिन उन्होंने जिन मसलों पर ध्यान दिया है, वे महत्त्वपूर्ण हैं और अपने में स्वतन्त्र अध्ययन की माँग करते हैं। काण्टीय योजना में भी मूल प्रश्न का सम्बन्ध सामाजिक-सांस्कृतिक क्षेत्र की विशिष्ट कोटियों के साथ-साथ राजनीतिक-ऐतिहासिक क्षेत्र की विशिष्ट कोटियों से भी होगा। इसके अतिरिक्त, उन क्षेत्रों से सम्बन्धित संरचनात्मक भ्रमों और उन क्षेत्रों में सम्मिलित अनुभवातीत को अनुभवपरक मानने से उत्पन्न छद्म विप्रतिषेधों की समस्या भी सामने आएगी। साथ ही, इन सभी क्षेत्रों में तत्त्वात्मक एकता तथा उनमें और प्रकृति के क्षेत्र के बीच एकता के अन्वेषण की समस्या भी होगी। और, क्योंकि इतिहास का क्षेत्र केवल राजनीति के क्षेत्र तक ही सीमित नहीं है, इसलिए उसे इससे पूरी तरह अलग करके स्वतन्त्र रूप से देखना होगा। लेकिन ये सभी बड़े उद्यम हैं, जिन पर यहाँ विचार करना न तो सम्भव है और न वांछनीय ही। केवल इतना कहना ही शायद युक्तिसंगत होगा कि इतिहास के क्षेत्र का सीमाकंन अतीत पर बल द्वारा होने के कारण वह अनिवार्यतया काल-शृंखला और अपनी सामग्री के उपयोग के समापन का भ्रम पैदा करता है, मानों इसका कोई अन्त है, जिसके बाद कुछ भी घटित होने की अपेक्षा नहीं की जा सकती अथवा कुछ भी महत्त्वपूर्ण घटित नहीं हुआ है। उसी के समरूप आरम्भ का भी एक भ्रम है जिसे सब कुछ के वास्तविक आरम्भ के रूप में प्रस्तुत किया जाता है, मानो इससे पूर्व कुछ भी घटित नहीं हुआ हो। इतिहास-लेखन, इस प्रकार, काल को वस्तुगत प्रकृति का मानने और उसे अनादि और अनन्त माने जाने के कारण काण्ट द्वारा उल्लिखित विप्रतिषेधों को पैदा करने के मामले से बिलकुल विपरीत मामला प्रस्तुत करता है। इतिहास अपनी प्रकृति से ही घटनाओं के काल-प्रवाह पर एक आदि और एक अन्त आरोपित करता है और इस प्रकार उन्हें उस इतिहास से पूर्वघटित तथा पश्चघटित से मूलतः विच्छिन्न कर देता है। न केवल उसके 'अतीत' का एक अन्त होता है, बल्कि उसका आरम्भ भी, और यह आरम्भ उतना ही इच्छानुकूल होता है जितना अन्त, यद्यपि इतिहासकार द्वारा इसकी तथ्यता को विरलतः ही स्वीकार किया जाता है। इतिहास द्वारा आरोपित संरचनात्मक भ्रम काल को मुक्त करना है ताकि वह 'सार्थक रूप से' कहानी का एक आरम्भ और एक अन्त बता सके। साथ ही, इतिहासकार का सम्बन्ध क्योंकि मुख्यतः मानवीय घटनाओं से होता है, इसलिए उसे न केवल काल को स्थिर करना और एक आरम्भ तथा अन्त की पूर्वधारणा

करते हुए उस पर एक भ्रामक समापन आरोपित करना होता है, बल्कि पृथक् अंशों के बजाय उनसे बने समग्र पर एक सार्थक रूप का भी आरोपण करना होता है। एक इतिहास कई इतिहासों को मिलाकर बनता है जिस कालावधि के बारे में इतिहासकार को लिखना होता है वह कई लघु कालावधियों से मिलकर बनती है, जिनमें कभी अपने में अर्थ की एक स्वाभाविक एकता भी होती है, लेकिन जो अन्य कालावधियों के साथ मिलकर कोई अर्थगत नहीं बनाती, यद्यपि इतिहासकार ऐसा करना चाहता है। यदि इस दुविधा को स्वीकार कर भी लिया जाय, जैसा एच.ए.एल. फिशर ने अपने 'यूरोप का इतिहास' में किया है, तो भी उसका समाधान इस कारण नहीं हो सकता कि वह कोई बाह्य चीज़ नहीं बल्कि इतिहास के उद्यम में अन्तर्भूत है। निश्चय ही, रूप या अर्थ की अपनी कुछ विशिष्टताएँ हो सकती हैं, लेकिन वर्ण्य सामग्री को भी कोई न कोई रूप या अर्थ देना तो इस उद्यम में ही अन्तर्भूत है। स्वयं फिशर का भी यही करना इस तथ्य से प्रमाणित है कि वह यूरोप का इतिहास लिख रहा है। ऐसा कह कर फिशर अपने लिखे इतिहास को एक ऐसी एकता प्रदान करता है जो कुछ भिन्न होती यदि वह उदाहरणार्थ, इंग्लैण्ड अथवा किसी अन्य यूरोपीय देश का इतिहास लिख रहा होता।

लेकिन इतिहासकार द्वारा अन्वेषित एकता बहुलता में वैसी एकता नहीं है जो काण्ट के अनुसार, समस्त ज्ञान की अन्वेष्य है, बल्कि वह एक विशेष प्रकार की एकता है जो एक प्रकृति-विज्ञानी द्वारा अन्वेष्य एकता से भिन्न है। इतिहासकार की अन्वेष्य एकता घटनाओं में प्रदर्शित किसी विधि या विधि जैसे किसी सामान्यीकरण की उदाहरण घटनाओं की एकता नहीं है, बल्कि मनुष्यों के उद्दिष्ट प्रयोजनों अथवा उनके साध्य अर्थों और मूल्यों द्वारा प्रदत्त एकता होती है। इस प्रकार की एकता धर्मशास्त्री द्वारा काम्य अथवा किसी कलाकृति में बोधगम्य एकता से भी भिन्न होती है। इसके अतिरिक्त धर्मशास्त्रीय परिप्रेक्ष्य अथवा किसी कलाकृति के बोध में एक समापन उपस्थित रहता ही है—चाहे वह ईश्वर द्वारा सृष्टि और फ़ैसले का अन्तिम दिन—डे ऑफ़ जजमेंट—हो या किसी कलाकृति के मामले में काल के उसका अनिवार्य घटक होने पर भी उसका एक आरम्भ और अन्त सदैव रहता है। लेकिन इतिहासकार के मामले में ऐसा समापन नहीं होता और इसीलिए उसे अपनी सामग्री पर एक स्वेच्छ

आरम्भ और अन्त आरोपित करना पड़ता है, जो उसमें अन्तर्भूत नहीं होता। इसलिए वह कालबद्ध चीज़ों को धर्मशास्त्री अथवा धार्मिक परिप्रेक्ष्य की ही तरह एक आरम्भ और एक अन्त प्रदान कर देता है, जो उसमें अन्तःस्थ नहीं होते। इतिहासकार के शिल्प की यह धर्मशास्त्रीय अथवा धार्मिक वृत्ति सामान्यतया उसकी स्थापनाओं के लिए प्रस्तुत विस्तृत साक्ष्य-सामग्री के वैज्ञानिक ताम-झाम से ढँकी रहती है। लेकिन उन वृत्तियों के केवल मानवीय अतीत के प्रसंग में ही होने के कारण इतिहासकार के लिए अपनी सामग्री को प्राकृतिक धर्मशास्त्र के अंग की तरह बरतने का निरन्तर प्रलोभन बना रहता है। दूसरी ओर, अतीत को किसी कालकृति की तरह देखने का प्रलोभन निरन्तर रहता है जिसमें काल एक अनिवार्य घटक है, जिसका एक मानक रूप नाटक है, जिसमें न केवल एक आरम्भ और अन्त रहता है, बल्कि अरिस्टॉटल के अनुसरण में, काल और स्थान की एकता भी।

इस प्रसंग में संरचनात्मक भ्रमों और संरचनात्मक प्रलोभनों का भेद भी स्पष्ट किया जाना चाहिए। संरचनात्मक भ्रम वह भ्रम है जिसमें प्रत्येक व्यक्ति का साझा होता है क्योंकि वह संरचनात्मक है और उसे किसी अन्य मनीषा की मीमांसा से ही पहचाना जा सकता है, जिसके अपने संरचनात्मक भ्रम हो सकते हैं। लेकिन, यदि उसके अपने संरचनात्मक भ्रम हों भी तो, उनकी भ्रमात्मकता को उसे भी उच्चस्तरीय मनीषा के द्वारा ही जाना जायेगा। इस प्रकार, मनीषाओं के एक अन्तहीन पदानुक्रम में अपने से निचले स्तर की मनीषा के संरचनात्मक भ्रमों को उघाड़ने की योग्यता के बावजूद उन्हें उसी स्तर पर नष्ट न कर पाने की समस्या से कुछ बहुत रोचक दार्शनिक समस्याएँ पैदा होती हैं, जिनके विस्तार में जाना यहाँ सम्भव नहीं है। तथापि, संरचनात्मक प्रलोभन और 'संरचनात्मक भ्रम' में फ़र्क़ यह है कि प्रलोभन भ्रम से पैदा होता है, लेकिन उसके वशीभूत होना या न होना हम पर निर्भर करता है—चाहे वह भ्रम के स्वीकृत प्रतिमानों के अन्तर्गत हो और किसी उच्चतर मनीषा के मीमांसात्मक विवेक द्वारा उन भ्रमों के वास्तविक चरित्र को न भी उघाड़ा गया हो। इसलिए, अपने अध्ययन में धर्मशास्त्रीय, धार्मिक अथवा सौन्दर्यशास्त्रीय परिप्रेक्ष्य के सम्मुख समर्पण का इतिहासकार का संरचनात्मक प्रलोभन इतिहास-लेखन के अपने संरचनात्मक भ्रम से ही पैदा होते हुए भी उससे बाध्य नहीं है

और वह उन प्रलोभनों के निरन्तर सम्मुख बने रहते हुए भी उनका परिहार कर सकता है।

संरचनात्मक प्रलोभनों का परिहार और ऐतिहासिक ज्ञान के क्षेत्र में अन्तर्भूत संरचनात्मक भ्रमों के बोध का परिणाम ही उस चेतना का विकास है जो सैद्धान्तिक स्तर पर भ्रमों के शोधन और निरन्तर सम्मुख प्रस्तुत प्रलोभनों के आगे समर्पण न करने का प्रयास करती है। लेकिन एक और भी गहरे स्तर पर, अपनी विषय-वस्तु के प्रति बर्ताव में इतिहासकार द्वारा प्रदर्शित दिक्, काल और कारणता के प्रति उसकी मनोवृत्ति विषय-वस्तु द्वारा आरोपित संरचनात्मक भ्रम से भी अधिक महत्त्वपूर्ण हो सकती है क्योंकि इतिहासकार भी एक मनुष्य होता है और मनुष्य होने के नाते वह भी इस जटिल और विचित्र तथ्य में सम्मिलित है कि वह न केवल एक प्राकृतिक और सामाजिक-सांस्कृतिक क्षेत्र से सम्बन्धित है बल्कि इसके बारे में आत्म-चेतन भी है। वास्तव में, यह समस्या बहुपक्षीय और स्वयं मानवीय व्यक्तित्व की जटिल प्रकृति से सम्बन्धित है।

यदि यह स्वीकृत है कि सामान्यत: ज्ञान क्षेत्र तथा विशेषत: किसी विशिष्ट ज्ञान-क्षेत्र के अपने संरचनात्मक भ्रम होते हैं तो ज्ञान-मीमांसात्मक तथा तत्त्व-मीमांसात्मक दोनों ही स्तरों पर इन संरचनात्मक भ्रमों के बीच सम्बन्धों का प्रश्न उपस्थित हो जायेगा, क्योंकि मनुष्य न केवल जानता है बल्कि उसका 'जानना' उसके कर्म को प्रभावित करता और इस प्रकार न केवल मनुष्य को प्रदत्त माने गये संसार को रूपान्तरित करने वाले एक नये संसार का निर्माण करता है, बल्कि एक सम्पूर्णतया नये संसार को जन्म देता है, जो केवल इस तथ्य के बिना नहीं होता कि मनुष्य का अस्तित्व है और एक सुदीर्घ काल से इस ग्रह पर अस्तित्वमान रहा है। इस प्रकार ज्ञान-मीमांसात्मक और तत्त्व-मीमांसात्मक का उलझाव समस्त मानवीय यथार्थ की केन्द्रीय समस्या है, और इतिहासकार इससे पलायन नहीं कर सकता क्योंकि अन्तत: उसका सरोकार इस यथार्थ को काल के परिप्रेक्ष्य में ग्रहण करना है—एक कालानुक्रम के रूप में जिसमें अतीत वर्तमान में प्रवाहित होता और भविष्य को आकार देता है।

सवाल यह है कि ऐतिहासिक परिप्रेक्ष्य में मानवीय अतीत का बोध कैसे किया जाना चाहिए। यह तो स्पष्ट है कि ऐसे किसी भी बोध का निर्धारण मानवीय यथार्थ को ग्रहण करने के हमारे तरीक़े से होगा क्योंकि हम अवशिष्ट सामग्री के आधार पर काल और दिक् में अभिव्यक्त मानवीय यथार्थ को ही तो जानने का प्रयास कर रहे होते हैं। और जो कुछ अवशिष्ट है, उसमें व्यक्तियों और घटनाओं से सम्बन्धित प्रत्यक्ष लिखित विवरण या मनुष्य की कल्पनात्मक कृतियाँ, या किसी क्षेत्र में ज्ञानात्मक उद्यम, या उस काल में संसार और यथार्थ के बारे में उनका चिन्तन शामिल है। यह साक्ष्य हमें उन लोगों के अतीत के अपने बोध का भी पता देता है क्योंकि लिखित सामग्री के रूप में जो कुछ उपलब्ध होता है, वह सामान्यत: उनके अतीत के व्यक्तियों, स्थानों और घटनाओं का उल्लेख, स्मरण और मूल्यांकन करता है। मसला यह है कि अतीत स्वयं उस लिखित सामग्री में उपस्थित है, क्योंकि किसी न किसी रूप में उनका निरन्तर उल्लेख किया गया है और इससे ऋणात्मक अथवा धनात्मक पर एक महत्त्वपूर्ण ढंग से उनका संघटन होता है क्योंकि किसी जाति की चेतना अपनी ही पदावली में अपना निरूपण करती है। इस प्रकार हम स्वयं अतीत के ही आधार पर अतीत की पुनर्निर्मिति करते हैं और कभी-कभी इन दस्तावेज़ों में उल्लिखित ऐसी चीज़ों को प्राप्त भी कर लेते हैं, जो काल के ध्वंस से बची रह गयी हैं। लेकिन ऐसी वस्तुओं के न होने पर भी हम अतीत को केवल उनके उल्लेखों के आधार पर पुनर्निर्माण कर सकते हैं चाहे उसके प्रत्यक्ष विवरण हमें न भी उपलब्ध हो। तत्कालीन ग्रन्थों में उपलब्ध गुप्त पुरातत्त्व-विज्ञान को अभी तक स्वतन्त्र अन्वेषण का विषय नहीं बनाया गया है, लेकिन एक इतिहासकार के लिए किसी ग्रन्थ में उपस्थित तथा उसके आधार पर अन्वेषित और पुनर्निर्मित अतीत स्वयं उस ग्रन्थ की विषय-वस्तु जितना ही महत्त्वपूर्ण होता है, या होना चाहिए। वास्तव में, ये ग्रन्थ काल का एक अनुक्रम निर्मित करते हैं और इसलिए उन्हें उसी तरह देखा जा सकता है जिस तरह हम किसी पुरातात्त्विक उत्खनन के स्तरों के अनुक्रम को देखते हैं, जिसमें प्रत्येक स्तर पर अपने पूर्वस्तरों से जुड़ा रहकर भी एक हद तक स्वतन्त्र होता है। ग्रन्थों का अनुक्रम इस प्रकार, एक कालिक सातत्य प्रस्तुत करता है जिसमें परवर्ती पूर्ववर्ती का प्रत्युत्तर होता, उससे चयन करता और आलोचनात्मक संशोधन करता हुआ उसे आगे बढ़ाता है। ग्रन्थों की यह पीढ़ी मनुष्यों की अनुक्रमिक

पीढ़ियों जितनी ही महत्त्वपूर्ण है, जिसमें प्रत्येक पीढ़ी पिछली पीढ़ी के छोड़े गये काम को आगे बढ़ाती, उसके आधार पर नया निर्माण करती और कभी-कभी अपने ही नये रास्ते खोज निकालती है। लेकिन इस प्रक्रिया में चयनित, रेखांकित और संकेन्द्रित जितना ही महत्त्वपूर्ण वह होता है जिसे छोड़ दिया गया है क्योंकि जीवित पीढ़ियों के विपरीत, इतिहासकार की रुचि अतीत के ग्रन्थ में भी उतनी ही होती है जितनी परवर्ती में। इसलिए उसके द्वारा वर्णित कहानी में रास्ते में खो जानेवाली चीज़ों पर भी उतना ही बलाघात होना चाहिए जितना नयी शाखाएँ निकालने वाली या नये रूप में विकसित होनेवाली चीज़ों पर अथवा उन पर जो एक समय तिरस्कृत रहकर कालान्तर में पुनर्प्रतिष्ठित हो गयीं।

एक आनुक्रमिक सातत्य का रूप धारण करनेवाले ग्रन्थ एक ऐसी बुद्धि के उत्पाद हैं जो आत्म-चेतन होती है और जिसके निरूपण मूलतः किसी सवाल के उत्तर या किसी उलझन या समस्या का समाधान प्राप्त करने के प्रयास होते हैं और इसलिए स्वयं उन ग्रन्थों से उन प्रश्नों, समस्याओं, उलझनों और विरोधाभासों के बारे में पूछताछ की जानी चाहिए जिनका उत्तर या समाधान खोजा जा रहा था। किसी का भी ध्यान सामान्यतः ग्रन्थ के कथ्य की ओर आकर्षित होता है, न कि उस अन्तर्निहित समस्यात्मकता की ओर जिसका कमोबेश समाधान वह कथ्य है। फिर भी, यह जानना अधिक महत्त्वपूर्ण है कि कौन-सी बातें विचार को उद्वेलित कर रही थीं और किन वैकल्पिक तरीक़ों से उस उद्वेलन का समाधान प्राप्त करने के प्रयास किये गये। साथ ही, क्योंकि समस्याएँ और समाधान दोनों ही अतीत से हस्तान्तरित होते हैं, अतः इतिहासकार का एक काम पाठगत पुरातत्त्वज्ञ होकर समस्याओं और समाधानों के आनुक्रमिक निरूपणों के स्तर दर स्तर को प्रदर्शित करना और सम्भव सीमा तक, समस्या और प्रश्न के उस मूल प्रतिपादन तक पहुँचना है जिसने अभिलेखित काल में स्वयं उस अनुक्रम का आरम्भ किया। मूल प्रतिपादन की यह तलाश परम आरम्भ या सृष्टि के आरम्भ की तलाश की तरह है जिसे ईश्वर द्वारा स्रष्ट अथवा अनादि माना जाता है। इस परिप्रेक्ष्य में मूल समस्यात्मकता की तलाश यह प्रश्न करने की तरह है कि ईश्वर ने सृष्टि की रचना क्यों की अथवा दैवी बुद्धि को उद्वेलित करनेवाली वह क्या समस्या थी, जिसका समाधान पाने का प्रयास इस संसार की रचना द्वारा किया गया। या यदि

किसी को दैवी समस्यात्मकता की पूर्वधारणा अच्छी न लगे तो, यह भी पूछा जा सकता है आदि विस्फोट—बिग बैंग—की वह घटना क्यों हुई जिसमें खगोल-भौतिकी आरम्भ को खोजती है।

इतिहासकार और धर्मशास्त्री के अनुसन्धान तथा भौतिकीविद् के अनुसन्धान में एक मौलिक अन्तर है, यद्यपि दोनों में कुछ सामान्य तत्त्व भी होते हैं। मानवीय रचना में कुछ ऐसी अपनी चारित्रिकता होती है, जो एक भौतिकीविद् के परिप्रेक्ष्य में प्राकृतिक विश्व में नहीं पायी जा सकती। धर्मशास्त्री एक ईश्वर को पूर्वमान्य करता है जिसकी समस्यात्मकता को सिद्धान्त रूप में प्रतिपादित नहीं किया जा सकता क्योंकि ईश्वर को पूर्वमान्य कर लेने पर सामान्यतया कोई समस्या रह ही नहीं जाती। निश्चय ही, सर्वज्ञता और सर्वशक्तिमत्ता के बीच सम्बन्ध की समस्या बनी रहती है, लेकिन यह मानवीय बुद्धि के लिए ही समस्या है, क्योंकि केवल वह ही दोनों में असामंजस्य देखती है। साथ ही, इस सन्दर्भ में यह देखना भी दिलचस्प है कि सर्वज्ञता और सर्वशक्तिमत्ता को ईश्वर की चारित्रिक विशेषताओं की तरह मानते हुए भी पश्चिमी धर्मशास्त्र के पास अनुभूति के सन्दर्भ में इस सर्वत्ता का वर्णन करने के लिए कोई शब्द नहीं है क्योंकि प्रचलित शब्द केवल ज्ञान और शक्ति का ही उल्लेख करते हैं। यह जिज्ञासा करना बहुत दिलचस्प होगा कि क्या एक सर्वज्ञ और सर्वशक्तिमान दोनों होते हुए भी किसी को अप्रसन्न या अतृप्त माना जा सकता है, और क्या सृष्टि की रचना के लिए इस अनुभूति को उत्तरदायी माना जा सकता है ? दूसरी ओर, भारतीयों ने 'आनन्द' को परम सत्य के साथ जोड़ा है। यद्यपि यह विचित्र है कि उन्होंने इस परम में सत्, चित् और आनन्द के गुण मानते हुए शक्ति या इच्छा को उनमें सम्मिलित नहीं किया। सर्वशक्तिमत्ता से तुलनीय कुछ अवधारणाएँ निश्चय ही हैं, लेकिन कम से कम परम के वेदान्तीय प्रतिपादन में सर्वशक्तिमत्ता की अवधारणा का अभाव है या कम से कम उसकी समुचित अभिव्यक्ति नहीं की गयी है।

लेकिन, एक इतिहासकार के लिए धर्मशास्त्री और भौतिकीविद् के सरोकार अप्रासंगिक हैं क्योंकि उसका सम्बन्ध एक ऐसे प्राणी से है जिसकी ज्ञान और शक्ति दोनों ही सीमित हैं, और प्रसन्न और अप्रसन्न, तृप्त और अतृप्त दोनों ही है और जो अनिवार्यतः जन्म लेनेवाला और मरणशील प्राणी है तथा अन्य प्राणियों के विपरीत अपने बारे में इस तथ्य के प्रति

सचेत है। इसलिए किसी सभ्यता की असमस्यात्मकता उसके उपलब्ध साक्ष्य के काल के पूर्व तक ही सीमित रह सकती है, और एक अर्थ में उस सभ्यता के बौद्धिक, सांस्कृतिक और आध्यात्मिक इतिहास का निर्धारण समस्यात्मकता के इस प्रारम्भिक प्रतिपादन से ही हो जाता है क्योंकि इसी पृष्ठभूमि में केवल उसके समाधान के प्रयास किये जाते बल्कि यह बोध भी होता है कि सम्बन्धित संस्कृति के लिए समस्यात्मकता क्या है। निश्चय ही, यह भी सही है कि किसी सभ्यता के इतिहास के दौरान नयी समस्यात्मकता भी प्रकट हो सकती है और प्रतिभा का एक लक्षण यह भी है कि वह न केवल किसी संस्कृति में प्रतिपादित समस्यात्मकता का समाधान करता बल्कि अपने उत्तराधिकारियों के लिए नयी समस्यात्मकता भी छोड़ जाता है। सभ्यता के इतिहास में मौलिक परिवर्तनों को उसके संस्थापकों द्वारा प्रतिपादित बुनियादी समस्यात्मकता के समाधानों या समाधान के प्रयत्नों के साथ-साथ कालान्तर में उस सभ्यता में नयी समस्यात्मकता के बोध में भी देखा जा सकता है।

किसी सभ्यता के इतिहास को इस तरह देखने का एक दिलचस्प पहलू यह भी देखना है कि प्रत्येक नया समाधान एक नयी समस्या को जन्म देता है, जो अपने समाधान की अपेक्षा करती है और इस प्रकार उस सभ्यता के भावी विचारकों के चिन्तन को सक्रिय करती है। इस प्रकार, इतिहास ऐसी आनुक्रमिक समस्यात्मकता का इतिहास हो जाता है जो पूर्व चिन्तकों द्वारा प्रस्तुत किसी समस्या के समाधान या प्रश्न का उत्तर प्राप्त करने तथा इस प्रक्रिया में प्रस्तुत नयी समस्याओं और प्रश्नों का भावी चिन्तकों द्वारा समाधान करने के प्रयास में घटित होती है। साथ ही, इस परिप्रेक्ष्य का सरोकार सम्बन्धित संस्कृति के कालिक आयाम से ही रहता है। लेकिन उन चिन्तकों के स्थान में परिवर्तन का भी समान महत्त्व है, जो इस समस्यात्मकता को सुलझाने का प्रयास कर रहे और सभ्यता के ज्ञानात्मक आयाम की निर्मिति की असमात्प्य प्रक्रिया में भागीदारी कर रहे थे। इसलिए यह न केवल चिन्तकों के अनुक्रम या किसी कृति में उल्लिखित चिन्तकों के बारे में बल्कि उन चिन्तकों के आवास-स्थल के बारे में पता करना भी दिलचस्प होगा क्योंकि उपलब्ध होने पर इससे यह संकेत मिल सकेगा कि कालानुक्रम के इतिहास की ही तरह उस सभ्यता के विस्तार का देशानुक्रमिक इतिहास क्या है। इसके अतिरिक्त, ज्ञानात्मक उद्यम की

इस आनुक्रमिक देशगत अवस्थिति से उस सभ्यता के क्षेत्र अर्थात् ज्ञान-केन्द्रों की सघन अन्त:क्रियाओं के प्रदेश पर भी हम विचार कर सकते हैं। इस प्रकार, यह जानना रोचक होगा कि एक निश्चित प्रदेश में एक कालावधि में कितने चिन्तक हुए और किस प्रकार कालान्तर में ये सघन अन्त:क्रियात्मक केन्द्रों का स्थान-परिवर्तन होता रहा।

इन विचारों का सम्बन्ध केवल अथवा मुख्यत: किसी संस्कृति के ज्ञानात्मक उत्पादों से है। जब हम साहित्य और कला के क्षेत्र की कल्पनात्मक कृतियों की ओर मुड़ते हैं तो उन्हें किसी समस्या के समाधान या प्रश्न के उत्तर के सन्दर्भ में नहीं बल्कि एक ऐसी सृष्टि के सन्दर्भ में देखते हैं जिसमें किसी सभ्यता के स्वप्नों की चरितार्थता रूपायित होती है। इसलिए साहित्य और कला की ऐसी कृतियों से पूछा जानेवाला सवाल यह है कि उनमें कौन-से स्वप्न रूपायित हुए हैं, कौन-सी कामनाएँ प्रतिबिम्बित हैं जिनकी पूर्ति वांछनीय है और उनके मनोराज्य में क्या है। तथापि, किसी सभ्यता की कल्पनात्मक कृतियों को एक ही आयाम में देखना बिलकुल सही नहीं होगा; बल्कि उन्हें मनुष्य की कल्पनाशक्ति की बहुविध क्रियात्मकता के रूप में देखना होगा, जो उसकी वे आकांक्षाएँ, आदर्श, कामनाएँ, स्वप्न, संवेदनाएँ अर्थात् एक शब्द में कहें तो वह सब कुछ रूपायित होता है जिसका उसके अपने उस वास्तविक दैनन्दिन जीवन में अभाव महसूस होता है, जिसमें वह अधिकांश समय रहता है। फिर भी, एक विचित्र तर्क से, मनुष्य की ये कल्पनात्मक कृतियाँ उसके जीवन में एक रूपान्तरकारी भूमिका अदा करने लगती हैं और एक सीमा तक उसे कल्पित वास्तविकता के अनुरूप गढ़ देती हैं।

सामान्यत:, वास्तविकता के रूपान्तरण की समस्या उसे अधिकाधिक मनोनुकूल बनाने और आवश्यकताओं की पूर्ति में मनुष्य की सहायता के प्रसंग में ज्ञान और उसकी परिणाम तकनीकी के सम्बन्धों की ओर विचारकों का ध्यान जाता रहा है। लेकिन मनुष्य के जीवन के रूपायन में उसकी कल्पनात्मक कृतियों की भूमिका उससे कहीं अधिक महत्त्वपूर्ण है, जैसी सामान्यत: मानी जाती रही है। संस्कृति अन्तत: जीवन को रूपायित करने में कल्पना के जीवन्त अभिनय के सिवा और क्या है? इसलिए एक इतिहासकार को मनुष्य की कल्पनात्मक कृतियों को इन सभी आयामों में तथा और भी गहरे स्तर, आनुक्रमिक कालावधियों में जीवन को उसके

अनुभूत्यात्मक रूप में गढ़ने के सन्दर्भ में देखना चाहिए।

इसलिए कल्पनात्मक कृतियों के सिलसिले को अतीत की कल्पनात्मक कृतियों के सन्दर्भ में देखने का तरीका ज्ञानात्मक क्षेत्र में समस्यात्मकता अथवा समस्यात्मकताओं के इतिहास को समझने के तरीक़े से सार्थक रूप से भिन्न होगा। यहाँ कम-से-कम एक तिहरी समस्यात्मकता प्रस्तुत होती है। पहली का सम्बन्ध विभिन्न माध्यमों में सर्जनात्मक कल्पना के रूपायन की तकनीकी से है। मसला यह है कि कल्पित के रूपायन के किसी भी प्रयास में दो भिन्न प्रकार के तकनीकी ज्ञान पूर्वमान्य होते हैं, जो एक-दूसरे से पूर्णतः पृथक् न होते हुए भी इतने स्वतन्त्र हैं कि उनमें से प्रत्येक पर अलग से विचार की ज़रूरत होती है। इनमें से प्रथम ज्ञान के विकास और तकनीकी के सन्दर्भ में उसके विनियोग पर निर्भर है, जिसका कल्पनात्मक सर्जना के क्षेत्र में अन्तर्भूत समझी जानेवाली तकनीकी से कोई सम्बन्ध नहीं होता। प्रथम प्रकार की तकनीकी का सम्बन्ध उस सामग्री के ज्ञान से है जिसमें और जिसके माध्यम से सर्जनात्मक कल्पना को मूर्त किया जाता और इन्द्रियों के लिए बोधगम्य सुस्पष्ट रूप दिया जाता है। और, जैसाकि सब जानते हैं, यह ज्ञान उस व्यावहारिक ज्ञान के विकास के अनुसार बदलता जाता है जिसका सैद्धान्तिक ज्ञान से सम्बन्ध कभी-कभार तो प्रत्यक्ष, लेकिन अधिकांशतः परोक्ष और अत्यन्त विरल होता है। इस प्रकार वास्तुकला को अभियान्त्रिकी पर निर्भर रहना पड़ता है, जो शुद्ध सौन्दर्यशास्त्रीय दृष्टि से, उसके लिए बाहरी चीज़ है। एक चित्रकार के लिए रंगों की उपलब्धि का मामला भी ऐसा है। वास्तव में, अपने क्षेत्र के लिए बिलकुल बाहरी तकनीकी पर अपेक्षाकृत कम या अधिक निर्भरता के आधार पर भी कलाओं में भेद किया जा सकता है। कलाओं में साहित्य, सम्भवतः सर्वाधिक आत्मनिर्भर है, नृत्य भी। नृत्य की तुलना में संगीत बड़ी हद तक वाद्य-यन्त्रों पर निर्भर है, लेकिन चित्रकला की अपेक्षा वह अपने क्षेत्र से बाहर की तकनीकी पर कम आश्रित है। कलाओं में वास्तु सम्भवतः सर्वाधिक आश्रित है क्योंकि यह उसी सामग्री का रूपायन है, जिसका ज्ञान उसके शिल्प के लिए अनिवार्य है। वस्तुतः, वास्तु में अभियान्त्रिक समस्याओं को जन्म देनेवाली आकार की समस्या अन्य कलाओं में पूरी तरह अनुपस्थित होती है। लेकिन मानवीय सर्जनात्मकता के कल्पनात्मक मूर्तीकरण के क्षेत्र में ही अन्तर्भूत

तकनीकियों का महत्त्व अधिक है और वे ऐतिहासिक दृष्टिकोण से बहुत रोचक विषय प्रस्तुत करती हैं क्योंकि कल्पनात्मक कृतियों के सिलसिले को उन क्षेत्रों में अन्तर्भूत तकनीकी समस्याओं के समाधान के सफल प्रयासों के सन्दर्भ में देखा जा सकता है। इस दृष्टिकोण से प्रासंगिक सवाल यह बनता है कि किसी पूर्ववर्ती कृति में समस्या को किस तरह सुलझाया या उसे अधसुलझी या अनसुलझी ही छोड़ दिया गया ताकि परवर्ती कृति को एक संवेदनशील ग्रहीता के लिए बोधगम्य बनाने के उद्देश्य से कलाकार द्वारा अपनी कल्पनात्मक दृष्टि के तकनीकी मूर्तीकरण की समस्या के समाधान के प्रसंग में देखा जा सके। इस प्रकार, यह दृष्टि या स्वप्न और उसके मूर्तीकरण के प्रयासों के साथ-साथ उन प्रयासों में अन्तरस्थ तकनीकी विशेषज्ञता का इतिहास भी हो जाता है।

किसी सभ्यता के कल्पनात्मक सर्जन के इतिहास को उस क्षेत्र में अन्तर्भूत कमोबेश सफल तकनीकियों के माध्यम से किसी स्वप्न के मूर्तीकरण के आनुक्रमिक प्रयासों अथवा नये स्वप्न या उसी स्वप्न को भिन्न तरीक़े से बोधगम्य बनानेवाली नयी राहों का अन्वेषण करनेवाली नयी तकनीकियों के अभ्युदय के रूप में देखना होगा। किसी स्वप्न के मूर्तीकरण की अंगभूत सम्भावनाओं और अन्तर्निहित तकनीकियों को प्रस्तुत करनेवाली बाह्य तकनीकियों तथा स्वयं स्वप्न की अन्योन्यक्रिया को उस तरह सुस्पष्ट ढंग से पृथक् नहीं किया जा सकता, जिस तरह हमारे प्रतिपादन में संकेतित लग सकता है, लेकिन बोध के विश्लेषणात्मक प्रयोजन के लिए उन्हें पृथक् देखने का प्रयास करने में कोई हानि नहीं है। पूर्वमान्य बाह्य तकनीकी को पृथक् करना तो निश्चय ही अपेक्षाकृत सरल है, जबकि किसी कलाकृति में ही अन्तर्भूत तकनीकी सम्बन्धित स्वप्न से सावयविक स्तर पर सम्बद्ध होती है। किसी कलाकृति की तकनीकी और अन्तर्वस्तु का सम्बन्ध इतना आभ्यन्तरिक होता है कि उन्हें यान्त्रिक ढंग से पृथक् नहीं किया जा सकता और फिर भी कल्पना की आनुक्रमिक कृतियों के इतिहास को मूर्तीकृत स्वप्न और प्रत्यक्ष एवं काल्पनिक दोनों स्तरों पर ऐन्द्रिक बोध के लिए उसके मूर्तीकरण के साधनों दोनों ही के दृष्टिकोण से देखना होगा।

सभ्यताओं के इतिहासकार को सभ्यता के ज्ञानात्मक उत्पादों और उसकी कल्पनात्मक कृतियाँ, दोनों ही को एक कालिक परिप्रेक्ष्य तथा दोनों के

अन्तस्सम्बन्धों में देखना होगा क्योंकि वे दोनों एक ही चेतना के दो भिन्न पक्षों से सम्बन्धित होते हैं, चाहे वह चेतना विभिन्न व्यक्तियों में अवस्थित क्यों न हो। दोनों उद्यमों में अन्तर्निहित विश्व-दृष्टि की समस्या को भी एक उभयनिष्ठ केन्द्र-बिन्दु में देखना होगा क्योंकि दोनों ही प्रत्ययों, अवधारणाओं, बिम्बों और प्रतीकों के उस सर्वनिष्ठ कोष को प्रभावित करते हैं जिससे किसी संस्कृति की कल्पनात्मक क्रियाशीलता में रत प्रत्येक व्यक्ति प्रभावित होता है। फिर भी एक पर दूसरे के इस प्रभाव में कालिक अन्तराल को देखना बहुत दिलचस्प होगा। किसी संस्कृति का ज्ञानात्मक इतिहास उसकी कल्पनात्मक सृष्टियों के इतिहास के साथ अन्तर्ग्रन्थित होता है, चाहे वह उसे न खोलनेवाली आँख को न भी दिखे। अवधारणात्मक सर्जनाओं और सैद्धान्तिक प्रतिपादनों को किसी भी सभ्यता के लोगों की आम मानसिकता का हिस्सा बनने में समय लगता है, इसलिए हम उनकी रचना और उनके प्रभाव तथा किसी संस्कृति की कल्पनात्मक कृतियों के रूपायन की उनकी प्रक्रिया में एक कालिक अन्तराल को निश्चय ही पूर्वमान्य कर सकते हैं।

इसी प्रकार, कल्पनात्मक कृतियाँ भी ज्ञानात्मक उद्यम को न केवल उसके सम्मुख विभिन्न क्षेत्रों में कला-रचनाओं की प्रस्तुति द्वारा, बल्कि चिन्तन के लिए ऐसे जीवन्त रूपक प्रदान करके प्रभावित करती हैं, जो चिन्तन का मान्यताविहीन जीवनरक्त होते हैं। संस्कृति की ज्ञानात्मक और कल्पनात्मक सृष्टियों के बीच इस अन्योन्यक्रिया के इतिहास का अनुसन्धान शायद ही किया गया है। वास्तव में मनुष्य के ज्ञानात्मक अथवा कल्पनात्मक उद्यम का अध्ययन करनेवाले इतिहास सामान्यतः उन्हें एक समग्र इकाई की तरह देखने का प्रयत्न नहीं करते—उनके बीच अन्तःक्रिया की तो बात ही क्या करें। स्पेंगलर की तरह उनकी अन्तस्सूत्रता का बोध रखनेवाले भी उनकी अन्तःक्रियाओं को एक कालिक परिप्रेक्ष्य में नहीं देख पाये हैं। अग्रगामिताएँ तथा अन्तराल इस विषय का मर्म है। केवल यही नहीं, इस प्रक्रिया में जो कुछ अवशिष्ट और उपेक्षित रहता है और जो कुछ चयनित, व्याख्यायित और नयी दिशाओं में विकसित होता है वह इस सबका मुख्य अंग है क्योंकि दोनों उद्यमों की अपनी-अपनी स्वायत्तता है और उनकी पारस्परिक अन्तःक्रिया, प्रभाव और आदान-प्रदान समान स्तर पर ही होते हैं।

जिस तरह ज्ञानात्मक उद्यम के मर्म तर्क का एक तत्त्वमीमांसीय आयाम होता है, उसी प्रकार कल्पना का भी एक मिथकीय आयाम होता है। न तो मिथक और तत्त्वमीमांसा के सम्बन्ध का ही अनुसन्धान किया गया है, और न ही इतिहासकारों अथवा चिन्तकों ने सामान्यत: तर्क और कल्पना के सम्बन्धों पर ग़ौर किया है। सम्भवत: मिथक तत्त्वमीमांसीय वास्तविकता को उस गुण से आवृत्त करने का प्रयास है जो उसे भावनात्मक स्तर पर अनुभव करने और मनुष्य के अपने सम्पूर्ण अस्तित्व के साथ अनुक्रिया के सन्दर्भ में एक गोचर वास्तविकता दे सके। दूसरी ओर, तत्त्वमीमांसीय भाव मिथक को एक तर्कसंगत अन्तर्योजना और ज्ञानात्मक प्रतिष्ठा देता है, जो न केवल अपने को तर्कयुक्त माननेवाले बल्कि ऐसा होने में गौरव अनुभव करनेवाले मनुष्य के लिए अनिवार्य है। सभ्यताओं के इतिहास के प्रसंग में मुद्दा एक–दूसरे के प्रकाश में प्रत्येक का ज्ञान करवाते हुए उन्हें एक साथ देखने का है। सामान्यत: मिथक और तत्त्वमीमांसा दोनों दीर्घ कालावधियों तक निरन्तर बने रहते हैं। वे सभ्यताओं को उनकी वह विशिष्ट अस्मिता प्रदान करनेवाले भी माने जाते हैं, जो उन्हें एक दूसरे से फ़र्क़ करती है। लेकिन किसी सभ्यता के इतिहास में मिथकों और तत्त्वमीमांसीय बोध में घटित मौलिक परिवर्तनों को जानना बहुत दिलचस्प होगा, क्योंकि इससे उस सभ्यता में कालान्तर में तर्क और कल्पना में रहते हुए ऐतिहासिक परिवर्तनों का सूत्र मिल सकेगा। एक अधिक सामान्य संवृत्ति सम्भवत: पूर्व में गौण रहे मिथकों और तत्त्वमीमांसीय बोध का प्रभुता हासिल कर लेना है। इस प्रकार, सभ्यताओं के इतिहासकार को न केवल मिथकों और तत्त्वमीमांसीय बोध के स्वरूप में आये मौलिक विच्छेदों बल्कि उनके इन उतारों चढ़ावों के प्रति सतर्क रहना है जो एक की क़ीमत पर दूसरे को अग्रभाग में ले आते हैं।

किसी भी सभ्यता के इतिहास में एक ओर, ज्ञानात्मक उद्यम और, दूसरी ओर, कल्पनात्मक उद्यम की कहानी और उनकी अन्त:क्रिया एवं अन्तस्सम्बन्ध, इस प्रकार एक महत्त्वपूर्ण केन्द्र बिन्दु बन जाते हैं क्योंकि ये दोनों मानवीय सर्जनात्मकता की अभिव्यक्ति के बुनियादी आयाम हैं। निश्चय ही अन्य आयाम भी हैं जो इनके समान अथवा इनसे भी अधिक महत्त्वपूर्ण हैं। लेकिन सामान्यतया वे इतिहासकार की दृष्टि से ओझल ही रहते हैं क्योंकि उन्हें उसी तरह अभिलेखीकरण या किसी स्थायी वृत्त में

सम्मिलित नहीं किया जाता, जिसके आधार पर उनकी पुनर्निर्मिति हो सके। ये आत्म के रूपान्तरण तथा समाज या मनुष्य के प्राकृतिक अथवा सामाजिक परिवेश के रूपान्तरण के आयाम हैं। इन क्षेत्रों में सर्जनात्मकता को पहचानना बहुत कठिन है—विशेषतया मानवीय व्यक्तित्व के रूपान्तरण और मुख्यत: चेतना के गहनतर अतीन्द्रिय स्तरों के रूपान्तरण से सम्बद्ध क्षेत्र में क्योंकि उन्हें किसी वस्तुगत साक्ष्य के माध्यम से जान पाना मुश्किल है। सामाजिक और प्राकृतिक परिवेश के आयाम में सर्जनात्मकता का बोध अपेक्षाकृत आसान है, लेकिन यहाँ भी न केवल साक्ष्य अप्रत्यक्ष होता है बल्कि इन क्षेत्रों में 'सर्जनात्मकता' की अवधारणा की व्यवहार्यता अधिक स्पष्ट नहीं है। वास्तव में, यह पूछा जा सकता है कि व्यक्तित्व अथवा सामाजिक-सांस्कृतिक या प्राकृतिक परिवेश के रूपान्तरण के सन्दर्भ में सर्जनात्मकता का ठीक-ठीक तात्पर्य क्या है जिसे निरूपित या लक्षणित करना कठिन होते हुए भी कोई भी किसी भी समय मानवीय संसार और सामाजिक-सांस्कृतिक तथा प्राकृतिक परिवेश का साक्षात्कार करते हुए ऐन्द्रिक और अस्तित्वगत स्तर पर अनुभव कर सकता है। फिर भी यदि हम किसी सभ्यता को उसकी समग्रता में समझना चाहते हैं तो इन क्षेत्रों में मानवीय सर्जनात्मकता को पहचानना कितना भी कठिन होने के बावजूद हमें यह प्रयास करना ही होगा। वस्तुत: कर्म के क्षेत्र में सर्जनात्मकता इतिहासकारों के ध्यानाकर्षण का केन्द्र कदाचित ही रही है, चाहे वे राजनीतिक और सामाजिक इतिहास पर भी एकाग्र क्यों न रहे हों। किसी देश के शासकों के अनुक्रम या जातियों पर उनकी विजयों और युद्धों का औपचारिक अभिलेखन इन क्षेत्रों में उनकी सर्जनात्मकता का सूचक नहीं हो सकता। सामान्यत: इसका प्रयास तक नहीं किया जाता क्योंकि महान विजेताओं और शासकों की गाथाओं में भी कदाचित बताया जाता है कि उनकी महानता वास्तव में किस चीज़ में थी। उदाहरणार्थ, युद्धकला रचना में उनके नवाचार अथवा नये शास्त्रों की खोज और उपयोग शायद ही कभी इतिहासकारों के ध्यान-केन्द्र होते हैं। इसी प्रकार, शासन कला में नवाचार अथवा न्याय के क्षेत्र में मूल्यों की चरितार्थता या अपनी प्रजा की ख़ुशहाली के उनके प्रयासों पर भी शायद ही कभी विचार होता है। निश्चय ही कभी-कभी उनके कला-संरक्षण जैसे मन्दिरों, मस्जिदों, गिरजाघरों अथवा महलों और क़िलों के निर्माण का उल्लेख ज़रूर हमें मिलता है। लेकिन यहाँ केन्द्रीय आग्रह दूसरों की सर्जनात्मकता का और

नवाचार के लिए सुविधाएँ मुहैया करवाने पर है और उसका राजनीतिक क्षेत्र में ही अन्तर्भूत आयामों से कोई प्रत्यक्ष सम्बन्ध नहीं है। निश्चय ही, राजनीतिक क्षेत्र को भी मुख्यत: सहायक सन्दर्भ में देखा जा सकता है अर्थात् उसका अपना कोई अन्तर्भूत, तात्त्विक मूल्य नहीं है। लेकिन कुछ हद तक सही होते हुए भी, यह मान्यता उस क्षेत्र के मूल्यों के साथ न्याय नहीं करती। वस्तुत: 'सहायक' और 'तात्त्विक' के बीच सम्बन्ध भी सापेक्ष है क्योंकि सभी क्षेत्रों को एक-दूसरे के लिए सहायक माना जा सकता है और इसलिए, एक क्षेत्र के तात्त्विक मूल्यों को दूसरे क्षेत्र के मूल्यों के दृष्टिकोण से सहायक माना जा सकता है। स्पष्टत: यह उन लोगों के लिए सही है जो राजनीतिक क्षेत्र को मुख्य और अन्य सभी क्षेत्रों को मूलत: उसका सहायक मानते हैं, चाहे उनका सरोकार धर्म, कला, विज्ञान या ज्ञान के सामान्य अन्वेषण की मनुष्य की आधारभूत खोजों से ही क्यों न हो। सम्भवत: इन विचारकों के लिए राजनीतिक क्षेत्र से सम्बन्धित 'सत्ता' ही केन्द्रीय मूल्य है, लेकिन यदि ऐसा हो तो सत्ता के वैधीकरण का सवाल ही अप्रसांगिक हो जाता है। लेकिन यह सवाल समस्त राजनीतिक चिन्तन के केन्द्र में उपस्थित है और इस प्रकार अधिकांश इतिहासकारों की इस मान्यता पर प्रश्नचिह्न लगाता है कि राजनीतिक क्षेत्र में केवल सत्ता ही केन्द्रीय मूल्य है। इसके अतिरिक्त, यदि यह मान भी लिया जाय कि सत्ता ही राजनीति का केन्द्रीय मूल्य है, तो भी यह सवाल बना रहेगा कि सत्ता के क्षेत्र में सर्जनात्मकता का वास्तविक तात्पर्य क्या है। उदाहरणार्थ, क्या वह सत्ता की उत्पत्ति, प्रशासन और दृढ़ीकरण में है या सत्ता के प्रयोजन में?

यदि राजनीति के क्षेत्र में सर्जनात्मकता की समस्या की व्याख्या सैद्धान्तिक और व्यावहारिक दोनों ही स्तरों पर कठिन है, तो सामाजिक क्षेत्र में तो यह और भी कठिन लगती है। फिर भी, यह जानने का प्रयास किया जा सकता है कि बहुलता, विचलन, भिन्नता और असहमति को कोई संस्कृति किस सीमा तक सहन करती या उसे महत्त्व भी देती है और किस सीमा तक एकरूपता की माँग की जाती है। ऐसा निश्चय ही सभी क्षेत्रों में समान रूप से नहीं मिलता और इस सम्बन्ध में एक क्षेत्र से दूसरे में महत्त्वपूर्ण भिन्नता हो सकती है। इसका एक संकेत किसी भी संस्कृति में प्रचलित 'विधर्म' की धारणा तथा एक निश्चित कालावधि में दण्डित या उत्पीड़ित विधर्मियों

की संख्या में मिल सकता है। यह जानने के लिए आपराधिक क़ानून भी एक महत्त्वपूर्ण संकेतक हो सकता है कि किसी समाज विशेष में किस तरह के आचरण को कितनी कठोरता से दण्डित किया जाता था। राजनीति में सत्ता के केन्द्रीकरण या विकेन्द्रीकरण की मात्रा भी एक और महत्त्वपूर्ण संकेतक हो सकता है। ऐसा ही एक संकेतक यह भी हो सकता है कि ग्रामीण और नगरीय इलाक़ों में करों का अनुपात क्या था और स्थानीय प्रयोजनों के लिए स्थानीय लोगों के पास कितना धन छोड़ दिया जाता था। इन्हें राजनीतिक क्षेत्र में सर्जनात्मकता और नवाचार को जानने के सूत्र के साथ जोड़ा जा सकता है। इसी प्रकार पर्यावरण या बाग़ों, सड़कों, वृक्षारोपण, विश्राम-गृहों आदि के बारे में किसी भी सूचना को मनुष्यों के सार्थक जीवन बिताने के लिए आवश्यक सामाजिक पर्यावरण बनाने के प्रयास के संकेतक के रूप में लिया जा सकता है। इसके अतिरिक्त, आस्तित्विक स्तर पर जिये जा रहे मानवीय जीवन और अन्तर्वैयक्तिक सम्बन्धों का समस्त क्षेत्र तो है ही। इसका तथा इस क्षेत्र में हुए परिवर्तनों का कुछ संकेत तो सम्भवत: किसी सभ्यता द्वारा छोड़े गये साहित्य में पाया जा सकता है।

सभ्यता के प्रमाण-चिह्न के रूप में विभिन्न क्षेत्रों में सर्जनात्मकता की तलाश उन व्यक्तियों में भी की जानी होगी जो अन्तत: इस सर्जनात्मकता के वाहक होते हैं। साथ ही, क्योंकि सारी सर्जनात्मकता पूर्व उपलब्धियों पर निर्मित होती है, इसलिए उन उपलब्धियों का संरक्षक और हस्तान्तरण भी हस्तान्तरित के परिष्करण और नवाचार जितना ही महत्त्वपूर्ण हो जाता है। यदि किसी व्यक्ति की औसत आयु साठ या सत्तर वर्ष समझी जाय तो प्रथम बीस या पच्चीस वर्ष तो पूर्व उपलब्धियों का ज्ञान करने में ही लग जाते हैं और शेष जीवन उसके परिष्करण या सर्जनात्मक नवाचार के लिए माना जा सकता है। इस प्रकार जैविक-चक्र और पीढ़ी के जैविक नवीकरण से किसी सभ्यता की सर्जनात्मक कालावधि के अध्ययन और मापन के सन्दर्भ में एक आधारभूत इकाई मिल जाती है। इसलिए किसी सभ्यता के उसके सभी आयामों में ज्ञान के लिए हम मोटे तौर पर एक शताब्दी को एक इकाई की तरह मान सकते हैं क्योंकि पीढ़ियाँ परस्पर व्यापी होने के कारण निरन्तरता और परिवर्तन के लिए आधार प्रदान करती हैं। इसके अलावा, क्योंकि अधिकांश सभ्यताएँ अभी तक अतीत को

भविष्य से अधिक मूल्यवत्ता तथा वृद्ध को युवा से अधिक प्रतिष्ठा देती और नवाचार के बजाय रूढ़ि पर आग्रह करती रही हैं, इसलिए न केवल प्रस्थान-बिन्दुओं और नवाचारों को पहचानने के लिए योजना विकसित करनी होगी, बल्कि यह आशा करनी होगी कि उसे तीसरी पीढ़ी में पाया जा सकता है जो प्रारम्भिक पीढ़ी से अधिक दूर और इसलिए उनसे अधिक स्वतन्त्र होगी। नाती-पोतों की पीढ़ी, दाना-नाना की पीढ़ी के साथ अधिक स्वतन्त्रता अनुभव करती हैं, किसी भी स्थिति में, सामान्यत: प्रारम्भिक पीढ़ी तीसरी पीढ़ी के वयस्क होने तक अपनी आयु पूरी कर चुकी होती है। मुख्य मुद्दा यह है कि किसी सभ्यता की सांस्कृतिक सर्जनात्मकता के चक्र पीढ़ियों के जैविक चक्र में अन्त:स्थ होते हैं। तथापि, यह समस्या का केवल एक आयाम ही है। दूसरे का सम्बन्ध इस तथ्य से है कि अनुसन्धान की अपेक्षा रखनेवाली अवधारणा, बिम्ब या मूल्य के इतने अज्ञात निहितार्थ और सम्भावनाएँ होती हैं कि उनमें अन्तर्विष्ट तत्त्व के नि:शेष होने में पीढ़ियाँ या सहस्राब्दि भी लग सकती हैं। इसलिए नवाचार या सर्जनात्मकता उन सम्भावनाओं के अनुसन्धान में भी हो सकती है जिन्हें अभी तक उनमें देखा अथवा महसूस नहीं किया गया। वह किसी नयी अवधारणा या बिम्ब या मूल्य की रचना में भी हो सकती है, जो पूर्ववर्ती से अन्त:क्रिया कर सके अथवा अपने में ही अन्तर्निहित सम्भावनाओं की अभिव्यक्ति के सन्दर्भ में अपना ही एक नया चक्र आरम्भ कर दे। इसके अतिरिक्त, क्योंकि हमारे पास कोई एक अवधारणा, बिम्ब या मूल्य होने के बजाय उनका समुच्चय होता है, इसलिए किसी संस्कृति या सभ्यता में उनकी अन्त:क्रियात्मक सम्भावनाओं का भी आनुक्रमिक पीढ़ियों द्वारा सन्धान किया जा सकता है। यहाँ भी नवाचार का सम्बन्ध उस समुच्चय में प्रधान या केन्द्रीय तथा गौण या परिधीय माने जानेवाली अवधारणा, बिम्ब या मूल्य से होगा।

लेकिन, मूल्यों का सम्बन्ध क्योंकि केवल ज्ञानात्मक या कल्पनात्मक आयाम से ही नहीं, बल्कि उनकी व्यावहारिक चरितार्थता की भी अपेक्षा रहने के कारण उनके बोध के किसी भी इतिहास में उनके क्रियान्वयन और सिद्धि के लिए किये गये कार्यों का इतिहास भी सम्मिलित होगा। किसी मूल्य के क्रियान्वयन में न केवल कठिनाइयाँ आयेंगी बल्कि उस मूल्य के बोध की अपूर्णता और अमूर्तता भी प्रदर्शित होगी। साथ ही,

किसी भी मूल्य के क्रियान्वयन के प्रयास में किसी न किसी तरह के निहित स्वार्थ से टकराहट होनी ही है, अतः कर्म के क्षेत्र में जिस तरह के विरोध और शत्रुता का मुक़ाबला करना होगा, वह चिन्तन के क्षेत्र से बिलकुल भिन्न होगा। इस प्रकार कर्म की द्वन्द्वात्मकता चिन्तन की द्वन्द्वात्मकता से बिलकुल भिन्न होती है। चिन्तन की द्वन्द्वात्मकता में विरोध या तो कथन में असंगति के बोध से होता है या किसी प्रतिसाक्ष्य की अनदेखी करने से। स्वार्थों का खेल केवल वैचारिक खेमेबन्दी और किसी एक चिन्तन-शैली का आदी हो जाने से पैदा होता है। लेकिन, कर्म के क्षेत्र में जिन स्वार्थों पर आघात होता है वे अधिक मर्मस्थलीय और व्यक्तियों तथा समूहों की सम्पदा और सत्ता से सम्बद्ध रहते हैं जो नये मूल्य की चरितार्थता के प्रयासों से प्रभावित होते हैं। वास्तव में, जहाँ सम्पदा अथवा सत्ता के बजाय केवल प्रतिष्ठा की विशेष स्थिति पर भी विपरीत असर पड़ रहा हो, वहाँ भी विरोध उतना ही तीव्र होता है जितना सम्पदा या सत्ता पर विपरीत असर पड़ने पर। इसलिए सामान्यतया किसी मूल्य के निरूपण के बजाय विचार के क्षेत्र में ही पुनर्प्रतिपादन सम्भव होता है, जहाँ अकसर इस स्पष्टीकरण का आश्रय लिया जाता है कि मूल्य के बोध में तो कुछ भी ग़लत नहीं था, लेकिन परिस्थितियों के कारण उसकी क्रियान्विति सम्भव नहीं हो सकी। लौकिक अथवा धार्मिक सभी प्रकार के आदर्शों का पक्ष मण्डन-शास्त्र सदैव यही रहा है। तथापि, नये मूल्य-बोध का उद्‌भव होता रहता है तथा पुराने मूल्य सभ्यता के इतिहास की नयी परिस्थितियों की रोशनी में पुनर्व्याख्यायित होते रहते हैं। ये चिन्तन में आये परिवर्तनों से कहीं अधिक महत्त्वपूर्ण होते हैं और सामान्यतः उनका मोड़ किसी संस्कृति के मूल्य-बोध में आये मोड़ से भिन्न होता है। ऐसे में सभ्यताओं के इतिहासकार को कालान्तर में पुराने मूल्यों के प्रतिपादन में आये परिवर्तनों तथा उस सभ्यता के इतिहास में केन्द्रीय स्थान ग्रहण कर लेनेवाले नये मूल्यों के बोध के प्रति सचेत रहना पड़ता है।

अवधारणात्मक परिवर्तन का इतिहास भी मूल्य-बोध के परिवर्तन के इतिहास जितना ही महत्त्वपूर्ण है, लेकिन उसकी कहानी कुछ भिन्न होती है। अपनी प्रकृति में ही चिन्तन का चरित्र कुछ ऐसा होता है कि वह न केवल अपने निषेधों के प्रति बल्कि इस निषेध के माध्यम से जिये और पनपे हुए के प्रति भी सजग रहता है। इसलिए अवधारणात्मक चिन्तन का

इतिहास सदैव ही चिन्तन के विविध सम्प्रदायों के बीच विवाद का इतिहास होता है और इतिहासकार को इस विवाद को समझना और यह दिखाना होता है कि इस विवाद के माध्यम से कालान्तर में चिन्तन का किस तरह विकास सम्भव हुआ। स्वयं अवधारणाओं में भी उनको समझने के ढंग से परिवर्तन होते रहते हैं। सभ्यता के इतिहासकार को चिन्तन के विविध सम्प्रदायों के बीच विवाद के माध्यम से हुए विकास के साथ-साथ इस परिवर्तन को भी निरूपित करना है। इस प्रकार सभ्यता के इतिहास में अवधारणाओं के अर्थ में कालान्तर में आये विस्तार तथा परिवर्तन और अन्य अवधारणाओं के साथ उनके बदलते अन्तस्सम्बन्ध अध्ययन का एक महत्त्वपूर्ण क्षेत्र प्रस्तुत करते हैं। तथापि, ज्ञान के अनुभवात्मक क्षेत्रों से सन्दर्भित अवधारणाओं तथा दर्शन जैसे क्षेत्रों से सम्बन्धित अवधारणाओं में एक फ़र्क़ है। पूर्ववर्ती में आये परिवर्तन स्वयं अनुभवात्मक ज्ञान के क्षेत्र में आये परिवर्तनों के कारण घटित होते हैं, जबकि परवर्ती क्षेत्र के परिवर्तन मुख्यतः आन्तरिक कारणों से, किसी अवधारणा और उसके विरोधियों के आलोचनात्मक प्रत्युत्तर दोनों की समस्यात्मकता और अस्पष्ट प्रकृति पर चिन्तन की वजह से घटित होते हैं। कल्पना द्वारा रचित क्षेत्र से सम्बन्धित अवधारणाओं का अपना विशिष्ट चरित्र होता है क्योंकि वे अपने से बाहर की किसी वस्तु से सम्बन्धित होती हैं और फिर भी उनका चरित्र ठीक वैसा ही नहीं होता जो अन्य क्षेत्रों में अनुभवात्मक ज्ञान का होता है। इसलिए उनमें हुए परिवर्तन कल्पनात्मक भावनाओं के क्षेत्र तथा उस क्षेत्र पर चिन्तन की समस्यात्मकता के निरूपण में आनेवाली सैद्धान्तिक समस्याओं दोनों को प्रतिबिम्बित करते हैं। किसी भी क्षेत्र में द्वितीय कोटि का अवधारणात्मक चिन्तन इस दोहरी चरित्रिकता को सदैव प्रदर्शित करता है। उनमें हुए परिवर्तन चिन्तन के विषय बने क्षेत्र में हुए परिवर्तनों का भी पता देंगे, यद्यपि दोनों के बीच समय का कुछ अन्तराल रहेगा। इससे विपरीत सम्बन्ध अर्थात् प्रथम कोटि के चिन्तन पर द्वितीय कोटि के चिन्तन के प्रभाव का भी आकलन करना होगा। इस प्रकार सैद्धान्तिक चिन्तन और जिस पर चिन्तन किया जा रहा है उस क्षेत्र के बीच एक दोहरी अन्तःक्रिया होगी, जिसमें एक के दूसरे के से अन्तर्ग्रथित होने के कारण एक ऐसा संश्लिष्ट सम्बन्ध-विधान पैदा होगा जिसमें प्रत्येक दूसरे को समयान्तराल से प्रत्यक्षतः एवं परोक्षतः दोनों प्रकार से प्रभावित करता है। प्रश्न यह उठता है कि क्या प्रथम कोटि के चिन्तन पर द्वितीय कोटि

के चिन्तन के प्रभाव के शास्त्रीय स्वरूप ग्रहण कर लेने से क्या किसी प्रकार के नियन्त्रण अनुभव होने लगते हैं। उदाहरणार्थ, भारतीय सन्दर्भ में कोई पूछ सकता है कि क्या पाणिनी अथवा भरत के प्रतिपादन ने संस्कृत भाषा या कलाओं पर प्रभाव डाला। इसी तरह, यह भी पूछा जा सकता है कि वात्स्यायन के 'काम-सूत्र' में प्रतिपादित काम-विज्ञान ने सौन्दर्यशास्त्र के विकास और साहित्य में गृहीत स्त्री-पुरुष सम्बन्धों को किस प्रकार प्रभावित किया।

कल्पना-संसार की रचनाओं का भावनाओं के संसार से घनिष्ठ सम्बन्ध होता है क्योंकि वे विविध परिस्थितियों में मनुष्यों के पारस्परिक सम्बन्धों को चित्रित करती हैं। उनसे वास्तविक जीवन में चरितार्थ किये जानेवाले मानवीय सम्बन्धों के काल्पनिक आदर्श रूप प्राप्त होते हैं। किसी कलाकृति में चित्रित अनुभूतियों और भावों को उनके गृहीता द्वारा पुनः जिया जाता है, लेकिन साथ ही उनसे एक द्वितीय कोटि की अनुभूति या भाव भी उत्पन्न होता है जिसका बोध सार्थक और महत्त्वपूर्ण होता है। इसका एक अनुवर्ती मूल्यांकन भी हो सकता है कि जीवन कैसे जिया जाना चाहिए अथवा यदि जीवन को सार्थक होना है तो उसे कैसा नहीं होना चाहिए। इससे कुछ सीमा तक यह भी स्पष्ट हो जाता है कि किसी कलाकृति में व्यक्त अनुभूतियों और भाव से सौन्दर्यशास्त्रीय आनन्द लेते हुए भी किस तरह उन्हें नैतिक स्तर पर वास्तविक जीवन के आदर्शों या प्रतिमानों के रूप में अस्वीकार किया जा सकता है। मनुष्य की कल्पनात्मक कृतियों के सन्दर्भ में अनुभूतियों और भावों की केन्द्रीयता उन कलाओं को भी संक्रमित करती है जिनका मनुष्यों या उनके अन्तस्सम्बन्धों के साथ कोई प्रत्यक्ष सम्बन्ध नहीं होता। वास्तु-कला सम्भवतः इसका स्पष्टतम उदाहरण है। वह न केवल जटिल मानवीय सम्बन्धों से जुड़ी नहीं होती बल्कि जुड़ सकती भी नहीं, और फिर भी उसके द्वारा रचित रूपों से मानवीय भावनाओं का बोध सम्भव होता है, बल्कि वह भावनात्मक रूप से कुछ सार्थक और महत्त्वपूर्ण को ही ठोस रूप में मूर्त करती देखी जा सकती है। निश्चय ही, किसी वास्तु कृति में मूर्त दिक् का संगठन उसके तीसरे आयाम को दृष्टिगोचर बनाता है, जैसा कोई भी अन्य कला नहीं कर सकती, और इसलिए दिक् का हमारा जीवन्त अनुभव गत्यात्मक और स्पृश्य दोनों रूपों में वास्तु-कला के माध्यम से ही व्यंजित होता है, जो अन्य किसी कला-

रूप में नहीं होता। इस प्रसंग में स्पर्श गुणों का उल्लेख कुछ विचित्र लग सकता है, लेकिन यह उल्लेख होना चाहिए क्योंकि दिक् के हमारे बोध का सम्बन्ध न केवल गति के बोध बल्कि स्पर्श-बोध से भी होता है। दिक् के गत्यात्मक गुणों की चर्चा में यह अजीब लग सकता है कि अपने आप में निश्चल वास्तु हमें गतिशीलता का दृष्टिगोचर बोध प्रदान करता है जो अन्य सभी कलाओं से इतना भिन्न होता है। यह सही है कि गत्यात्मकता का यह बोध इस तथ्य के कारण सम्भव होता है कि वास्तु की किसी कृति को देखने के लिए प्रेक्षक को भी चलना पड़ता है। निस्सन्देह, उसे न केवल उस तक जाना बल्कि उसमें और उसके इर्द-गिर्द घूमना पड़ता है ताकि वह उसका अनुभव कर सके; लेकिन इसमें भी कोई सन्देह नहीं कि वास्तु-कृति स्वयं दिक् की विश्रान्ति और गति दोनों का बोध करवाने का प्रयत्न करती है। प्रेक्षक और वास्तु कृति दोनों की दोहरी गतिशीलता दिक् का एक ऐसा गत्यात्मक बोध रचती है जो अन्य किसी भी कला-रूप में उपलब्ध नहीं होता, क्योंकि वस्तुत: उन सभी में प्रेक्षक बैठकर या खड़ा होकर देखता है, जैसे कि चित्रकला या मूर्तिकला की किसी कृति के सम्मुख और यदि वह चलता भी है तो किसी अन्य कृति के सम्मुख जाकर खड़े होने के लिए। यह निश्चय ही सही है कि प्रेक्षक कभी-कभी किसी कलाकृति को, विशेषतया यदि वह बड़ी है तो, कुछ अधिक नज़दीक जाकर या अन्य किसी कोण से देखने की ओर प्रवृत्त होता है, लेकिन इससे उस कृति की गत्यात्मकता को कोई बोध व्यंजित नहीं होता। जहाँ प्रेक्षक को बोध के लिए चलना ज़रूरी हो, ऐसी कलाकृति का एक और उदाहरण मानव-निर्मित उद्यान हो सकता है, यद्यपि बहुत कम उद्यान इस दृष्टि से बनाये गये हैं। मैं केवल जापानी उद्यानों की ही बात कर सकता हूँ जहाँ बहुत-से सचेत प्रभाव इस तरह निर्मित किये गये हैं कि उसमें प्रवेश करनेवाले प्रेक्षक को एक हिस्से से दूसरे हिस्से में जाना ही पड़ेगा, और इसलिए उस उद्यान को इस तरह बनाया जाना चाहिए कि यह गतिशीलता मन:स्थिति में भी परिवर्तन सम्भव कर सके—उस विस्मय के तत्त्व के साथ जो गतिशीलता में परिवर्तन के कारण दृष्टिगोचर होता है। तथापि, यह कहना कठिन है कि इन उद्यानों में गत्यात्मकता का बोध वास्तव में मूर्त है जैसा सामान्यत: वास्तु में होता है। शायद उन उद्यानों को रचनेवाली कल्पना ने उन्हें वास्तु-कृतियों के रूप में नहीं सोचा, या उस गुण में उन्हें भागीदार नहीं बनाया, जो इस तुलना को समझने पर किया

जा सकता था। यह आश्चर्यजनक है क्योंकि जापानियों ने उद्यान की चित्र की उपमा से कल्पना की जिसमें प्रेक्षक को चलना या घूमना नहीं पड़ता बल्कि उसके सम्मुख बैठना और समग्र को एक त्रिविम संयोजन के रूप में देखना होता है। यहाँ तीसरे आयाम का अस्तित्त्व होता है और चित्रकला की तरह उसे किसी युक्ति या परिप्रेक्ष्य से नहीं निर्मित करना पड़ता और फिर भी यह कहना कठिन है कि चित्रकला की समतुल्यता में निर्मित जापानी उद्यान में तीसरे आयाम की उपस्थिति की वास्तविकता उसे किसी वास्तु-कृति में व्यंजित एक अतिरिक्त विशेषता देती है। निश्चय ही, वास्तु के कुछ ऐसे वास्तविक उदाहरण भी हैं जिन्हें चित्र की अनुरूपता में इस तरह बनाया गया है कि एक निश्चित दूरी से उनके पीछे तथा इर्द-गिर्द के दिक् की पार्श्वता में ही उनकी समग्रता का बोध किया जा सकता है। लेकिन, वे किसी को अपने अन्दर या आस-पास चलने को आमन्त्रित नहीं करते, यद्यपि कोई चाहे तो वैसा भी कर सकता है, लेकिन तब उससे मिलनेवाला सौन्दर्यबोध वास्तु कलात्मक नहीं बल्कि कुछ और हो जायेगा। मुग़ल स्थापत्य की बहुत-सी महान कृतियों, विशेषतया शाहजहाँ द्वारा निर्मित कृतियों का प्रवेश-स्थल ही पूरे स्थापत्य को एक ऐसा चौखटा प्रदान करता है जिसमें दिक् में निलम्बी उस कृति को एक ही दृष्टि में उसकी पूरी समग्रता में देखा और महसूस किया जा सकता है। ताजमहल इसका सर्वोत्तम उदाहरण है, यद्यपि यह उल्लेखनीय विशेषता जामा मस्जिद में भी देखी जा सकती है, विशेषतया यदि हम उस प्रेक्षण-स्थल को जानते हों, जहाँ से देखने के लिए इसे बनाया गया था। यह वह कोण है जहाँ पर बादशाह मस्जिद की ओर आते हुए सहसा मुड़ता था, यद्यपि अब मकानों-दूकानों की गड्डु-बड्डु के कारण आंशिक रूप से ही सही, वह दृश्य बाधित होता है। यद्यपि ऐसी कई इमारतें हैं जिनमें चित्रात्मकता चारित्रिकता है, पर उनमें गति की अन्तर्निहित सम्भावना भी है और उनमें सर्वोत्तम वे हैं जिनमें दोनों का इतना सुन्दर समन्वय है कि एक दूसरे के ध्यान में रत लगता है।

चित्रकला एक अन्य कला है जो दिक् और उसके अन्तस्सम्बन्धों का अन्वेषण करती है, लेकिन वह क्योंकि रंगों का भी प्रयोग करती है, इसलिए उससे प्रेरित अनुभूतियाँ इन दोनों आयामों का परिणाम होती हैं जिन्हें वास्तविकता में एक-दूसरे से पृथक् नहीं किया जा सकता, यद्यपि

कुछ कलाकार किसी एक पर अधिक निर्भर हो सकते हैं। तथापि, दिक् और रंग के अतिरिक्त चित्रकार में मानव-प्राणियों को चित्रित करने के प्रलोभन से बच नहीं सकते और इस प्रकार किसी नाट्यात्मक स्थिति अथवा मानव-प्राणियों और उनके अन्तस्सम्बन्धों के एक साहित्यिक समरूप को दिक् और रंगों के अन्तस्सम्बन्धों से पुनर्भावित कराते अथवा कभी उसका प्रत्युत्तर देते और इस तरह अनुभूतियों और भावों के सन्दर्भ में एक सम्मिश्रण बनाते हैं। सामान्यत: किसी चित्र की साहित्यिक विशेषता उसकी शुद्ध सौन्दर्यात्मक विशेषता में हस्तक्षेप करती है और इसीलिए अधिकांश वर्णनात्मक चित्र इस विलक्षण द्वन्द्व से ग्रस्त होते हैं जो प्रेक्षक को भिन्न दिशाओं की ओर खींचता है। तथापि, जहाँ तक किसी सभ्यता के किसी पक्ष की पुनर्निर्मिति का प्रश्न है, यह कोई दोष नहीं बल्कि गुण है क्योंकि अन्तत: इतिहासकार की रुचि इस बात में है कि अतीत में मानवीय सम्बन्ध तथा उनमें व्याप्त अनुभूतियाँ और भाव किस तरह समझे गये और वास्तव में प्रचलन में भी रहे। इसके लिए चित्र में साहित्यिक तत्त्व का प्रवेश कोई बाधा होने के बजाय एक सहायता ही है क्योंकि वह उन भावनाओं और सम्बन्धों को दृश्य रूप देता है जिनका साहित्य में केवल वर्णन ही किया जाता है। वह इस बात का भी पता देता है कि उस काल में लोग कैसे वस्त्र पहनते और जीते थे।

दिक् की गत्यात्मकता की समस्या केवल वास्तु और चित्रकला तक ही सीमित नहीं है। वह सभी कलाओं, विशेषत: नृत्य और नाटक में भी व्याप्त है। लेकिन यहाँ यह काल की गत्यात्मकता से अन्तर्ग्रथित है जिससे उसे अलग नहीं किया जा सकता। नर्तक न केवल दिक् में गति करता बल्कि यदि चाहे तो उसका दृश्य-रूप भी रच सकता है। लेकिन इस दिशा में सुचिन्तित प्रयास न होने पर इसकी भूमिका गौण ही रहती है और जो चीज़ ध्यान आकर्षित करती है, वह उसकी आधार-भूमि के रूप में दिक् नहीं, बल्कि गति की कालिक लय ही होती है। शुद्ध नृत्य शुद्ध चित्र से भी अधिक विरल है क्योंकि नर्तक को मुद्राओं के माध्यम से अनुभूतियों और भावों को चित्रित करने का शाश्वत प्रलोभन होता है जो या तो अनुभूतियों और भावनाओं के मनुष्यों में घटित होते समय के दैहिक पहलुओं का प्रत्यक्ष प्रतिबिम्ब होती हैं या अप्रत्यक्ष रूप से उन स्थितियों से सम्बन्धित होती है जो अपने लिए उपयुक्त मुद्राओं की भाषा के माध्यम

से की गयी अनुकृति होती हैं। निस्सन्देह, नृत्य सदैव मुद्रा की शुद्ध भाषा में एक नाट्यात्मक प्रदर्शन होने के कगार पर होता है जहाँ कुछ भी कहा नहीं जाता बल्कि सब कुछ दैहिक गतियों के माध्यम से अभिनीत किया जाता है। एक विशेष प्रकार का चित्र या नृत्य जो कुछ करना चाहता है, उसे नाटक स्पष्टतापूर्वक उभार देता है, लेकिन यहाँ मानवीय तत्त्व पूरी तरह प्रधान हो जाता है और अन्तस्सम्बन्धों में बँधे मानवीय प्राणी अपनी सभी अनुभूतियों और भावों के साथ केन्द्रीय महत्त्व प्राप्त कर लेते हैं। लेकिन, दिक् और काल की गत्यात्मकता न केवल उपस्थित रहती बल्कि उस कार्यव्यापार को सामग्री देती है जिससे नाटक का मर्म रचा जाता है। यह निश्चय ही अरिस्टॉटल द्वारा उल्लिखित समय और स्थान की एकता नहीं है जिसने यूरोपीय नाटक को दीर्घ-काल तक नियन्त्रित किया—बल्कि इसका सम्बन्ध नाटक में कार्य-व्यापार के गत्यात्मक विकास के सन्दर्भ में दिक् और काल के बोध से है।

काल की गत्यात्मकता संगीत में भी अपने ढंग से आती है, लेकिन यह कहना कठिन है कि क्या संगीत दिक् को भी काम में लेता है अथवा किसी महत्त्वपूर्ण अर्थ में दिक् से उसका कोई सरोकार है। वास्तु किसी कालिक तत्त्व को तो निश्चय ही अपनी परिधि में नहीं घेरता, लेकिन उसमें ऐसा गत्यात्मक गुण हो सकता है जो दिक् को स्पन्दित कर दे, यद्यपि उसे कालिक कहना कठिन होगा। जैसा हमने देखा कि वास्तु का बोध प्रेक्षक की वास्तविक गति के माध्यम से होता है, इसलिए कालिकता का एक बोध उस पर प्रक्षेपित हो जाता है। इसके अलावा, जैसा हम पूर्व में देख चुके हैं, वास्तु के कुछ उदाहरणों में दिक् की अन्तर्भूत गत्यात्मकता होती है। लेकिन वास्तु में काल की प्रतीयमान उपस्थिति से तुलनीय माने जाने जा सकनेवाली दिक् की उपस्थिति का भी संगीत में पूर्ण अभाव रहता है। तथापि, सभी व्यावहारिक प्रयोजनों के लिए वास्तु और संगीत को काल और दिक् के सन्दर्भ में मनुष्य की शुद्धतम काल्पनिक रचनाएँ कहा जा सकता है। संगीत में फिर भी शाब्दिक सामग्री पर आश्रय का प्रलोभन रहता है जो अपनी संगति के कारण अनुभूतियों और भावनाओं से परिपूरित अर्थों का आह्वान करती है। इस मामले में वह चित्र और नृत्य की तरह है जो अनिवार्यत: अपने से बाहर के तत्त्वों के विलोभन के कारण अपनी शुद्धता से लगातार विचलित होते रहते हैं क्योंकि माना जाता है कि

वे तत्त्व उन कलाओं से प्रेरित भावनाओं और अनुभूतियों का दृढ़ीकरण सम्भव करते हैं। लेकिन चित्रकला की ही तरह, इतिहासकार के लिए अपनी पुनर्निर्मिति में इनका महत्त्व भी इन क्षेत्रों से सम्बन्धित शुद्धतर कला-रूपों की अपेक्षा अधिक होता है। निश्चय ही अन्ततः ये सब साहित्य पर आश्रित हैं जिसे अधिकांश सभ्यताओं में मनुष्य की सर्जनात्मक कल्पना का आदि रूप माना जा सकता है, लेकिन क्योंकि कई संस्कृतियाँ निरक्षर रहीं और सभी सभ्यताओं के निरक्षर दौर भी रहे, इसलिए उन कालों में मनुष्य को प्रेरित करनेवाली चीज़ों पर विचार करते समय इन क्षेत्रों में मूर्त कल्पनात्मक सर्जन को भी देखा जाना चाहिए। इस पुनर्निर्मिति में वास्तु और मृण्पात्रों का एक प्रमुख स्थान है क्योंकि ये कालान्तर में भी अस्तित्व में बने रहते हैं जबकि मानवीय कल्पना को मूर्त करनेवाले अन्य कला-रूप नष्ट हो जाते हैं। मूर्तिकला से वास्तु का अलंकरण और चित्रवल्लरियों में अंकित मानवीय जीवन के दृश्य यह प्रदर्शित करते हैं कि कल्पना की सभी रचनाओं की आधारभूत अन्तर्निहित संरचनाओं या निर्माण करने तथा उन्हें सौन्दर्यबोधात्मक अर्थ देनेवाले दिक् अथवा काल पर आधारित शुद्ध रूपों से प्रतिक्रिया करते और अनुभूतियों तथा भावनाओं को चित्रित करते हुए मानवीय स्थितियों में मनुष्य की केन्द्रीय रुचि से अलग हो पाना कितना कठिन है। यद्यपि मुस्लिम वास्तु में मूर्तियाँ, चित्रवल्लरिया अथवा भितिचित्र नहीं पाये जाते, लेकिन वहाँ भी उन वनस्पतीय आकृतियों और सुलेखीय अलंकरण के प्रलोभन से नहीं बचा जा सकता है, जो अपने में अत्यन्त सुन्दर होते हुए भी वास्तु द्वारा मूर्त दिक् के रूप की शुद्धता को नहीं बढ़ाते। जिस प्रकार किसी विशाल भारतीय मन्दिर में प्रेक्षक अपने सम्मुख प्रस्तुत उत्कृष्ट वास्तु को देखने के बजाय मूर्तिकला के एक विस्मयकारी नमूने से दूसरे की ओर भागता रहता है, उसी प्रकार मुग़ल स्थापत्य के उत्कृष्ट नमूनों में वह सूक्ष्म वनस्पतीय आकृतियों के विस्मयकारी सौन्दर्य में खो जाता है। मुस्लिम स्थापत्य में मूर्तिकला और चित्रकला की अनुपस्थिति कई कारणों से विचित्र लगती है क्योंकि ऐसा नहीं है कि शबीहें या चित्र नहीं थे या पाण्डुलिपियों को चित्रित नहीं किया गया या कि मुस्लिम कला में सारे संसार में जीवन और उत्तेजना से भरपूर मानवीय घटनाओं के जटिल दृश्य नहीं चित्रित किये गये। ऐसे में केवल वास्तु में ही उनकी अनुपस्थिति क्यों होनी चाहिए? इस प्रश्न का कोई सीधा उत्तर तो कठिन है, लेकिन सम्भव है कि मुस्लिम

वास्तु अन्य वास्तु परम्पराओं की अपेक्षा वास्तु रूप की शुद्धता के प्रति अधिक संवेदनशील रहा हो। इसमें प्रतिरूपीकरण की मनाही से भी निश्चय ही सहयोग मिला होगा; फिर भी, जैसाकि चित्रकला और पाण्डुलिपियों के चित्रीकरण से पता चलता है, यह विरोधाभास और पहेली अनसुलझे ही रहते हैं।

किसी भी सभ्यता के इतिहास का एक अधिक समेकित रूप पाने के लिए मनुष्य का कल्पनात्मक रचनाओं और विभिन्न ज्ञानात्मक उद्यमों और इनसे बरामद संकेतों को उसकी तलाश के दो अन्य आयामों से सम्पूरित करना होगा। इन्हें एक ओर मनुष्य की लोकोत्तर खोज तथा दूसरी ओर यथार्थ की रूपान्तरणात्मक खोज कहा जा सकता है। उसकी कुछ रूपान्तरणात्मक खोजें वास्तु में मूर्त रूप से दृष्टिगोचर हैं तो कुछ अन्य औपचारिक भू-दृश्य उद्यानों में। दोनों ही मूर्त रूपान्तरण हैं जिनका मनुष्य की सभी इन्द्रियों द्वारा बोध किया जा सकता है। विचित्र है कि अन्य सभी कलाओं में अपूर्ण चरितार्थता की विशेषता होती है, क्योंकि कल्पित को सफलतापूर्वक मूर्त कर लेने पर भी वह सम्भावनाओं के संसार में ही रहती हुई चरितार्थता की अपेक्षा करती रहती है। इसलिए मनुष्य की रूपान्तरणात्मक कार्यशीलता उसके ज्ञानात्मक और कल्पनात्मक उद्यमों से अलग जीवन के वास्तविक तन्त्र के परिवर्तन की ओर ले जाती है। यह केवल अधिक कठिन ही नहीं बल्कि सिद्धान्ततः असम्भव भी है क्योंकि मनुष्य की सभी कल्पनात्मक कृतियों और ज्ञानात्मक उपलब्धियों में सदैव उपस्थित रहने के कारण काल को रोका या अवरुद्ध नहीं किया जा सकता। कल्पनात्मक कृति और ज्ञानात्मक उद्यम की अकालिकता का विरोधाभास इसी तथ्य से स्पष्टतः प्रमाणित है कि काल में उसकी एक अवस्थिति होती है और वह कुछ कृतियों की परवर्ती एवं कुछ अन्य की पूर्ववर्ती होती है। संगीत और नृत्य जैसी कलाओं में काल के उनका एक अंगभूत होते हुए भी इन कृतियों के अकालिक चरित्र पर इस तथ्य से प्रश्नचिह्न लगता है कि न केवल एक विशेष काल-बिन्दु पर उनका आविर्भाव हुआ बल्कि उन्हीं के प्रकार की परवर्ती कृतियाँ भी उसी तरह की अकालिकता का दावा करती हैं। ज्ञानात्मक उद्यम के उत्पादों और कल्पना के क्षेत्र में मनुष्य की सर्जनात्मक तलाश के परिणामों के बीच निश्चय ही एक गहरा अन्तर है क्योंकि पूर्ववर्ती उद्यम हमेशा सत्य का दावा करता है जबकि परवर्ती के साथ

सामान्यतः ऐसा नहीं होता। इस प्रकार सत्य का अकालिक दावा मनुष्य की कल्पनात्मक सृष्टि की अकालिकता के दावे से मूलतः भिन्न है, यद्यपि दोनों ही काल के किसी निश्चित क्षण में आविर्भूत होने के कारण अपने जन्म में कालिक होते हैं। साथ ही, यद्यपि दोनों ही एक अर्थ में मानवीय रचना हैं, लेकिन ज्ञानात्मक क्षेत्र की रचनाएँ अपने पूर्ववर्तियों का इस अर्थ में निषेध करती हैं कि वे अपनी निर्मिति के समय उनके द्वारा प्रतिपादित सत्य को अस्वीकार कर देती हैं। लेकिन मनुष्य की कल्पनात्मक रचनाएँ, कम से कम स्पष्ट रूप में, पूर्ववर्ती रचनाओं को किसी सार्थक स्तर पर अस्वीकार नहीं करतीं—बल्कि वे उनमें कुछ जोड़ती और एक सम्पन्नतर वैविध्य का प्रदर्शन करती हैं और यह ज्ञानात्मक क्षेत्र का अभिशाप है। इस प्रकार, ज्ञानात्मक क्षेत्र में विकास की एक निरन्तरता दीखती है जिसमें, अधिकांश मामलों में, परवर्ती पूर्ववर्ती का स्थान ले लेता और उसे केवल ऐतिहासिक रुचि की चीज़ बना देता है। कल्पनात्मक कृतियों का स्थान कभी कोई अन्य नहीं ले सकता और परवर्ती कृति पूर्ववर्ती से अनिवार्यतः श्रेष्ठतर नहीं होती। उलटे, अतीत की महान कृतियाँ न केवल परवर्ती कृतियों के साथ-साथ खड़ी रहतीं बल्कि, एक अर्थ में, एक प्रतिमान या आदर्श प्रस्तुत करती हैं जिसकी कसौटी पर परवर्ती कृतियों का मूल्यांकन किया जा सकता है। निश्चय ही यह कहना सही नहीं है कि मनुष्य के ज्ञानात्मक उद्यम में कल्पना की कोई भूमिका नहीं होती, लेकिन उसकी भूमिका न केवल गौण होती है बल्कि जिन बाधाओं के तहत उसे काम करना होता है, वे भी बिलकुल भिन्न प्रकार की होती हैं। अन्ततः, ज्ञानात्मक क्षेत्र में कल्पना के लिए सबसे बड़ी बाधा वह यथार्थ स्वयं होता है जिसे जानने का प्रयास किया जाता है, जबकि कल्पनात्मक रचना की बाधा मुख्यतः उस माध्यम से ही प्रकट होती है जिसमें वह अपने को मूर्त करना चाहती है।

लेकिन, जैसाकि सब जानते हैं, मनुष्य केवल ज्ञान और कल्पना से ही सन्तुष्ट नहीं होता; वह यथार्थ को वांछित दिशा में रूपान्तरित करना चाहता है। रूपान्तरण के इस उद्यम में कल्पना और ज्ञान दोनों ही निर्णायक भूमिका अदा करते हैं। सामान्यतः वांछित किसी संस्कृति की कल्पनात्मक रचनाओं की देन होता है। दूसरी ओर, ज्ञान प्रक्रिया प्रदान करता है, यथार्थ का वास्तविक रूपान्तरण, विशेषतया जब वह कारणात्मक प्रकार का हो।

इस तरह रूपान्तरणात्मक उद्यम की बाधाएँ दोहरी होती हैं; अर्थात्, वह ज्ञान और कल्पना दोनों को एक सीमा तक 'प्रदत्त' मानकर चलता है। मनुष्य की रूपान्तरणात्मक क्रियाशीलता की और गहनतर बाधा यह है कि दुनिया में और भी मनुष्य हैं जो उसी की तरह स्वतन्त्र कर्ता हैं और वांछित रूपान्तरण के लिए उनका सहयोग आवश्यक है। इस प्रकार, अन्य की स्वतन्त्रता वह आधारभूत बाधा है जिसका सामना मनुष्य की रूपान्तरणात्मक क्रियाशीलता को करना होता है और इसी में समस्त मानवीय धर्म का मूलभूत धर्म-संकट प्रस्तुत होता है—वांछनीय की उपलब्धि में साधन बनाने के लिए अन्य की स्वतन्त्रता का नियन्त्रण अथवा निषेध। लेकिन, अन्य के इस साधनात्मक उपयोग को अनैतिक माना जाता है क्योंकि यह अन्य के 'आत्मत्व' का निषेध करता और उसे एक वस्तु की हैसियत में ला देता है। इसके अतिरिक्त, इससे अन्य के साथ ऐसे सार्थक सम्बन्ध उत्तरोत्तर कठिन होते जाते हैं जो केवल स्वतन्त्र व्यक्तियों के बीच सम्बन्धों में ही चरितार्थ हो सकते हैं। प्रेम और मैत्री इस प्रकार के सम्बन्धों के ज्वलन्त उदाहरण हैं और यह सुविदित है कि मुख्यत: रूपान्तरणात्मक क्रियाशीलता में रत लोगों के लिए ऐसे सम्बन्धों की स्थापना या दीर्घकाल तक उनका आनन्द ले पाना कठिन होता है।

मनुष्य की रूपान्तरणात्मक क्रियाशीलता की तिहरी बाधकता का सामना एक भिन्न तरह की बाधा से होता है जो इस तथ्य का परिणाम होती है कि बड़े स्तर और दीर्घावधि की रूपान्तरणात्मक क्रियाशीलता के लिए निर्वैयक्तिक संस्थाओं की ज़रूरत होती है जो अधिकार-तन्त्र हो जाती हैं और उनके व्यवहार के मानक उनसे भिन्न होते हैं जो निजी हैसियत से किये गये व्यक्तियों के कामों पर लागू होते हैं। 'अधिकारी-तन्त्रीकरण'—ब्यूरोक्रेटि-जेशन—शब्द इस पूरी ग्रन्थि को संज्ञापित करता है और यद्यपि वेबर की दलील है कि यह आधुनिक यूरोपीय सभ्यता की विशिष्ट पश्चिमी तार्किकता की एक क़िस्म की उपलब्धि है, तथ्य यह है कि कोई भी समाज इस क़िस्म की किसी संस्था के बिना अपने को न तो बनाये रख सकता और न ही दीर्घकाल तक किसी विशाल मानवीय उद्यम में रत रह सकता है। राजनीति, विधि और अर्थव्यवस्था ऐसे संस्थानीकरण के दर्शनात्मक उदाहरण हैं; लेकिन मानवीय क्रियाशीलता के लगभग प्रत्येक दीर्घकालीन क्षेत्र में ऐसे संस्थान या उनके समरूप जड़ें पकड़ते ही हैं

क्योंकि उनके बिना कोई भी नवाचार नित्य चर्चा नहीं बनता और न संस्कृति का एक स्थायी अंग बनता या एक पीढ़ी से आगामी पीढ़ी को हस्तान्तरित किया जा सकता है।

ज्ञानात्मक, कल्पनात्मक और रूपान्तरणात्मक क्रियाशीलता के साथ-साथ मनुष्य में एक लोकोत्तर उद्यम की प्रवृत्ति भी होती है। इसका सम्बन्ध ससीमता और कालिकता के अतिक्रमण के प्रयासों से है। नश्वरता और बन्धन तथा दिक् और काल में फँसे होने का बोध मनुष्य को इनसे स्वतन्त्र होने के लिए प्रेरित करता है, यद्यपि वह जानता है कि जीवित रहते हुए ऐसी मुक्ति उपलब्ध नहीं हो सकती है। जैविक चक्र किसी भी आत्म-चेतन व्यक्ति को अर्थवत्ता और व्यर्थता दोनों ही का बोध करवाता है, जो अपने से युवतर लोगों को उस सबमें से गुजरते हुए देखता है जिसमें से वह बिना यह जाने गुजरा था कि चक्र के अगले घुमाव पर क्या चीज़ उसकी प्रतीक्षा कर रही है। लोकोत्तर तलाश ऐसे ही या अन्य कुछ कारणों से उत्पन्न हो सकती है, लेकिन वास्तव में वह उस आत्म-चेतना का फल है जो मनुष्य में अन्तर्भूत है और जो उसके प्रत्येक कर्म, अनुभव और ज्ञान को उसके लिए 'विषय' बनाकर इस विषयपरकता का अतिक्रमण करनेवाले कुछ को निरन्तर अनुभूति सम्भव करती है। लोकोत्तर उद्यम कालिकता, नश्वरता, कामना, बन्धन, मुक्ति और ज्ञान के सन्दर्भ में मनुष्य की बुनियादी संरचनात्मक अवस्थिति से सम्बद्ध होता है। कोई सभ्यता मनुष्य के इस उद्यम से वंचित नहीं होती, इसलिए सभ्यता के किसी भी अध्ययन में न केवल ज्ञानात्मक, कल्पनात्मक और रूपान्तरणात्मक क्षेत्रों में उसके उद्यम को ही नहीं, बल्कि उस सभ्यता के उपलब्ध अभिलेखों से सहस्राब्दियों तक जारी इस लोकोत्तर उद्यम के अनुसन्धान को भी शामिल करना होगा।

इन सभी उद्यमों में उनकी अपनी व्यापक आन्तरिक भिन्नताएँ होती हैं तथा उनके अपने अन्तस्सम्बन्धों और विविध उद्यमों के पारस्परिक सम्बन्धों की समस्या भी पेश आती है। अन्ततः ज्ञान तथा भावों-अनुभूतियों के क्षेत्रों तथा कर्म और इन सारी तलाशों का अतिक्रमण करनेवाली तलाश के क्षेत्रों के सम्बन्धों की समस्या पैदा होती है। मुक्ति के क्षेत्र में ये सभी अन्तर्निहित हैं और वह किसी भी क्षेत्र से सम्बन्धित तलाश की पूर्वशर्त होने के साथ-साथ सभी प्रकार की तलाशों का लक्ष्य भी होती है। तथापि, इन सभी क्षेत्रों में स्वतन्त्रता के बहुस्तरीय सम्बन्धों तथा लोकोत्तर एवं अनुभवात्मक

स्वतन्त्रता के बीच के तनाव और एक सभ्यता के सम्मुख इन सबके द्वारा प्रस्तुत समस्याओं का सभ्यता के इतिहासकारों द्वारा नगण्य अध्ययन किया गया है। इन उद्यमों में से प्रत्येक के उपक्षेत्रों की समस्या उनके अन्तस्सम्बन्धों तथा अन्य उद्यमों के उपक्षेत्रों के साथ-साथ समग्रतः उन उद्यमों के भी साथ सम्बन्धों के सन्दर्भ में बहुत जटिल और कठिन है। साथ ही, ज्ञान, कल्पनात्मक सर्जन तथा यथार्थ के रूपान्तरण के उद्यमों के उपक्षेत्र तो सुविदित होते हैं, लेकिन लोकोत्तर अनुसन्धान के उपक्षेत्रों की ओर शायद ही कभी ध्यान दिया गया है। सामान्यतः जब मनुष्य के लोकोत्तर उद्यम के साभ्यतिक आयाम का अभिज्ञान हुआ भी है तो उसे एक समग्र की तरह ही देखा गया है, मानो उसमें कोई उपक्षेत्र होते ही न हों। लेकिन, वास्तव में, इस उद्यम की भी अपनी आन्तरिकता भिन्नताएँ हैं, चाहे वे मनुष्य के अन्य उद्यमों की आन्तरिक भिन्नताओं जितनी अधिक न भी हों। प्रथम दृष्टया, लोकोत्तर उद्यम मानवीय चेतना द्वारा अपने को समझने की समस्या के तीन बुनियादी पक्षों—ज्ञान, अनुभूति और कर्म पर केन्द्रित होने के कारण अपने को भिन्न कर लेता है। इसलिए यह जानना बहुत रोचक होगा कि किसी सभ्यता में लोकोत्तर उद्यम के किस पक्ष का प्रधानतः अनुसन्धान हुआ है तथा उसमें उसकी मुख्य उपलब्धियाँ क्या हैं। यह भी जानना बहुत दिलचस्प होगा कि किसी सभ्यता में मनुष्य के इस उद्यम और अन्य उद्यमों का एक-दूसरे पर पारस्परिक प्रभाव कैसा पड़ा है और उनके विकास का विशिष्ट ढंग क्या रहा है।

मनुष्य के इन सभी उद्यमों की जैविक नींव और इन्हें अन्तर्भूत करनेवाले पीढ़ी चक्र सभ्यताओं के अध्ययन के लिए एक आधार-भूत कालिक चौखटा प्रदान करते हैं। किसी भी सभ्यता को समझने के लिए इस चौखटे में मनुष्य की तलाश के सभी आधारभूत चतुर्आयामों में उसकी सर्जनात्मक उपलब्धियों के साथ-साथ उनके विशिष्ट उपक्षेत्रों का भी अंकन और आलेखन करने की आवश्यकता है। इसके लिए पहली अपेक्षा यह होगी कि इन सभी क्षेत्रों में सर्जनात्मकता की एक सौ साला अनुसूची तैयार की जाय ताकि एक नज़र में यह जाना जा सके कि इनमें से प्रत्येक क्षेत्र में क्या उल्लेखनीय उपलब्धियाँ रही हैं तथा उनके अभिज्ञान से क्या कोई बनावट उभरती है। यह बनावट समकालिक और अनुवर्ती दोनों प्रकार की होनी चाहिए अर्थात् एक कालावधि में किसी सभ्यता की इन सभी क्षेत्रों

की उपलब्धियों के साथ–साथ सर्जनात्मकता के अनुवर्ती पीढ़ियों में क्रमिक अभिव्यक्ति को भी अपनी परिधि में लेनेवाली हो। किसी नवाचार के आविष्कार और उसके प्रसार में समयान्तराल की भी एक समस्या रहती है जिससे किसी समाज के चिन्तन और बोध में महत्त्वपूर्ण परिवर्तन सम्भव होता है। इसके अतिरिक्त एक क्षेत्र में किसी नवाचार के दूसरे क्षेत्र में प्रभाव डालने में भी कुछ समय लगता ही है और इस सन्दर्भ में भी घनिष्ठ और दूरस्थ क्षेत्रों में भी अन्तर रहता ही है। किसी सभ्यता में सर्जनात्मकता के विविध क्षेत्रों में सापेक्ष मूल्यांकनात्मक क्रम की समस्या के साथ–साथ इस तथ्य का स्मरण भी ज़रूरी है कि सर्जनात्मक और नवाचार सभी क्षेत्रों में एक ही साथ घटित नहीं होते। इसलिए किसी भी सभ्यता के इतिहास को यह पहचानने का विशेष प्रयास करना होगा कि किन क्षेत्रों में सर्जनात्मकता और नवाचार घटित हो रहे थे और किन क्षेत्रों पर उनके विलम्बित प्रभाव पड़े। इसी तरह, एक सभ्यता के क्रम में उसके सर्जनात्मक नवाचारों के क्षेत्र–परिवर्तन की पहचान और सर्जनात्मकता के आकस्मिक विस्फोटों तथा अनन्तर उन नवाचारों के आत्मसातीकरण और संरक्षण उनके क्षैतिजिक और वितानात्मक विकास की दीर्घ कालावधियों का अभिज्ञान भी समान रूप से अनिवार्य होगा।

सभ्यताओं की बहुलता और अस्मिता का सवाल

सभ्यताएँ मानवीय सर्जनात्मकता की सर्वाधिक स्थायी कृतियाँ हैं और इसलिए उन्हें रुचि अथवा सरोकार के किसी एक क्षेत्र से सम्बन्धित किसी विशेष मानवीय रचना से अलग तथा भिन्न पद्धतियों से समझा जाना चाहिए। मनुष्य द्वारा रचित विभिन्न क्षेत्रों को समझने के उद्यम के विकास का एक अपना प्रयोग और भूल का इतिहास रहा है जिसमें अध्ययन के विषय और उसे समझने के लिए अपनायी गयी पद्धतियों के बीच एक सामंजस्य खोजने का प्रयास किया गया है। इससे दोनों के बीच एक अपेक्षाकृत उचित सम्बन्ध का विकास भी हुआ है जिससे उस विषय के बारे में ज्ञान पहले की अपेक्षा अधिक सत्य हो सका है। लेकिन, जैसा कि हर कोई जानता है, यह उद्यम सभी क्षेत्रों में समान सफल नहीं हुआ है और किसी एक क्षेत्र में उसकी अपेक्षाकृत अधिक सफलता से उस पद्धति के दूसरे क्षेत्रों में प्रयोग का प्रलोभन भी पैदा हुआ है, और कभी-कभी तो केवल उसे ही किसी भी संवृत्ति के 'ज्ञान' या 'समझ' का वैध साधन मान लिया जाता है।

इस संवृत्ति पर आत्म-चेतन चिन्तन से ज्ञान की समस्या अथवा पश्चिमी चिन्तन परम्परा की भाषा में 'ज्ञान-मीमांसा' का विकास हुआ है। भारतीय सन्दर्भ में इसे ही 'प्रमाण-शास्त्र' कहा गया और विचार किया गया है कि ज्ञान के मानवीय उद्यम के लिए कितने अल्पतम प्रमाणों को स्वीकार किया जाना चाहिए। इसी से यह दिलचस्प सवाल भी उठता है कि क्या किसी एक 'प्रमाण' से ज्ञात विषय को अन्य प्रमाणों से भी जाना जा सकता है। दूसरे शब्दों में, मसला यह है कि क्या प्रत्येक 'प्रमाण' ज्ञान के किसी अपने ही विशिष्ट विषय को समझता है और क्या वह और उसका

विषय इस तरह परस्पर सम्बद्ध है कि केवल उसी के माध्यम से उस तरह के विषयों का ज्ञान किया जा सकता है तथा क्या वह केवल उसी तरह के विषयों का ज्ञान कर सकता है। इस दृष्टि में प्रमाणों की भिन्नता ज्ञातव्य विषयों की मौलिक एवं जातीय भिन्नता को प्रतिबिम्बित माना जाता है। इसके विपरीत, एक ही विषय को विभिन्न प्रमाणों के माध्यम से जान सकने में विश्वास करनेवाले लोग ज्ञातव्य जातियों में कोई मौलिक भेद नहीं मानते। शायद उन्हें भी एक ही विषय के बारे में विभिन्न प्रमाणों से प्राप्त ज्ञान के 'प्रकार' की भिन्नता को स्वीकार करना ही होगा। प्रत्यक्ष ज्ञान और अनुमान-सिद्ध ज्ञान को समान नहीं माना जा सकता चाहे दोनों प्रकार के ज्ञान का विषय वही क्यों न हो।

लेकिन 'वही' विषय कहने से भी एक समस्या पैदा होती है। सम्भवत:, प्रमाणों की भिन्नताओं से उत्पन्न ज्ञान की भिन्नताओं को उन गुणों के अनुरूप देखना होगा जो भिन्न होते हुए भी उसी विषय से सम्बन्ध रखती हैं। लेकिन तब ज्ञान उसी अर्थ में विषय का गुणधर्म हो जायेगा, जैसे 'लालिमा'। चिन्तन की भारतीय परम्परा, विशेषतया न्याय परम्परा में 'विषयता' को (जिसका अनुवाद कभी 'नोनैस' या कभी 'आब्जेक्टहुड' किया गया) विषय के गुणधर्म के रूप में देखने में कोई संकोच नहीं किया गया है। लेकिन, जहाँ तक मैं जानता हूँ, न्याय-दर्शन में भी इस तथ्य के आधार पर 'विषमता' के विविध प्रकारों में भेद नहीं किया गया है कि एक प्रमाण से ज्ञात विषय को अन्य प्रमाणों से भी जाना जा सकता है।

तथापि, किसी सभ्यता को समझने की समस्या इस अर्थ में अद्वितीय है कि वह मनुष्य द्वारा कालान्तर में किसी एक विशेष क्षेत्र में ही अपनी सर्जनात्मकता के प्रयोग को समझना नहीं है। लेकिन एक आत्मचेतन प्राणी के रूप में 'जानने' और 'समझने' की इस समस्या पर मनुष्य के चिन्तन से सभ्यता को समझने का सूत्र भी सम्भवत: बरामद होता है। ऐसे में 'ज्ञान-मीमांसा' या 'प्रमाण-शास्त्र' अथवा 'प्रमाण-प्रमेय-व्यापार' पर चिन्तन को किसी सभ्यता के आत्म-बोध में केन्द्रीय महत्त्व का माना जा सकता है और कम से कम किसी भी अन्य चीज़ जितना ही प्रासंगिक और निर्णायक माना जाना चाहिए।

ज्ञान, उसके स्त्रोतों और वैधीकरण की समस्या के साथ-साथ ज्ञान के विषयों की जातीय विविधता तथा ज्ञातव्य विषय के लिए ज्ञान के साधन

की ‘उपयुक्तता’ पर चिन्तन अनिवार्यत: इस सवाल की ओर ले जाता है किस प्रकार स्वयं ‘ज्ञाता’ को ही ‘ज्ञेय’ होना है और क्या ज्ञान के ‘विषय’ और उसके अन्य सब विषयों में कोई अभिवर्ती मौलिक जातीय भिन्नता है। इस मसले का सम्बन्ध इस सवाल से है कि क्या ज्ञान के विभिन्न विषयों के विभिन्न प्रकारों के बीच जातीय भिन्नता उसी मौलिक जातीय भिन्नता के स्तर की है जैसी ज्ञान के ‘विषयी’ तथा उसके बीच है जिसके लिए ज्ञान का प्रत्येक अन्य प्रकार अन्ततः ज्ञान का ‘विषय’ होता है। याज्ञवल्क्य द्वारा निरूपित सुविदित औपनिषदीय प्रश्न : उसे कौन जानता है जिसे सब कुछ ज्ञात है? अथवा ‘सब कुछ को जाननेवाले को कैसे जाना जा सकता है?’ में यही समस्या सारत: प्रस्तुत होती है।

इसलिए किसी सभ्यता की समझ का सूत्र केवल प्रमाणों और ज्ञान के विविध प्रकार के विषयों के लिए विविध प्रकार के प्रमाणों पर चिन्तन में ही नहीं, बल्कि, एक गहरे स्तर पर उस ‘आत्म–ज्ञान’ की समस्या के प्रतिपादन और व्यवहार में भी होता है जिसके लिए प्रत्येक चीज़ एक ऐसे ‘विषय’ के रूप में प्रस्तुत होती है जिसे जान लिए जाने की अपेक्षा है। यह एक विचित्र प्रकार की ‘अपेक्षा’ है क्योंकि किसी भी विषय का विषय के रूप में बोध उसे उसके ‘विषयी’ तथा अन्य विषयों दोनों से पृथक् कर देता और उसे किसी ऐसी ‘वस्तु’ का चरित्र देता है जिसे अन्य वस्तुओं से विशिष्ट होते हुए भी किसी अधूरी जानी गयी वस्तु की तरह देखा या अनुभव किया गया है, कोई ऐसी वस्तु जिसकी रहस्यमयता का उद्‌घाटित होना अभी शेष है। ‘पारदर्शिता’ और ‘अपारदर्शिता’ की यह समकालिक उपस्थिति बोध करवाती है कि कुछ है जिसे और जानना अपेक्षित है। फिर भी, न तो अपारदर्शिता कभी समाप्त होती है, न अपेक्षा ही।

लेकिन विषयी का बोध एक भिन्न मौलिक अर्थ में पारदर्शी होता है क्योंकि उसके बोध के साथ या उसके एक अपृथक् अंगभूत के रूप में किसी न किसी विषय का बोध रहता ही है। एक अमृत–चेतन प्राणी द्वारा आत्मचेतना के प्रत्येक कर्म में सब कुछ ‘मैं’ के बोध पर आरोपित होता है। लेकिन उसकी अपारदर्शिता भी मूलत: भिन्न प्रकार की होती है क्योंकि ज्यों ही उसे एक ‘विषय’ के रूप में समझने का प्रयास किया जाता है त्यों ही उसमें वह सारी समस्यात्मकता और अपारदर्शिता प्रदर्शित होने लगती है जो किसी भी विषय में ‘विषय’ होने के नाते होती है।

सभ्यता को समझने की समस्या से इस सबका सम्बन्ध यह है कि इस स्तर पर सभ्यता के आत्मबोध का मामला उस तरीक़े से खुलता है जो उसे समझने के अन्य तरीक़ों के लिए सुलभ नहीं है।

इस प्रकार किसी सभ्यता का आत्म-बोध उसके द्वारा आत्म अथवा सभी अनुभवों के 'विषयी' के बोध की समस्या के प्रतिपादन के तरीक़े में क्रियान्वित होता है। 'अपने को जानो' सभी सभ्यताओं का आधारभूत आदेश तथा परम शिक्षा दोनों ही हैं। लेकिन इस शिक्षा के वास्तविक तात्पर्य तथा अपने को जानने के आदेश के सन्दर्भ में करणीय को लेकर सभ्यताओं में काफ़ी अन्तर है। साथ ही, स्वयं आत्म की अवधारणा को लेकर भी सभ्यताओं में भिन्नता रही है और इस प्रकार किसी सभ्यता के आत्म-बोध का एक सूत्र उसकी आत्म की अवधारणा अथवा अवधारणाओं तथा इसके अन्वेषण और ज्ञान के लिए उसके द्वारा अनुशंसित पद्धतियों में पाया जा सकता है।

इस प्रकार किसी भी सभ्यता की विशिष्टता आत्म-ज्ञान के साथ-साथ विषय-ज्ञान की समस्या की व्यापक चेतना तथा ज्ञान के इन दो रूपों की चुनौतीपूर्ण अपारदर्शिताओं द्वारा उत्पन्न 'अपेक्षाओं' की सापेक्षिक प्रबलता में देखी जा सकती है। लेकिन, किसी भी ज्ञान के कर्म अथवा अनुभूति से असम्बद्ध न होने और ज्ञान के अनुसन्धान में किसी न किसी प्रकार के कर्म के साथ-साथ भावात्मक प्रतिबद्धता की अपेक्षा के कारण ज्ञान और कर्म तथा ज्ञान और अनुभूति के सम्बन्ध पर किसी भी सभ्यता को उसकी संश्लिष्टता में समझने के लिए समान रूप से ध्यान केन्द्रित करना होगा। आत्म-ज्ञान और विषय-ज्ञान के बीच के सम्बन्ध स्वयं में विषयी और विषय या आत्म और विश्व के बीच सम्बन्धों को किसी सभ्यता की परम्पराओं द्वारा समझे जाने के तरीक़ों का फलन है। और, क्योंकि विषयी और विषय अथवा आत्म और विश्व दोनों को ज्ञान या कर्म या अनुभूति की प्रधानता के सन्दर्भ में ग्रहण किया जा सकता है, इसलिए उनकी वैकल्पिक केन्द्रीयता से उत्पन्न बोध के चरित्र का भिन्न होना अनिवार्य है। साथ ही, यदि हम यह स्मरण रखें कि पारदर्शिता और अपारदर्शिता केवल ज्ञान के संसार में ही नहीं, बल्कि अनुभूति और कर्म की दुनिया में भी होती हैं तो हम मेरे द्वारा प्रस्तावित आत्म-बोध की अवधारणा के माध्यम से भी किसी सभ्यता को समझने के काम की जटिलता को समझ

पाना शुरू कर सकते हैं।

सामान्यत: किसी सभ्यता के आत्म–बोध को केवल 'बोध' के अर्थ में ही देखा जाता है, जैसे उसका आधारभूत प्रतिमान 'अपने को जानो' की शिक्षा अथवा आदेश में समझा जाता है। लेकिन हमारे किसी व्यक्ति को 'अपनी अनुभूति करो' या 'अपनी आकांक्षा करो' या 'अपने पर कर्म करो' कहने का सम्भाव्य अर्थ क्या होगा? संकल्प और अनुभूति के सन्दर्भ में प्रयुक्त मुहावरों का बेढंगापन स्वयं ही स्थिति की कठिनाई को प्रदर्शित कर देता है और तब भी, अपने से सम्बद्ध एक भावना रहती है जो सन्तोषजनक या असन्तोषजनक हो सकती और हमें बदलने की कोशिश करती ही है, चाहे यह कोशिश अधिक सफल न भी हो। 'अपने को बदलो' सम्भवत: 'अपने को जानो' जैसा ही अच्छा सूत्र है, यद्यपि 'अपनी अनुभूति करो' में लज्जापूर्ण बेढंगापन ध्वनित होता रहता है। लेकिन, 'अपने को चरितार्थ करो' में संकल्प और अनुभूति दोनों की ही दिलचस्प अनुगूँजें मौजूद हैं।

किसी सभ्यता का आत्म–बोध पहली बार देखने पर जितना लगता है, उससे कहीं अधिक जटिल मामला है। केवल इतना ही नहीं है कि आत्म की संकल्पना क्या थी अथवा विषय था विश्व के साथ उसके सम्बन्धों का बोध कैसा था या कि आत्मज्ञान की प्रविधियों का अन्वेषण और प्रयोग कैसे किया गया। बल्कि यह भी आत्म और विश्व को लेकर उस सभ्यता को किस प्रकार के मूल असन्तोष अनुभव हुए और कैसे तथा किन दिशाओं में उनके समाधान के प्रयास किये गये। ये असन्तोष ज्ञातव्य की दु:साध्य और अभेद्य अपारदर्शिता के कारण भी हो सकते हैं अथवा निरन्तर सम्मुख प्रस्तुत बाह्य एवं आन्तरिक वास्तविकता द्वारा काम्य दिशा में परिवर्तन के निरन्तर प्रतिरोध या सभी अनुभूतियों और उद्यमों की सहयात्री अपूर्णता की अपरिहार्य निषेधात्मक 'छाया' या इन सबके सम्मिलित प्रभाव के कारण भी। तथापि, ये असन्तोष ही कालान्तर में किसी सभ्यता के पल्लवन की गत्यात्मक संचालक शक्ति होते हैं, इसलिए उनका विशिष्ट रूप, अर्थभेद या अर्थछटा किसी सभ्यता के वैशिष्ट्य का निर्धारण करती है।

यह नहीं भूलना चाहिए कि सभ्यताएँ काल में मानवीय उद्यम हैं, इसलिए उनकी एकता मानवीय उद्यमों अथवा स्वप्नों के मूर्तीकरण और चरितार्थता की एकता है। लेकिन आत्मचेतना प्राणी का उद्यम और स्वप्न होने के

कारण उसे मुख्यतः एवं आधारभूत स्तर पर आत्मचेतना के द्वारा गृहीत रूप के सन्दर्भ में समझा जाना चाहिए।

आत्मचेतना क्योंकि एक सवाल करनेवाली चेतना से उत्पन्न होती है, इसलिए किसी सभ्यता की समझ में उन प्रश्नों और उत्तरों से भी रू-ब-रू होना होगा जो यह आत्मचेतना पूछती और प्राप्त करती है। प्रश्नों और उत्तरों का यह चक्र कभी रुकता नहीं क्योंकि सामान्यतः एक जीवित संस्कृति में उत्तर स्वयं नये उत्तरापेक्षी प्रश्नों को पैदा करते रहते हैं। साथ ही, आत्मचेतना द्वारा पूछे गये प्रश्नों का कोई एक निश्चित उत्तर नहीं होता इसलिए सम्भावित उत्तरों की बहुलता उस सभ्यता के प्रारम्भिक इतिहास में पूछे गये मूल प्रश्न या प्रश्नों की अपेक्षा बहुत अधिक सवालों को जन्म देती है। प्रश्नों का प्रचुरोद्भव जीव वैज्ञानिक क्षेत्र में व्यक्तियों के प्रचुरोद्भव से तुलनीय है और यह बौद्धिक उर्वरता का वैसा ही चिह्न है जैसा मनुष्य के जीव वैज्ञानिक जीवन का प्राणाधार के रूप में माना जाता है। लेकिन इन दोनों क्षेत्रों के प्रचुरोद्भव के बीच स्पष्ट अन्तर भी हैं। एक में इसके कारण पर्यावरण से माँगे बढ़ती रहतीं तथा विभिन्न प्रकार की सामाजिक सभ्यताएँ जन्म लेती हैं जबकि बौद्धिक क्षेत्र में प्रश्नों का प्रचुरोद्भव ऐसी कोई समस्याएँ नहीं पैदा करता।

लेकिन यह समस्या निश्चय ही है कि किसी सभ्यता का बौद्धिक वातावरण किस सीमा तक प्रश्नों को समाये-सँजोये रख सकता है ताकि स्वयं बौद्धिक क्षेत्र में पूरी तरह अस्तव्यस्तता या विघटन पैदा न हो सके। मनुष्य बौद्धिक क्षेत्र में भी उतने ही रूढ़िपन्थी होते हैं जितने अन्य क्षेत्रों में और इसलिए असुविधाजनक प्रश्नों अथवा परम्परा में पहले से पूछे जाने से प्रतिष्ठा और वैधता प्राप्त कर चुके प्रश्नों से मूलतः भिन्न तरह के प्रश्नों के प्रति परहेज़, अलगाव या अवहेलना का रुख अपनाने लगते हैं। इसलिए किसी सभ्यता के प्रारम्भ में पूछे गये प्रश्न एक ऐसी अभिभावी प्रामाणिकता और पवित्रता हासिल कर लेते हैं जो परम्परा में अनन्तर पूछे गये प्रश्नों को कभी नहीं मिल पाती। आधारभूत प्रश्नों की प्रकृति किसी सभ्यता को एक गहरे अर्थ में परिभाषित और निर्धारित करती है और इसीलिए किसी भी सभ्यता को समझने के लिए उसके द्वारा प्रारम्भ में पूछे गये प्रश्नों और समाधान की अपेक्षा करनेवाली ज्ञानात्मक समस्यात्मकता की प्रकृति को समझना आवश्यक होता है।

किसी भी सभ्यता के इतिहास में इन आधारभूत प्रश्नों और समस्यात्मकता की उभयनिष्ठ भूमिका होती है; क्योंकि, एक ओर, उसे उसकी बौद्धिक पहचान देती है, तो दूसरी ओर, उन्हें उसकी बौद्धिकता की अबाधित स्वतन्त्रता पर बाह्यकारी नियन्त्रणों के रूप में भी महसूस किया जाता है। निश्चय ही, किसी सभ्यता के इतिहास को, कम से कम उसकी ज्ञानात्मक में, उसके संस्थापकों द्वारा पूछे गये आद्य प्रश्नों और समस्याओं के बन्धन से मुक्ति के प्रयास के रूप में भी देखा जा सकता है जिसमें उस सभ्यता की शुरुआत में बौद्धिक उद्यम के प्रारम्भिक रूपों की प्रधानता के पुनराग्रह का निरन्तर प्रयास भी सम्मिलित रहता है।

इस सन्दर्भ में सर्वाधिक महत्त्वपूर्ण बात पूछे गये प्रश्नों या उठायी गयी समस्यात्मकता की अन्तर्वस्तु नहीं, बल्कि प्रश्नों को पूछने और समस्याओं को उठाने की इस क्रियाशीलता में अन्तर्निहित अभिवृत्ति होती है क्योंकि यह अभिवृत्ति ही कालान्तर में उस सभ्यता के बौद्धिक जीवन की स्वतन्त्रता को निर्धारित अथवा कम से कम प्रभावित तो करती ही है। प्रश्नात्मक क्रियाशीलता का स्वागत उस सभ्यता के परवर्ती इतिहास पर स्थायी छाप छोड़ता है, ख़ासतौर पर तब जब प्रदत्त उत्तरों के प्रति अपनाया गया रुख भी मुख्यत: अन्तरिम हो। दूसरी ओर, उत्तरों को अन्तिम और निश्चयात्मक मानने और प्रश्नात्मक क्रियाशीलता को निरूत्साहित करने या अवांछनीय समझने पर कालान्तर में बौद्धिकता के लिए एक छोटा-सा अवकाश रचने और बौद्धिक जगत की स्वायत्तता के स्वीकार के लिए भागीरथ प्रयास की ज़रूरत होगी।

लेकिन, अस्मिता या पहचान की समस्या केवल बौद्धिक क्षेत्र तक सीमित नहीं है, यद्यपि यह बात बहुत महत्त्वपूर्ण है कि मनुष्य द्वारा जो कुछ सर्वाधिक मूल्यवान समझा जाता है, तार्किकता उसका एक महत्त्वपूर्ण घटक है। यह समस्या अन्य क्षेत्रों में भी लागू होती है, इसलिए किसी सभ्यता को समझने के लिए एक सूत्र यह भी है कि विभिन्न क्षेत्रों में वह अपनी पहचान किस बात में मानती है और उनमें से प्रधान और गौण कौन है। एक ओर गहरे स्तर पर इस समाधान का सम्बन्ध इस प्रश्न से भी है कि स्वयं अस्मिता की अवधारणा को किस रूप में ग्रहण किया गया है। आत्म-अस्मिता, जैसा मैं पहले कह चुका हूँ, विषयों की अस्मिता जैसी नहीं होती क्योंकि उसके द्वारा उठाये गये प्रश्न विषयों की दुनिया से

सम्बन्धित प्रश्नों से मूलतः भिन्न होते हैं।

आत्म-अस्मिता की समस्या भी वास्तव में बहुविधात्मक चरित्र की है क्योंकि इसमें न केवल आत्म की अस्मिता को अन्य विषयों की अस्मिता से फ़र्क़ करना होता है बल्कि इसका इस प्रश्न से भी सम्बन्ध है कि आत्म के किस पक्ष अथवा आयाम को अन्य से अधिक महत्त्वपूर्ण माना जाता है। निश्चय ही इस प्रतिपादन में एक बड़ी सीमा तक यह स्वीकृत है कि स्वयं आत्म के कई अंगभूत पक्ष या आयाम होते हैं। लेकिन, स्वयं इसे भी समस्यात्मक माना जा सकता और यह प्रश्न पूछा जा सकता है कि क्या कोई सभ्यता आत्म के कई पक्षों या आयामों को और उनमें से कुछ को अन्य से अधिक महत्त्वपूर्ण या निर्णायक मानने के प्रत्यय को स्वीकार करती अथवा आत्म के बहुविधात्मक या बहुआयामी चरित्र को अस्वीकार करती या स्वयं आत्म की अवधारणा का ही निषेध करने की ओर उन्मुख होती है। अधिकांश सभ्यताओं में अन्तिम विकल्प का स्वीकार स्पष्टतया कुछ अधिक ही आत्यन्तिक है, लेकिन बौद्धमत, विशेषतया बुद्ध के शास्त्रीय प्रतिपादन में यही स्थापना स्वीकार्य लगती है। जैसाकि सुविदित है, बुद्ध के लिए विषयों और आत्म दोनों की अस्मिता नाम और रूप तथा सामान्यतया अल्पविचारित कर्म के सन्दर्भ में व्यावहारिक अपेक्षाओं द्वारा आरोपित भ्रान्तियाँ हैं। एक ओर कर्म तथा दूसरी ओर, अनुभूति और ज्ञान की अपेक्षाओं से विषय अथवा आत्म तक पर आरोपित अस्मिता की परिवर्तनशील अवधारणाओं पर दार्शनिक साहित्य में पर्याप्त ध्यान नहीं दिया गया है। सम्भवतः विषय के वर्णन में भाषा के प्रयोग के कारण अस्मिता का 'आरोपण' भी अधिक चिन्तन का विषय नहीं रहा है, यद्यपि एक विशेष परिवेशकीय-सांस्कृतिक पर्यावरण में सफल जीवन की अपेक्षाओं के कारण भाषा में निरूपण के माध्यम से उनकी भिन्नताओं की पहचान पर सामान्यतः ध्यान दिया गया है। तथापि, विषय तथा उस पर विचार करनेवाले आत्म से सम्बन्धित अस्मिता की समस्या पर आत्म-चिन्तन की समस्यात्मकता और सन्दर्भ दोनों की पहचान किसी भी सभ्यता को समझने के लिए बहुत महत्त्वपूर्ण है।

इस सम्बन्ध में यह स्मरण रखा जाना चाहिए कि ये 'सत्य' और 'मिथ्यात्व' के मसले नहीं, बल्कि यह देखना है कि कैसे कोई सभ्यता अपनी अस्मिता की अवधारणा करती और जैविक नियन्त्रणों तथा परिवेशकीय बाध्यताओं

से निर्धारित वास्तविक परिस्थितियों में उसे सम्भव सीमा तक चरितार्थ करती हुई कालान्तर में अपने को गढ़ती है। अवगृहीत अस्मिताओं का सदैव एक आदर्श पक्ष होता है क्योंकि मनुष्य जो कुछ है, उससे हमेशा असन्तुष्ट रहता तथा कुछ और होना चाहता है। अस्मिता का यह आदर्श पक्ष किसी भी सभ्यता की गत्यात्मक प्रेरक शक्ति होता है और उम्र तथा लिंग में भेद एवं किसी भी सामाजिक कार्य में अपेक्षित कार्यात्मक भेद के कारण घटनाओं की वास्तविक गत्यात्मकता दोनों के बीच एक समझौता होती है, जिनकी अन्तःक्रिया कालान्तर में बदलती रहती है। लिंगों और सभी मानवीय वर्गों में समानता पर आधुनिक आग्रह ने भेदपरक अस्मिताकरणों तथा सामाजिक-सांस्कृतिक स्तर पर पोषित परिभाषाओं तथा उनके अन्तर्निहित निराकरणीय अन्यायों के प्रति भी हमारी सजगता को तीव्र किया है। तथापि, मानव-समाजों की जैविक-सामाजिक संरचना में ही लिंग और कार्यात्मक विशेषज्ञता के कारण ६ भेद अवस्थित होते ही है, इसलिए सभ्यता के किसी भी अध्ययन में न केवल उन द्वारा पोषित अस्मिता-भेद बल्कि उनके परिणामस्वरूप विकसित अन्यायपूर्ण असमानताओं को कम करने के तरीक़ों को भी ध्यान में रखने की ज़रूरत होगी। निश्चय ही, किसी सभ्यता को समझने का एक तरीका संरचनात्मक असमानताओं के उसके औचित्य-प्रतिपादन और उस औचित्य-प्रतिपादन पर प्रश्नचिह्न लगाने के उसके प्रयास को देखना भी है।

किसी भी सभ्यता में आत्म-सजग औचित्य-प्रतिपादन के प्रयास को ही इस बात का संकेत माना जा सकता है कि जिस किसी बात का औचित्य-प्रतिपादन किया जा रहा था, उसे किसी न किसी अर्थ में अनुचित भी महसूस किया गया। अन्यथा, औचित्य-प्रतिपादन की आवश्यकता ही क्यों अनुभव की जाती? इसलिए औचित्य-प्रतिपादन और प्रश्नात्मकता दोनों को ही एक ऐसी स्थिति को दो पक्षों के रूप में देखा जा सकता है जो किसी न किसी कारण नैतिक असमंजस पैदा करनेवाली थी। इसलिए और गहरा प्रश्न उन नैतिक मूल्यों से सम्बन्धित होगा जिनके सन्दर्भ में प्रचलन में आयी आवश्यकताओं को असमंजसकारी अनुभव किया गया। लेकिन, नैतिक असुविधा बहुविध हो सकती और अपराधबोध के पूर्णतया दमन से लेकर स्थिति को सुधारने के उपायों व साधनों को अपनाने तथा व्यक्ति की अन्तरात्मा को कुछ हद तक उबारने और औचित्य-प्रतिपादन

की असम्भाव्यता में भी सैद्धान्तिक औचित्य ठहराने अर्थात् एक प्रति-नैतिकता को वास्तविक नैतिकता के रूप में प्रस्तुत करने तक फैली हो सकती है।

किसी सभ्यता के आत्म-बोध को उसकी अनुभूत नैतिक असुविधाओं और स्थिति से उबरने के लिए अपनाये गये उपायों तक ही सीमित नहीं रखा जा सकता। उसका विस्तार उस घेरनेवाले ब्रह्माण्ड के अज्ञेय तत्त्व और इस अज्ञेयता को अपने लिए कम करने के उपायों तक भी होता है। प्रथम दृष्टतया अज्ञेय को ज्ञेय करने या नैतिक रूप से असुविधाजनक को औचित्यपूर्ण ठहराने का प्रयास एक ऐसे विमर्श को जन्म देता है जिसे कालान्तर में समझने और औचित्य-प्रतिपादन की ज़रूरत हो सकती है क्योंकि किसी परवर्ती नैतिक और बौद्धिक संवेदना के लिए उसके समकालीन बौद्धिक और नैतिक प्रतिमानों की दृष्टि से उसे उचित नहीं माना जा सकता। अपनी ऐतिहासिक अस्मिता को अपने लिए स्वीकारणीय बनाने के लिए अतीत के बौद्धिक और नैतिक औचित्य-प्रतिपादन का यह निरन्तर प्रयास अतीत के साथ एक ऐसे निरन्तर संवाद के रूप में फलित होता है जिसमें उसकी ज्ञानात्मक और नैतिक अपर्याप्तताएँ सम्भव सीमा तक मिटा या घटा दी जाती हैं। इस प्रकार व्यक्ति की अस्मिता की समस्या एक गहरे स्तर पर स्वयं सभ्यता की अस्मिता में उसी प्रकार विलय हो जाती है जैसे उसके भविष्य की आशाएँ, आकांक्षाएँ और भय व्यक्ति की अपनी आशाएँ, आकांक्षाएँ और भय हो जाते हैं।

किसी व्यक्ति की अस्मिता का उसकी सभ्यता की अस्मिता के साथ अन्तर्व्याप्ति की भी कई परतें एवं स्तर होते हैं जिनकी सार्थक तुलना भूवैज्ञानिक या पुरातात्त्विक उत्खनन में पाये गये स्तरों और परतों से की जा सकती है। अस्मिता कोई एकस्तरीय वस्तु नहीं, बल्कि अपने में न केवल आयामों की एक अन्तर्निर्मित विविधता बल्कि ऐसी गहराइयाँ भी रखती है जो सामान्यतः विलुप्त रहती तथा संकटकालीन घड़ियों के अतिरिक्त अदृश्य ही बनी रहती है। जड़ों, आधारभूत ग्रन्थों और मिथकों तक की ओर कथित वापसी सारतः यही प्रदर्शित करती है। इसके अलावा सभ्यता के आद्य आदर्श व्यक्ति की कल्पना में जमे रहते हैं जिनकी ओर वह प्रेरणा और मार्ग-दर्शन के लिए निरन्तर लौटता रहता है। वर्तमान की भ्रामक यथार्थता दीर्घ अतीत की शक्तियों से लगातार उच्छेदित होती रहती है जो

उसकी यथार्थता पर प्रश्नचिह्न लगाता और उसे अपने सपनों और आकांक्षाओं से संक्रमित करता हुआ एक ऐसा काल्पनिक आयाम प्रदान करता है जो चेतना के लिए 'सजीव वर्तमान' से भी अधिक 'वास्तविक' लगने लगता है।

कल्पना और क्रीड़ा के विश्व में पलायन सुविदित है, लेकिन यह कम ही समझा जाता है कि 'पलायन' होने के बजाय वह एक ऐसी 'वास्तविकता' में वापसी है जो 'वास्तव' और एक व्यक्ति के अन्तर्तम अस्तित्व को पूर्ण करनेवाली दोनों ही है। किसी बूढ़े के अपने बचपन में वापसी की कहावत की तरह व्यक्ति भी अपनी सभ्यता के अतीत में लौटता है ताकि वह अपने को समझ सके और सम्भव सीमा तक उसका अंग बनकर उसके क़रीबतर आ सके। वेदों, बाइबिल, कुरान यहाँ तक कि यूनानियों या कनफ्यूशियस, लाओ-त्से, बुद्ध और महावीर के प्रति सनातन आकर्षण इसका सर्वोत्तम उदाहरण है। ऐसा लगता है कि कोई व्यक्ति अपनी सभ्यता के साथ एक होकर ही अपना आप हो पाता है, जैसेकि अपनी मातृभाषा में या अपने बचपन से अभ्यस्त खाने में ही वह चैन अनुभव कर पाता है।

किसी सभ्यता के माध्यम से वास्तविकता से सम्बन्ध और उससे प्रसूत अस्मिता में वास्तविकता तक सीधी पहुँच अथवा उस अस्मिता की उपलब्धि का निषेध है जो उस सभ्यता की विशिष्टता और प्रान्तीय विशेषता का अतिक्रमण करती हो। फिर भी, उसमें एक व्यक्ति के अस्तित्व के अरूप आधारभूत अभ्यन्तर का बोध है जिससे वह स्वयं को पहचानता और जिसका विशिष्ट अवधारण उस सभ्यता से रूपायित होता है जिसमें उसका जन्म हुआ हो। अपनी आत्मचेतना के तथ्य के माध्यम से अपरिहार्यत: अनुभूत अरूप आधार और सभ्यता द्वारा प्रदत्त अवधारित रूपों का विरोधाभासी सम्बन्ध व्यक्ति के निजी और साभ्यतिक इतिहास में सम्भवत: अन्य सभ्यताओं के सांयोगिक साक्षात्कार के कारण और अधिक विरोधाभासी हो जाता है। ऐसा नहीं है कि उसमें व्यक्ति की अपनी सभ्यता के अन्दरूनी द्वन्द्वात्मक तत्त्वों का बोध नहीं होता अथवा वह अपने में ही उसके विभिन्न पक्षों के साथ विपरीत या अन्तर्विरोधपूर्ण अस्मिताकरण महसूस नहीं करता। लेकिन क्योंकि सामान्यत: उन्हें उस तरह महसूस नहीं किया जाता, इसलिए वे 'परायेपन' का वैसा भाव नहीं जगाते जो किसी व्यक्ति को अपने जीवन में अन्य सभ्यताओं के तत्त्वों को लेकर महसूस होता है। यदि उन्हें अपनाया या स्वीकार किया जाता है, तो भी उन्हें 'आरोपण' ही

समझा जाता है, जिन्हें वयस्क होने पर आसानी से छोड़ा जा सकता है। इस प्रकार, किसी के अपने व्यक्तित्व में अवस्थित किसी सभ्यता के विषम तत्त्वों के बीच सम्बन्ध उससे मूलतः भिन्न है जिनका साक्षात्कार वह किसी अन्य सभ्यता में करता है, चाहे किसी कारण वह उनकी प्रशंसा करता या अंगीकार भी कर लेता है। इसका कारण शायद यह है कि अपनी सभ्यता के साथ उसका आत्मबोध इतना गहरा और आत्मसक्त होता है कि वह उसकी प्रत्येक बात को अपनी ही समझता और महसूस करता है, चाहे वह उस पर लज्जित और परेशान ही क्यों न हो और अपनी सभ्यता द्वारा प्रदत्त मूल्यों और आदर्शों को अस्वीकार भी क्यों न कर दे।

इस प्रकार, किसी भी सभ्यता की अस्मिता की समस्या व्यक्ति की आत्म-अस्मिता से अनिवार्यतः जुड़ी है और प्रत्येक न केवल दूसरी का अंगभूत है बल्कि उसे सारतः प्रतिबिम्बित भी करती है। विभिन्न व्यक्ति उसे विभिन्न तरीक़ों और विविध बलाग्रहों के साथ प्रतिबिम्बित करते हैं, लेकिन अपनी भिन्नताओं के मध्य भी वे अन्य के चयनित बलाग्रह को भी अपनी परिधि में लेनेवाली महा-अस्मिता को पहचानते हैं। दूसरी सभ्यताओं के तत्त्वों के साथ सामान्यतः ऐसा नहीं होता, चाहे यह समझ भी लिया जाय कि वे मानवता के एक सामान्य प्रसंग के विविध रूप हैं। इस प्रकार, साभ्यतिक अस्मिता के आन्तरिकीकरण और सम्बन्धित व्यक्ति की निजी अस्मिता में उसके विलय की समस्या सभ्यताओं और व्यक्तियों दोनों ही को समझने के लिए निर्णायक महत्त्व की हो जाती है।

सभ्यता और भाषा के बीच सम्बन्ध विविधवर्णी हैं, लेकिन इतना तो स्पष्ट है और सुविदित भी कि कोई भी सभ्यता किसी एक भाषा या भाषा-समूह से एकान्तिक रूप से जुड़ी हुई नहीं है। एक सभ्यता काल-प्रवाह में अपने को कई भाषाओं में अभिव्यक्त कर सकती अथवा एक ही काल में अपने को विविध भाषाओं में निरूपित कर सकती है। यह निश्चय ही कहा जा सकता है कि इन भाषाओं का भी एक इतिहास होता है जो काल में उस सभ्यता के विस्तार और विकास के साथ बद्ध है और बहुधा भाषाओं की विविधता भी उस सभ्यता के अपने मूल स्थान से बहुत दूर के स्थानों में विस्तार का परिणाम होती है। लेकिन यह चाहे कितना भी सच हो, इससे आत्म-अस्मिता, या सभ्यता की अस्मिता अथवा दोनों के अन्तर्ग्रन्थन की समस्या को समझने में कोई मदद नहीं मिलती। समस्या बल्कि यह निर्णय

करने की है कि क्या कोई एक विशेष भाषा-समूह क्या किसी एक या अन्य सभ्यता से जुड़ा हुआ है। मसले का मर्म सम्भवतः भाषाएँ नहीं, बल्कि वह है जो उनके माध्यम से सम्प्रेषित होता है। इन भाषाओं के माध्यम से परम्परा को संरक्षित, हस्तान्तरित और विकसित करनेवाले समाज की निरन्तरता से प्रसूत सरोकारों और अन्तर्वस्तु की निरन्तरता ही उन्हें अस्मिता की वह छाप देती है, जो एक सभ्यता को दूसरी से विशिष्ट बनाती है।

लेकिन, किसी सभ्यता के सरोकार अन्ततः उसकी आत्म-चेतना के उस तरीक़े से प्रसूत होते हैं जो वह अपने सम्मुख आये विषय के साथ सम्बन्धों से उत्पन्न समस्याओं के लिए अपनाती और जिसके साथ, सक्रिय एवं निष्क्रिय स्तर पर, विविध रूपों में जुड़ी होती है। निश्चय ही, विषय और उनके साथ सम्बन्ध विविध हैं और बहुधा आत्म-चेतना के सम्मुख आनेवाली समस्याएँ विषयों के प्रकारों की विविधता और उनके साथ सम्बन्धों की भिन्नता के कारण ही प्रस्तुत होती हैं। यह स्थिति इस तथ्य से और भी जटिल हो जाती है कि आत्म-चेतना के लिए स्वयं 'आत्म' भी एक विषय होता है तथा उसके साथ सम्बन्ध, एक सीमा तक, सामान्यतया 'विषयों' के रूप माने जानेवाले अन्य विषयों के साथ वैविध्यपूर्ण सम्बन्ध को प्रतिबिम्बित करता है। इसके अतिरिक्त, 'विषय' के रूप में प्रस्तुत किसी भी चीज़ के प्रति सक्रिय एवं निष्क्रिय अभिवृत्तियों के साथ-साथ आत्म-चेतना में एक तीसरी अभिवृत्ति भी होती है, जिसे 'आनन्द' पद के माध्यम से वर्णित किया जा सकता है। ये समस्याएँ एक समस्यात्मकता पैदा करती हैं जिसे समाधान की अपेक्षा रहती है और किसी सभ्यता को इस सन्दर्भ में देखा जा सकता है कि उसने अपनी बुनियादी समस्यात्मक या समस्यात्मकताएँ क्या मानीं तथा इनके इतिहास को उनके समाधान के प्रयत्नों के सन्दर्भ में समझा जा सकता है।

तथापि, समस्यात्मकता का निरूपण एक अवधारणात्मक रूप ग्रहण कर लेता है क्योंकि आत्म-चेतना सामान्यतया अपने को अवधारणाओं और बिम्बों दोनों में ही व्यक्त करती है। बिम्ब और अवधारणा अनुभूति और चिन्तन के जीवन को मूर्त्त करते हैं जिन्हें एक आत्म-चेतन प्राणी होने के नाते मनुष्य महसूस करता है और जो उसके आस्तित्विक जीवन के इन दो भिन्न आयामों में समस्यात्मकता को निरूपित करते हैं। दोनों के बीच

पुल बनाने के प्रयास में बिम्ब अवधारणा के बजाय अनुभूति के अधिक नज़दीक है तथा ऐसे प्रतीक रचता है जो ज्ञानात्मक और भावात्मक अभिप्राय दोनों ही रखते हैं। मिथक इस प्रवृत्ति का आदर्श मूर्त रूप है जिसमें किसी सभ्यता की समस्त समस्यात्मकताएँ एक में विलीन हो जातीं तथा उन्हें एक ऐसी प्रभावशाली सम्पूर्णता में सम्प्रेषित किया जाता है जो एक साथ ही न केवल चेतना के ज्ञानात्मक और भावात्मक आयामों को बल्कि उसके संकल्पिक पक्षों को भी आकर्षित करती है।

किसी सभ्यता के मिथकों को उसके द्वारा अपने को समझने और अपने आत्म-दर्पण में अपने को देखने की प्रक्रिया में उपलब्ध मूर्तीकरण के सन्दर्भ में उसकी समझ की कुंजी माना जा सकता है। लेकिन मिथकों को सही तरह से समझने के लिए उन्हें सभ्यता द्वारा अपने इतिहास के क्रम में रची गयी अवधारणाओं और बिम्बों के सन्दर्भ में देखा जाना ज़रूरी है। मिथक अधिक नहीं बदलते और वे किसी सभ्यता की गहनतम अस्मिता के सन्दर्भ में स्थिर निर्देश प्रदान करते हैं। मिथकों की अपेक्षा बिम्ब अधिक बदलते हैं, किन्तु उनकी गति अवधारणाओं से अपेक्षाकृत धीमी होती है क्योंकि परवर्ती का सभ्यता की अनुभूतियों के जीवन से वैसा सम्बन्ध नहीं होता जैसा बिम्बों का होता है। दूसरी ओर, अवधारणाओं में जो स्पष्टता होती है, उसका बिम्बों और मिथकों दोनों में ही तथा मिथकों और कलाकृतियों में मूर्त प्रतीकों में सामान्यतः अभाव रहता है और इसलिए उनके माध्यम से आत्म-अस्मिता के बोध में सभ्यता की अभिव्यक्ति करनेवाले अन्य माध्यमों की अपेक्षा बहुत कम अस्पष्टता होती है। लेकिन किसी सभ्यता की अवधारणात्मक आत्म-चेतना में सदैव एक अन्तःनिर्मित विरोधाभास होता है जो आत्म-चेतना के असमाप्य प्रत्यागमन तथा अवधारणा की दोहरी प्रकृति से उद्‌भूत होता है क्योंकि वह केवल अपने से बाहर की वस्तु का ही नहीं बल्कि स्वयं अपनी ओर उसे प्रतिपादित करनेवाली चेतना का भी संकेत करती है।

अवधारणाएँ स्वयं दो स्तरों पर सक्रिय होतीं, बल्कि दो स्तरों से सम्बन्धित होती हैं जो एक-दूसरे से मूलतः भिन्न होते हैं, जिसमें प्रथम स्तर से सम्बन्धित अवधारणाएँ अनुभव के विविध विषयों और उन्हें चिन्तन के स्तर पर समझने से सम्बन्धित होती हैं जबकि दूसरे स्तर वाली का सरोकार

प्रथम स्तर की अवधारणाओं के 'अवधारणत्व' से होता है और वे अवधारणाओं को इस तरह समझना चाहती हैं जिसके माध्मय से आत्म-चेतना उस सबको समझने का प्रयास करती है जो उसके लिए 'विषय' है। द्वितीय स्तर की अवधारणाएँ सामान्यतः दार्शनिक चिन्तन में पायी जाती हैं, जो स्वयं में द्वितीय कोटि से सम्बन्धित है क्योंकि वह सामान्यतः चिन्तन पर चिन्तन है। यह द्वितीय स्तर का चिन्तन प्रथम स्तर की समस्त सक्रियता पर प्रश्नचिह्न लगाता और इस तरह उसका समस्यात्मक निरूपण करता है कि कुछ भी प्रश्न-प्रक्रिया के बाहर नहीं रह पाता। प्रत्येक वस्तु सन्देहात्मक हो जाती है और मिथक में समन्वित एवं मूर्त बिम्ब और प्रतीक की आत्म-निश्चयात्मकता द्वितीय स्तर के चिन्तन के सम्मुख विगलित हो जाती है जो समस्त चिन्तन को ही अपने लिए एक 'विषय' बना लेता है। इस प्रकार, प्रथम स्तर की निश्चयात्मकता और द्वितीय स्तर की अनिश्चयात्मकता के बीच उत्पन्न तनाव किसी सभ्यता में बुनियादी दरार डाल देता है जिसे विविध तरीक़ों से पाटने के निरन्तर प्रयास किये जाते हैं और उसकी अस्मिता को इस तनाव को निरूपित करने तथा उसके समाधान के प्रयास के तरीक़े के सन्दर्भ में भी देखा जा सकता है। अन्ततः, तनाव चेतना और आत्म-चेतना के बीच होता है, और किसी सभ्यता के इतिहास को उस तरीक़े के रूप में समझा जा सकता है जिसमें उसे निरूपित एवं समन्वित किया गया।

इसलिए किसी सभ्यता की अस्मिता की समस्या को अपने को कल्पनात्मक स्तर पर समझने के लिए विकसित मिथकों के साथ-साथ उन द्विस्तरीय अवधारणात्मक संरचनाओं के सन्दर्भ में देखा जा सकता है जिन्हें उसने विभिन्न क्षेत्रों में अपने अनुभवों को सैद्धान्तिक स्तरों पर समझने के लिए निरूपित किया। इस सबके बीच कला और साहित्य में मूर्त बिम्बों और प्रतीकों का एक सम्पूर्ण संसार होता है जिसमें वास्तविक और आदर्श दोनों प्रकार की अनुभूतियों और भावनाओं की जीवन्त वास्तविकता को सम्पुटित करने का प्रयास किया जाता है।

लेकिन, इनसे परे एक और स्तर भी है जहाँ किसी सभ्यता की अस्मिता की तलाश की जाती है, और वह है अस्मिता की इस समस्या के प्रति उसके व्यवहार का ढंग। यह शायद समस्या का सर्वाधिक विलक्षण आयाम है क्योंकि इसमें सभ्यता अस्मिता की अवधारणा को ही प्रश्नांकित करती

तथा आधारभूत स्तर पर ही उसका समस्याकरण कर देती है। सभ्यता के सभी अध्येताओं का ध्यान इस ओर सामान्यत: जाता ही नहीं, यदि कम से कम एक सभ्यता में इसे एक महत्त्वपूर्ण सरोकार नहीं समझा गया होता। निश्चय ही मेरा संकेत भारतीय सभ्यता की ओर है, जिसमें न केवल बौद्धमत ने ही अस्मिता की अवधारणा को ही अविद्या और भ्रम से उत्पन्न माना बल्कि लगभग सभी प्रमुख चिन्तन परम्पराएँ उसकी प्रचलित अवधारणा पर मूलत: प्रश्नचिह्न लगाने को उन्मुख रही।

अस्मिता के विरुद्ध संघर्ष कई रूप ग्रहण कर सकता है और उनमें से प्रत्येक रूप सभ्यता को एक भिन्न दिशा की ओर ले जा सकता है। 'अस्मिता के सम्पूर्ण निषेध' के इन प्रयासों की भिन्नता, एक आग्रहपूर्ण तर्क के चलते, सभ्यता को एक भिन्न अस्मिता या कम से कम उसमें कुछ प्रभावशाली निर्मितियाँ दे देती हैं। उदाहरणार्थ, अस्मिता का निषेध आत्मसहित किसी भी वस्तु के 'स्वत्व' या सार के निषेध का रूप ले सकती है, जैसा बौद्धमत में हुआ या आत्म की अस्मिता को किसी भी विषय के साथ जोड़कर देखने पर प्रश्न उठा सकती है, जैसा, उदाहरण के लिए सांख्य करता है। वैकल्पिक रूप से, यह निषेध परिमित या अपरिमित किसी भी उस गुण-संयोजन के सन्दर्भ में हो सकता है जिससे असीम को सीमा में बाँधने का प्रयास किया जाता है, जैसा अद्वैत वेदान्त करता है, जहाँ अन्तत: आत्म में अथवा जो कुछ सत् है उसमें कोई गुण नहीं माना जाता। यह निषेध भिन्नता की वास्तविकता का भी हो सकता है, जो अन्तत: सत्ताओं की बहुलता को अस्मिता प्रदान करती है।

अस्मिता के निषेध की विविध दिशाएँ किसी सभ्यता में अस्मिता के उन रूपों को विजित या निष्प्रभावी करने के प्रयासों की ओर ले जाती और कालान्तर में ऐसे प्रयासों की परम्परा के रूप में फलित होती है। साथ ही, क्योंकि ऐसे प्रयास अस्मिता के निषेध की भिन्न अवधारणा करनेवालों के प्रयासों के विरोध में होते हैं, इसलिए किसी सभ्यता के इतिहास को अनास्मिताकरण के विभिन्न तरीक़ों के बीच संघर्ष तथा किसी एक तरीक़े पर किसी दूसरे की प्रधानता से निर्धारित या प्रभेदित विभिन्न अवस्थाओं के सन्दर्भ में भी देखा जा सकता है। विशेष रूप से भारतीय सभ्यता के सन्दर्भ में यह बहुत चित्ताकर्षक होगा, जिसने बहुत आत्म-चेतन स्तर पर

लगभग सभी सम्भव रूपों में अस्मिता के निषेध का अनुसन्धान किया है। फिर भी, एक बार इस संवृत्ति की ओर ध्यान जाने पर यह पूछा ही जा सकता है कि क्या अन्य सभ्यताओं में भी इस प्रवृत्ति का विचार दीखता है, और यदि हाँ तो, किन रूपों में।

किसी भी रूप में अस्मिता के निषेध से उत्पन्न समस्याएँ अन्ततः इस तथ्य से प्रसूत लगती है कि परम सत्ता को सारतः अरूप माना गया और सभी निर्धारक रूप उसकी सीमाओं के रूप में देखे गये। यह संवृत्ति जेस्टाल्ट मनोविज्ञान में बोध के सन्दर्भ में 'आकृति' और 'पृष्ठभूमि' के क़रीब है जहाँ बोधगम्य प्रत्येक वस्तु को सदैव किसी पृष्ठभूमि में देखा जाता है जिसके प्रति व्यक्ति सामान्यतया अनजान रहता है, लेकिन जो महत्त्वपूर्ण ढंग से उसके बोधन को निर्धारित करती है। बोधित वस्तु से पृष्ठभूमि की ओर ध्यान का स्थानान्तरण इस अर्थ में एक असमाप्य प्रत्यागमन में ले जाता है कि अपने निर्धारक बोध में प्रत्येक पृष्ठभूमि अपने बोध के लिए एक और पृष्ठभूमि को पूर्वमान्य करती है। बोध का मनोविज्ञान स्वयं यह तय कर देता है कि जिसका बोध किया जाता है वह निर्धारित होता ही है चाहे उसकी 'निर्धायता' कितनी भी धुँधली और अस्पष्ट क्यों न हो। फिर भी, अहसास या बौद्धिक स्तर पर समस्त रूपों की पृष्ठभूमि में अरूप के होने का बोध इस बुनियादी अर्थ में बोधित को प्रभावित करता है कि उसे जाननेवाली आत्म-चेतना एक सीमा तक बोधित की तथाकथित निर्धार्यता से अभिभूत नहीं होती। ज्ञान के प्रसिद्ध जैन सिद्धान्त में 'स्याद्' शब्द का गहनतम अर्थ शायद यही है। इस प्रकार 'स्याद्' अनुभव में आनेवाले समस्त रुपायनों की बुनियाद एवं उसे घेरनेवाली आधारभूत अनिर्धायता एवं अरूपता की ओर संकेत करता है जो उन्हें अपनी अनिर्धार्यता और अरूपता से संक्रमित करती और इस तरह, एक सीमित ढंग से ही सही, 'अस्ति' के दावे को चुनौती देती है।

तथापि, चेतना के किसी निर्धार्य वस्तु से सम्बन्धित इस प्रकार के बोध और स्वयं चेतना को लेकर इस प्रकार का बोध होने में बुनियादी अन्तर लगता है। यह नहीं भूलना चाहिए कि चेतना के अपने निर्धार्य रूपायन होते हैं जो आत्म-चेतना में कमोबेश ज्ञात होते हैं। लेकिन, जब अरूप और अनिर्धार्य का यह बोध आत्म-चेतना के अपने निर्धार्य रूपायनों के बोध में घुलता है तो वह निर्धार्य वस्तुओं के बोध की तुलना में इस बोध

को कहीं अधिक आधारभूत अर्थ में प्रभावित करता है। चेतना की अरूपता और अनिर्धार्यता अन्ततः स्वयं आत्म की अस्मिता का ही निषेध है और एक बार जब व्यक्ति अपने भीतर अपने ही रूपायनों का निषेध करनेवाले का बोध कर लेता और उसे 'मैं' की तरह देखता है तो वह अपने आत्म की भिन्न तरह से अनुभूति करने लग जाता है। व्यक्ति के अपने चित्तात्मक रूपायनों से विरक्ति अथवा निर्लिप्ति उस बोध की अपेक्षा कहीं अधिक मौलिक उद्यम है जिसमें अनुभव में आयी निर्धार्य अस्मिताओं को अस्थायी माना जाता है क्योंकि वे अपने को घेरनेवाली अरूपता तथा अनिर्धार्यता के लिए हट जाती या अभिभूत हो जाती है। फिर भी, अनुभवगम्य अस्मिता की प्रगाढ़ता में यह कमी यद्यपि व्यक्ति को अपने साथ घटित के विषयीकरण के कारण उससे एक सापेक्ष दूरी तथा एक प्रकार की स्वतन्त्रता भी दे देती है, पर साथ ही उसमें अनुभवगत क्षेत्र से विलगाव भी फलित होता है जिसके परिणामस्वरूप वह उसमें—विशेषतया उसके प्रति अपनी अनुभूतियों और भावनाओं के सन्दर्भ में—पूरी तरह तल्लीन नहीं हो पाता।

यह निश्चय ही सही है कि सौन्दर्यबोधात्मक चेतना को इसकी सहधर्मी माना जाता है यद्यपि उसमें विलगाव के प्रत्यय से सामान्यतः जुड़े निषेधात्मक परिणाम अनुपस्थित होते हैं। कीट्स ने अपनी सुविदित 'निषेधात्मक सामर्थ्य' की अवधारणा में इस प्रत्यय को प्रतिपादित किया था, लेकिन प्रथम तो यह कि सौन्दर्यबोधात्मक क्षेत्र ही सम्पूर्ण जीवन नही हैं और दूसरे सौन्दर्यबोधात्मक क्षेत्र में भी रचयिता और गृहीता की अभिवृत्ति और चेतना में अन्तर करना आवश्यक होता है, यद्यपि कभी दोनों एक साथ भी हो सकते हैं, जैसे तब जब कोई लेखक अपनी कृति को स्वयं पढ़ता या कोई कलाकार अपनी रचना को स्वयं देखता है।

नैतिक कर्म के क्षेत्र में यह समस्या और भी आग्रही हो जाती है जहाँ न केवल कर्म की किसी प्रक्रिया के सही या ग़लत होने का निर्णय करनेवाले आत्म के साथ तादात्म्य करने के साथ-साथ उस निर्णय पर अधूरे मन से नहीं बल्कि अपने पूरे सामर्थ्य और उत्साह के साथ काम करना होता है। निश्चय ही, अनुभवगम्य आत्म के साथ तादात्म्य की समस्या ज्ञान के बजाय कर्म के स्तर पर अधिक आग्रही होती है क्योंकि पूर्ववर्ती में किसी न किसी प्रकार की अनासक्ति और दूरी शामिल रहती ही है।

आत्म के अस्मिताकरण की समस्या केवल अनुभूतियों और भावनाओं के

क्षेत्र में समान आग्रही होती है, यद्यपि इस सम्बन्ध में पीड़ा और सुख में एक विचित्र विषमता रहती है, जिसकी ओर ध्यान नहीं दिया गया है। पीड़ा में एक ऐसी चीज़ की ओर ध्यान देना ही पड़ता है जिसके साथ असम्बद्धता असम्भव है, सिवा इसके जब वह स्वयं ऐसा करने देती है। जहाँ तक चेतना का सम्बन्ध है, पीड़ा से मुक्ति नहीं है क्योंकि चाहे-अनचाहे उसे उसमें डूबना ही पड़ता है। निश्चय ही, वह अपने सिवा सब कुछ को बहिष्कृत कर देती और अपनी प्रति चेतना के आविष्ट ध्यान की अपेक्षा करती है। दूसरी ओर, सुख अपने प्रति अनासक्त चेतना की अनुमति देता है। असल में, वह सामान्यत: अपने बारे में भी यह सवाल उठाता लगता है कि क्या वास्तव में सम्बन्धित व्यक्ति को उस सुख की अनुभूति होती जिसे वह अनुभव करता लगता है। अनुभूत पीड़ा के बारे में ऐसा सन्देह कभी नहीं होता, यद्यपि पीड़ा की ऐसी स्थितियाँ होती हैं जहाँ एक साक्षी चेतना के लिए पीड़ा भी किसी अन्य चीज़ की तरह एक 'विषय' होती है। लेकिन ऐसी स्थिति में भी पीड़ा की वास्तविकता को लेकर कभी कोई सन्देह नहीं होता।

पीड़ा और सुख का भेद एकाधिक ढंग से दिलचस्प है। प्रथम तो इससे यह प्रस्तावित होता है कि सुख और पीड़ा की वास्तविकता एक ही कोटि की नहीं है, क्योंकि पहले में अपने बारे में एक अन्त:र्निमित सन्देहात्मकता होती है जो दूसरी में नहीं पायी जाती। यह सन्देहात्मकता ज्ञानात्मक प्रसंगों की सन्देहात्मकता से निश्चय ही भिन्न होती है क्योंकि सुख के बोध में कोई 'निर्देशात्मक' तत्त्व नहीं होता। फिर भी, सुख की अनुभूति के सन्दर्भ में आत्म-चेतना द्वारा स्वयं अनुभूति के द्विभाजन के कारण उसके बारे में प्रश्नात्मकता का प्रकटन दिलचस्प है। इसका कारण यह है कि वह व्यक्ति के अनुभव से भिन्न अनुभूति की ऐसी अवस्था का संकेत करती है, जो इतनी आत्म-प्रमाणित प्रकृति की है कि उस पर सन्देह नहीं किया जा सकता। शायद एक अन्य शब्द 'आनन्द' के प्रयोग से इसका संकेत किया जा सकता है जो एक अन्य कोटि से सम्बन्धित होने के कारण असन्दिग्ध माना जाता है। सुख की विभिन्न अवस्थाओं और उनके किसी विशेष ऐन्द्रिक, कल्पनात्मक या बौद्धिक विषय से सम्बद्ध होने की सीमा के अनुरूप उसकी प्रगाढ़ता, सूक्ष्मता और गुणात्मकता में निश्चय ही अन्तर हो सकता है। इसी तरह, किसी सामर्थ्य के सक्रिय निष्पादन तथा

व्यक्ति से अन्तस्सम्बन्धित विषयों से प्राप्त सुखों में भी भेद होता है।

यह पूरी तरह स्पष्ट नहीं है कि पीड़ा के भी इसी तरह के भेद होते हैं या नहीं, लेकिन प्रथम दृष्टया यह लगता है कि पीड़ा की चारित्रिकता सुखों की चारित्रिकता से भिन्न दिशा की ओर जाती है। यह भेद इस बात में है कि हम सुखों का स्वागत करते और उन्हें विविध रूपों में भिन्न-भिन्न प्रकार से पाना चाहते हैं, जबकि पीड़ा से छुटकारा पाना चाहते और उसकी पहचान की जिम्मेदारी उससे छुटकारा दिलानेवाले चिकित्सक पर छोड़ देते हैं। इसी से यह भी स्पष्ट हो जाता है कि सुख को लेकर इतनी अन्त:निर्मित प्रश्नात्मकता क्यों है, क्योंकि सुख के अनुभवकर्ता को हमेशा लगता रहता है कि वह कुछ भिन्न, सूक्ष्मतर, अधिक प्रगाढ़ या स्थायी हो सकता है। साथ ही, क्योंकि व्यक्ति सुख चाहता है, इसलिए वह शंकालु बना रहता है कि कहीं वह इस मामले में आत्म-प्रवंचना तो नहीं कर रहा कि वह वास्तव में सुख महसूस कर रहा है, जबकि दरअसल ऐसा नहीं है। इससे एक उलझन भरी ज्ञान-मीमांसात्मक स्थिति पैदा होती है कि अनुभूति की वास्तविकता का निर्णय उससे होता है जो वह हो सकता है। यह सामान्य स्थिति से बिलकुल भिन्न है जहाँ 'है' का निश्चय 'होना चाहिए' के आधार पर होता है, क्योंकि इसमें कोई नैतिक निर्णय शामिल नहीं है कि एक व्यक्ति द्वारा अनुभूत सुख उसे कैसा 'होना चाहिए' से भिन्न है। यह सौन्दर्यबोधात्मक 'चाहिए' से भी भिन्न है जहाँ कोई यह महसूस करता है कि संयोजित चीज़ों को किसी और तरह से संयोजित किया जाना चाहिए ताकि वे प्रेक्षक पर अधिक सौन्दर्यात्मक प्रभाव डाल सकें। सुख की अनुभूति यह नहीं है कि उसे अन्य तरह से संयोजित होना चाहिए, बल्कि यह कि वह जो कुछ है उससे भिन्न हो सकता है। इस अनुभूति को उस सम्भावना के बोध से भी पृथक् समझना चाहिए जिसे ज्ञानात्मक उद्यम में समझा जाता और जिसने निश्चयात्मक तर्क के विकास को प्रेरित किया है। यह सुखानुभूति की वास्तविकता द्वारा प्रकट या प्रस्तावित कोई अमूर्त सम्भावना नहीं है, यद्यपि कभी ऐसा हो भी सकता है, क्योंकि उसकी सन्देहात्मकता यह प्रकट कर देती है कि जिस पर प्रश्नचिह्न लगाया जा रहा है वह वास्तविकता स्वयं है, इसलिए वास्तविक को किसी एक या दूसरे अर्थ में सम्भावना से वैषम्य में देखने का कोई सवाल ही नहीं है। इसलिए सुख द्वारा प्रस्तुत ज्ञानमीमांसात्मक समस्याएँ

इस क्षेत्र में रुचि रखनेवालों को सुविदित अन्य अवधारणाओं के सन्दर्भ में उठनेवाली समस्याओं से बिलकुल भिन्न कोटि की है। सामान्यतया, वास्तव की 'वास्तविकता' पर भ्रम के विमर्श के प्रसंग में ही सन्देह किया जाता है जहाँ जिसका बोध किया जाता है वह वही नहीं होता जो 'वस्तुत:' वहाँ होता है। लेकिन अनुभूतियों के मामले में उनका 'होना' उनके बोध के ढंग के अनुरूप होता है और इसलिए सुख की अनुभूति के बारे में सन्देह को भ्रम और भूल द्वारा उत्पन्न सामान्य ज्ञानमीमांसात्मक समस्याओं में शामिल नहीं किया जा सकता। इसी प्रकार, जैसा हम देख चुके हैं, उसे 'सौन्दर्यबोधात्मक' या 'नैतिक' चाहिए के सन्दर्भ में हमारे सुपरिचित भेदों या 'सम्भव' की अवधारणाओं में भी नहीं घटाया जा सकता। साथ ही, हम जो संकेत कर रहे हैं वह राइल के सुख और पीड़ा के सारभूत वैषम्य के बारे में कथन से भी भिन्न है कि पीड़ा के बारे में सार्थक ढंग से जिस प्रकार के प्रश्न पूछे जा सकते हैं, वैसे सम्भवत: सुख के बारे में नहीं पूछे जा सकते। 'डाइलेमाज' नामक पुस्तक के अपने सुप्रसिद्ध निबन्ध में राइल का तर्क है कि उदाहरणार्थ यह एक सार्थक प्रश्न हो सकता है कि 'तुम्हारा सुख कहाँ है ?' लेकिन यह कोई सार्थक प्रश्न नहीं हो सकता कि कोई कहाँ पीड़ा अनुभव करता है। कई लोगों की आपत्ति है कि राइल दैहिक और अदैहिक या मानसिक पीड़ा में फ़र्क़ करने में असफल रहा है क्योंकि यदि केवल दैहिक पीड़ाओं और सुखों की बात होती तो यह सवाल वैध हो सकता था कि सुख अथवा पीड़ा का संवेदन कहाँ हो रहा है। यही आपत्ति मेरे कथन पर भी की जा सकती है कि जहाँ दैहिक पीड़ा पर सवाल किया जाना मुश्किल है, वहीं मानसिक या अन्य प्रकार की पीड़ा के बारे में समान रूप से ऐसा नहीं है।

तथापि, राइल का आग्रह इस ज्ञानमीमांसात्मक प्रसंग पर था कि यदि दो प्रकार के विषयों घटनाओं व स्थितियों के बारे में एक ही तरह के प्रश्न सार्थक रूप से नहीं पूछे जा सकते तो उन्हें तर्क की दो भिन्न कोटियों से सम्बन्धित मानना चाहिए, यद्यपि सामान्य बुद्धि के दृष्टिकोण में एक-दूसरे के क़रीब लग सकते हैं। जहाँ तक सुख और पीड़ा के प्रसंग में दैहिक और मानसिक के भेद की बात है, राइल का प्रयास शायद यह संकेत करने का था कि जहाँ पीड़ा का निदर्शनात्मक उदाहरण सामान्यत: दैहिक होता है, वहीं सुख का सदा ही मानसिक। केवल दैहिक सुख जैसी

कोई चीज़ सम्भवत: हो ही नहीं सकती, यद्यपि किसी ऐन्द्रिक संवेदन को प्रीतिकर या अप्रीतिकर महसूस किया जा सकता है, लेकिन दोनों ही मामलों को 'मानसिक' ही मानना होगा। फिर भी, राइल के दावे के बारे में हमारी राय कुछ भी हो, पर यहाँ प्रस्तावित यह है कि जिस सीमा तक कोई चीज़ 'मानसिक' है, उस सीमा तक दैहिक की अपेक्षा उसमें अन्तर्भूत सन्देहात्मकता अधिक होती है और जिस सीमा तक पीड़ा की अपेक्षा सुख एक अधिक मानसिक संवृत्ति है, वह प्रधानतया उस विशिष्टता को दर्शाता है जिसका संकेत मैंने किया है। और, यदि यह दावा किया जाय कि मानसिक पीड़ा एक सीमा तक सुख की विशेषताओं का साझा करती है, तो यह कहा जा सकता है कि यह उसके पीड़ा होने के कारण नहीं, बल्कि 'मानसिक' होने के कारण है, यद्यपि तब भी यह फ़र्क़ रहता है कि मानसिक पीड़ा पर उतनी आसानी से और उस अर्थ में सन्देह नहीं किया जा सकता जैसा बहुधा सुख के साथ होता है।

इस प्रकार किसी सभ्यता की अस्मिता की समस्या और उसकी प्रश्नात्मकता को सामान्यतया अनुभूतियों और भावनाओं के जीवन तथा विशेषतया सुख पर उसके चिन्तन के तरीक़े के सूक्ष्म अनुसन्धान के माध्यम से समझा जा सकता है क्योंकि यदि सुख के बारे में आत्म-चेतन चिन्तन उसके सारत: सन्देहात्मक चरित्र को प्रकट करता है, तो सभ्यताओं में भी सुख और पीड़ा पर उनके चिन्तन के तरीक़े और मनुष्य के वास्तविक जीवन से घनिष्ठ रूप से सम्बद्ध लगने के कारण उनसे समझौते की तलाश के आधार पर भेद किया जा सकता है।

अधिकांश सभ्यताएँ मनुष्य को एक विलासी पशु के रूप में देखती लगती हैं और सुखवादी परिप्रेक्ष्य उनके अधिकांश चिन्तकों से दूर नहीं रहा है। दरअसल, सभ्यताओं के इतिहास में इतनी महत्त्वपूर्ण भूमिका निबाहने वाले लगभग सभी धर्मों ने अब तक पीड़ा के तथ्य और उसे मिटाने के प्रयासों पर ही विचार किया है। अनुयायियों को आकर्षित करने की उनकी प्रमुख रणनीति पीड़ा से मुक्ति तथा किसी भावी स्वर्ग में अमिश्रित सुख दिलाने का वादा ही रहा है। लेकिन मानवीय परिस्थितियों के उनके विश्लेषण के तरीक़े के कारण उनमें गहरे मतभेद लगते हैं। ये मतभेद भी एक सभ्यता से दूसरी की भिन्न अस्मिता का रोचक संकेत देते हैं। साथ ही, मनुष्य को देखने का यह सुख-केन्द्रित तरीका भी, जो अधिकांश

सभ्यताओं में अनुपस्थित नहीं रहा है, यह जानने में उपयोगी अनुपूरक हो सकता है कि एक सभ्यता कैसे दूसरी से फ़र्क़ लिये है।

समीक्षा के परिप्रेक्ष्य भी स्वयं समीक्षा जितने ही महत्त्वपूर्ण होते हैं क्योंकि उनसे यह अन्तर्दृष्टि मिलती है कि किसी सभ्यता में कम से कम कुछ चिन्तकों ने सुख की तलाश या पीड़ा से बचाव से भी अधिक महत्त्वपूर्ण क्या समझा। सुखवादी परिकलन से भिन्न जीवन में सार्थकता की तलाश और उसके साथ द्वन्द्व किसी सभ्यता को समझने का सूत्र मुहैया कर सकते हैं क्योंकि दोनों के बीच के द्वन्द्व और समझौते मानवीय विचार और क्रियाशीलता के नित्य आयामों के रूप में देखे जा सकते हैं। मानवीय तलाश के विषय के रूप में सुख की केन्द्रीयता के अस्वीकार को अनुभूतियों और भावनाओं के उस जीवन से अतादात्म्य के चिह्न के रूप में लिया जा सकता है जिसमें मनुष्यों का जिया जा रहा जीवन अधिकांश समय निमग्न रहता है। 'सुख' से 'सार्थकता' या 'महत्' की ओर आना जैविक प्राथमिकता की अपेक्षा किसी भिन्न चीज़ की ओर जाना है। लेकिन, सुख जैसी मूर्त वस्तु से अतादात्म्य की ओर क़दम बढ़ाते ही मानवीय आकांक्षा के लिए किसी और अमूर्त चीज़ से तादात्म्य की सम्भावना तथा उसमें अर्थ और महत् का अभाव महसूस करने पर फिर से अतादात्म्य की सम्भावना भी खुल जाती है। अस्मिताकरण और अनास्मिताकरण की यह क्रमिक द्वन्द्वात्मकता अधिक मूर्त से अधिक अमूर्त की ओर जाना है और इसे सभ्यताओं के इतिहास के प्रतिबिम्बन की तरह देखा जा सकता तथा अपने इतिहास के क्रम में इस द्वन्द्वात्मकता के अनुसन्धान और चरितार्थ करने के तरीक़ों के अनुसार उनकी भिन्नताओं का भी अनुसन्धान किया जा सकता है।

यह द्वन्द्वात्मकता निश्चय ही विरोधाभासपूर्ण होती है क्योंकि जिस किसी स्तर पर व्यक्ति अपना तादात्म्य करता है, सार्थकता और महत्त्व के सन्दर्भ में उस पर प्रश्नचिह्न लगाने की सम्भावना खुल जाती है जिससे अतादात्म्य की माँग पैदा होती है जो अन्ततः इस धारणा की ओर ले जाती है कि अस्मिताकरण की प्रक्रिया ही अर्थ और महत् के क्षय तथा इस प्रकार मनुष्य के अपने अस्मिताकरण की प्रत्येक वस्तु पर सारभूत सन्देहात्मकता की जड़ है। इस परिप्रेक्ष्य में सभ्यताओं को उसी स्तर पर श्रेणीबद्ध करना होगा जहाँ वे अपना अनास्मिताकरण रोक देती तथा उसी स्तर पर अपने से सन्तुष्ट हो जाती है।

यहाँ यह ध्यान रखना ज़रूरी है कि अस्मिताकरण के किसी भी स्तर पर अर्थ और महत् पूर्णतया अनुपस्थित नहीं होते, जैसेकि सुख के मामले में अपनी सन्देहात्मकता और प्रश्नात्मक चेतना द्वारा उसकी प्रगाढ़ता में कमी के बावजूद 'सुखानुभूति' पूरी तरह लुप्त नहीं हो जाती। साथ ही सार्थकता और महत् का बोध करानेवाले अस्मिता के लगभग सभी स्तरों पर एक आदर्श तत्त्व हमेशा रहता है जो उस दिशा में अनुसन्धान की एक अनन्तता पैदा करता है जिसे काल में कभी भी पूर्णत: चरितार्थ नहीं किया जा सकता। इस प्रकार, प्रत्येक स्तर पर लक्ष्यों की उसी प्रकार एक क्षैतिज अनन्तता होती है, जिस प्रकार चेतना के अस्मिताकृत अमूर्त आनुक्रमिक स्तरों पर ऊर्ध्वाधरता रहती है। इस प्रकार सभ्यताओं का इतिहास क्षैतिज और ऊर्ध्वाधर दोनों ही स्तरों पर इन अनन्त लक्ष्यों के अनुधावन का इतिहास है और किसी सभ्यता की विशिष्ट अस्मिता को इन स्तरों पर इन लक्ष्यों की प्रकृति में तथा उस सभ्यता द्वारा माप ली गयी तथा आगे अवरुद्ध ऊँचाई में भी देखा जा सकता है।

अस्मिताकरणों की जिस ऊर्ध्वाधरता के सन्दर्भ में अर्थ और महत् का बोध और अनुसन्धान किया जाता है, वह इस भ्रम को जन्म देता है कि जिन निम्न स्तर के अस्मिताकरणों में एक व्यक्ति अर्थ और महत् की उपलब्धि करता है वे 'किसी तरह' अवास्तविक है और उनसे मिलनेवाला अर्थ और महत् भ्रामक और अवास्तविक हैं। यह भी सामान्यत: अनुभव किया जाता है कि कमोबेश उन्हीं स्तरों पर अटके रहनेवाले उन लोगों की अपेक्षा हीन या अधिक मोहित है जिनके अस्मिताकरण तथा अर्थ और महत् के बोध आत्म-चेतना द्वारा अपनी तर्कसंगत सम्भावना के रूप में मान ली गयी किसी भी वस्तु के साथ चरम अनास्मिताकरण की दृष्टि से पदानुक्रम में एक उच्चतर स्तर पर हैं। लेकिन सभी अस्मिताकरण या तो समान रूप से भ्रामक और अर्थहीन हैं या समान रूप से सार्थक और महत्त्वपूर्ण। सभ्यताओं द्वारा, विशेषतया अनस्मिताकरण के तर्क उसकी अन्तिम सम्भावना तक ले जानेवाली सभ्यताओं द्वारा दोनों ही दिशाएँ ली गयी हैं। लेकिन, निषेधात्मक सकारात्मक की अपेक्षा गुरुतर रही है और शायद ही किसी सभ्यता ने सकारात्मक या निषेधात्मक दिशा के सभी निहितार्थों के बारे में गम्भीरतापूर्वक विचार किया लगता है, विशेषतया प्रत्येक स्तर पर बोधित

'अर्थों' और 'महत्' के आदर्श लक्ष्यों की अनन्तता को लेकर। इसलिए किसी सभ्यता की अस्मिता को अस्मिताकरण के माप के अनुसार उच्चतर और निम्नतर के सम्बन्ध को उसके द्वारा समझे जाने के तरीक़े में देखना भी उपयोगी होगा, और साथ ही यह भी देखना होगा कि निम्नतर स्तरों को उन्हीं में अन्तर्भूत आदर्शों के सन्दर्भ में देखा गया है अथवा उच्चतर अथवा उच्चतम के प्रकाश में।

अस्मिताकरण और अनस्मिताकरण की द्वन्द्वात्मकता उस दुविधा से भी रू-ब-रू होती है जिसकी ओर इस विषय से सम्बन्धित चिन्तकों का ध्यान नहीं गया है। यह दुविधा, एक ओर, सुख की अन्तर्भूत और अपृथक्करणीय प्रश्नात्मकता तथा, दूसरी ओर, पीड़ा की असन्देहात्मकता और अप्रश्नात्मकता के बीच आधारभूत वैषम्य से उत्पन्न होती है। इससे एक विचित्र स्थिति पैदा होती है क्योंकि कोई व्यक्ति किसी भी स्तर पर पीड़ा से तादात्म्य से बच नहीं सकता, चाहे वह ऐसा करना न भी चाहता हो। असल में, इस स्थिति में विरोधाभास यह है कि एक व्यक्ति सुख से तादात्म्य करना न चाहते हुए भी कर नहीं सकता जबकि पीड़ा से तादात्म्य करना न चाहते हुए भी वह इस बारे में असहाय हो जाता है। इसके अतिरिक्त, पीड़ा की प्रतिमान घटनाएँ देह के सन्दर्भ में होती है, इसलिए वे अपने साथ तादात्म्य के लिए व्यक्ति को उसके चाहे-अनचाहे विवश कर देती है। दूसरी ओर, सुख का प्रतिमान उदाहरणार्थ मानसिक सुख के रूप में अनुभूत दैहिक संवेदन होता है चाहे किसी व्यक्ति की आत्म-चेतना सुखत्व के सन्दर्भ में उसे सन्देहास्पद समझे और सुख के रूप में उसकी प्रामाणिकता पर सन्देह भी करे। लेकिन, इस सन्देह के बावजूद वह कल्पना में विचरता रहता है, चाहे सम्बन्धित व्यक्ति ने अनुभव होते समय उससे अपना अनास्मिताकरण कर भी लिया हो।

सुख और पीड़ा के स्तर, निश्चय ही, केवल देह तक सीमित नहीं होते और सभी स्तरों पर घटित होते हैं, लेकिन मेरे द्वारा प्रस्तुत समस्याओं का उनके सम्बन्ध में संवृत्यात्मक अनुसन्धान नहीं किया गया है। सभ्यताओं की अस्मिता के प्रसंग में जिस समस्या पर मैं विचार कर रहा हूँ उसका सम्बन्ध देह और उसकी पीड़ा और सुख के बीच उपर्युक्त वैषम्य के बारे में उनके चिन्तन के तरीक़े से भी होगा। असल में, दैहिक पीड़ा के बारे में मैंने जो कुछ कहा है, वह उसके किसी भी स्तर के बारे में सही होगा

क्योंकि पीड़ा के साथ अतादात्म्य किसी भी स्तर पर सम्भव नहीं है और शायद इसी कारण अतादात्म्य के तर्क का अनुसरण करनेवाले अन्ततः एक ऐसी स्थिति को पूर्वमान्य करते हैं जिसमें पीड़ा और यन्त्रणा की कोई सम्भावना ही नहीं रहेगी और जहाँ उसके विपरीत को किसी भी रूप में चेतना के विषय के रूप में नहीं देखा जाता।

पीड़ा और सुख के बोध से दृढ़ रूप से जुड़ी होने पर भी अस्मिता की समस्या स्मृति में उनसे अलग हो जाती है, जहाँ सुख और पीड़ा दोनों को 'आनन्ददायक' विषयों की तरह स्मरण किया जाता है, विशेषतया उनसे अपेक्षाकृत दूर होने और अपने आनन्द और आत्मिक उन्नति की दृष्टि से उन्हें सम्पादित करने तथा उसका वर्णन करने और सार्वजनिक करने पर शायद दूसरों के लिए भी। लेकिन सभ्यताओं के प्रसंग में स्मृति की समस्या को उसके प्रदर्शन और पुनर्प्रदर्शन की तरह भी देखा जाना होगा जिसके साथ व्यक्ति अपना तादात्म्य चाहता है और कभी-कभी यद्यपि विरल ही, उसके साथ भी जिसकी घटना वह कभी नहीं चाहता था। सार्वजनिक त्योहार, उत्सव और कभी-कभी विलाप भी इसके साक्ष्य हैं। लेकिन, किसी सभ्यता का अंगभूत तत्त्व होने के कारण सांस्कृतिक घटनाओं के रूप में उनका इतना आन्तरिकीकरण हो जाता है कि उनमें हिस्सेदारी से व्यक्ति को अपनी अस्मिता का बोध होता है और वह ऐसा करने के लिए अपने को एक तरह से 'बाध्य' अनुभव करता है क्योंकि उसे लगता है कि ऐसा न करने पर वह अपने एक बहुत महत्त्वपूर्ण हिस्से को खो देगा। वैयक्तिक, सांस्कृतिक और साभ्यतिक का समन्वय एक ऐसी संवृत्ति है जिसमें उन्हें अलग-अलग कर पाना बहुत मुश्किल है क्योंकि इनमें से प्रत्येक दूसरे को उसकी अस्मिता देती और उससे अपनी अस्मिता ग्रहण करती है। साथ ही, विलक्षण रूप से, 'स्मृति' भी और किसी चीज़ की नहीं, बल्कि स्वयं इस संवृत्ति के सन्दर्भ में ही निर्मित होती है। यह नहीं है कि कुछ बहुत आधारभूत त्योहारों, उत्सवों या विलापों से सम्बन्धित आद्य इतिहास की घटनाओं जैसे ईसा के क्रूसारोपण या बुद्ध की सम्बोधि से जुड़कर कोई सभ्यता अपनी अस्मिता का निरन्तर नवीकरण करती है। यह ऐसी घटनाओं का केवल एक सांयोगिक और आनुषंगिक पहलू है, क्योंकि बहुत से त्योहारों और उत्सवों का ऐसी किसी घटना से कोई सम्बन्ध नहीं होता या बहुत क्षीण बल्कि काल्पनिक सम्बन्ध ही होता है।

अन्ततः त्योहार या उत्सव ही केन्द्रीय होता है न कि वह जिसका उत्सव मनाया जाता है। त्योहारों और उत्सवों की चक्रात्मक, आवृत्तिमूलक प्रकृति उन्हें उस ऋतुचक्र का अन्तर्भूत अंग बना देती है जिसमें मनुष्य रहता, प्रत्याशा करता और स्मरण करता तथा जिसके सन्दर्भ से वह जीवन को अर्थपूर्ण पाता है। इसलिए, किसी सभ्यता का अस्मिताकरण उसके उन त्योहारों और उत्सवों से किया जा सकता है जो दिन-रात, चन्द्र के शुक्ल और कृष्ण पक्षों, सूर्य के चारों ओर पृथ्वी के घूमने, सर्दी और वसन्त के चक्र और कुछ संस्कृतियों में कभी-कभी जीवन और मृत्यु के चक्र की नियमितता का स्मरण करवाते हैं।

लेकिन इस प्रकार का साभ्यतिक चक्र केवल काल में ही एक चक्र होता है। लेकिन ऐसा एक और चक्र दिक् में भी होता है जो त्योहारों, उत्सवों, और कभी-कभी विलापों की तरह साभ्यतिक स्मृति का अंगभूत होता है। साभ्यतिक स्मृति का दिक् में विस्तार उन स्थानों से सम्भव होता है जिन्हें पवित्र या किसी अन्य अर्थ में महत्त्वपूर्ण माना जाता है और हर कोई कभी उनकी यात्रा का स्वप्न संजोये रहता है। यह किसी व्यक्ति की तीर्थ-यात्रा की अवधारणा है क्योंकि इसके माध्यम से वह अपने से बड़ी किसी सत्ता का अंग हो जाता तथा अपने अस्तित्व के लिए एक गहनतर स्तर पर निजी अस्मिता की उपलब्धि करता है। यह स्मरणीय है कि तीर्थ-यात्रा करनी होती है। वह किसी त्योहार की स्वयमेव की तरह नहीं आती जिसकी प्रतीक्षा करने के अलावा कुछ नहीं करना होता। तीर्थ-यात्रा करनी पड़ती है जिसके लिए व्यक्ति को एक स्थान से उठकर ऐसे किसी दूसरे स्थान को जाना होता है जो उसकी कल्पना को आविष्ट करता और उसे निमन्त्रित करता है क्योंकि वह एक सभ्यता का अंश है और उसका प्रत्युत्तर देकर वह एक और गहरे अन्तरंग अर्थ में अपनी सभ्यता का अंग हो जाता है।

तीर्थ-यात्रा के साथ पवित्रता का बोध इतने अन्तरंग स्तर पर जुड़ा हुआ है कि उन्हें आसानी से अलग नहीं किया जा सकता। यह एक विवादास्पद प्रश्न है कि क्या लौकिक यात्रा या पर्यटन के भी ऐसे केन्द्र हो सकते हैं जिनकी सभ्यता के अस्मिताकरण में कोई भूमिका हो। निश्चय ही, तीर्थ-यात्रा के केन्द्रों पर उस सभ्यता से असम्बद्ध लोग भी जा सकते हैं; लेकिन तब उनके लिए वे केवल पर्यटकीय दिलचस्पी के स्थान ही होंगे, ऐसे नहीं

जिन्हें उसी सभ्यता के अंग के रूप में जन्में और पले-पुसे लोगों द्वारा एक विशेष ढंग से देखा, महसूस किया और जिया जाता है।

इससे यह सवाल उठता है कि क्या किसी सभ्यता के बारे में लोकोत्तर के सन्दर्भ के बिना सोचा जा सकता है, जो पवित्र का ही एक दूसरा नाम है। पवित्रता अन्ततः दिक्, काल और कारणता का निषेध है, क्योंकि हमारे सामान्य दैनन्दिन जीवन में सामान्यतया इनका साक्षात्कार होता है; लेकिन उन्हें दिक्, काल और कारणता का अतिक्रमण करनेवाले किसी भी तत्त्व से जोड़ने की समस्या सदैव रहेगी क्योंकि ये तत्त्व हमारे अनुभव का निर्माण और निर्धारण करते हैं। इनमें से प्रत्येक में एक अन्त:निर्मित अनन्तता है जिसने काण्ट के सुविदित विप्रतिषेध को जन्म दिया और उससे इस प्रत्यय की ओर ले गयी कि वे मानवीय अनुभव की लोकोत्तर या इन्द्रियातीत स्थितियाँ हैं, कोई 'विषय' नहीं जिसका उसे अनुभव होता है। लेकिन, काण्टीय समाधान के बारे में कोई कुछ भी कहे, इसमें सन्देह नहीं कि इन्हें ग्रहण करने का एक स्वाभाविक अन्त:निर्मित रास्ता है जो दोनों को अनन्त प्रत्यागमन और 'अनन्त प्रगमन' की ओर ले जाता है जो दोनों ही दिशाओं में अनन्त लगता है। कारणता से घनिष्ठ लगते काल की भी इस अर्थ में एक दिशा होती है कि वह अतीत से भविष्य की ओर 'प्रवाहित' लगता है। दूसरी ओर, इस अर्थ में दिक् की कोई दिशा नहीं लगती और फिर भी दिक् का अन्त सदैव ही यह समस्या उठाता है कि उसके परे क्या है।

काण्ट के अलावा भी दिक्, काल और कारणता के सामान्यतः अनुभूत और निरूपित इस चरित्र से उत्पन्न प्रतीयमान दुविधा के समाधान के प्रयत्न निश्चय ही और भी हुए हैं। यह सुझाया गया है कि अनन्तता को केवल रेखीय रूप में समझना आवश्यक नहीं है और दिक्, काल और कारणता पर भिन्न तरीक़ों से विचार के द्वारा भी समझा जा सकता है। यह भी कहा गया है कि प्रश्न का निरूपण ही ग़लत है क्योंकि ये तीनों एक ही संवृत्ति के अविभाज्य पहलू हैं। यह तर्क भी दिया गया है कि काल की कथित एक दिशात्मकता स्वयं ऊष्मा-गतिकी के द्वितीय नियम का परिणाम है और कम से कम सूक्ष्मदर्शनीय स्तर पर कण को 'काल के पीछे लौटने' या भविष्य द्वारा वर्तमान के निर्धारण को ग्रहण करने में कोई असंगति नहीं है। बहुत पहले जैनों ने काल की अनन्तता के विपरीत दिक् की सान्तता

के लिए तर्क किया था। लेकिन इसके लिए वे कोई सारभूत कारण देते नहीं लगते, सिवा उन तर्कों के जो महावीर के लोकोत्तर ज्ञान से निकलते हैं जिन्हें सर्वज्ञानी मानने के कारण सब कुछ की वास्तविकता को जाननेवाला माना जाता है। इस सबके बावजूद, तथ्य यही है कि कुछ क्षेत्रों और विमर्शों में दिक्, काल और कारणता को देखने के इन विभिन्न तरीक़ों की उपयोगिता के होते हुए भी, मनुष्य की सामान्य चेतना अतीत और भविष्य में मौलिक भेद करती है और वह उन्हें अनन्त की तरह ही देखता है।

तथापि, 'अनन्तता' मानवीय चेतना के लिए अनिवार्यत: अबोधगम्य होती है क्योंकि वह न केवल विमूढ़ करती बल्कि हर चीज़ को अर्थहीन कर देती है, और इसलिए प्रत्येक सभ्यता को उसे इस तरह बरतना होता है कि वह बोधगम्य और अर्थपूर्ण हो सके। ऐसा सामान्यत: सृष्टि और प्रलय या अस्तित्व के एक प्रारम्भ और अन्त के सिद्धान्त के द्वारा किया जाता है और इस प्रकार उस स्रोत से जोड़ दिया जाता है जिसकी पूर्वकल्पना प्रत्येक वस्तु की आधारभूमि और कारण के रूप में की जाती है। लेकिन मानव-प्राणियों को सन्तुष्ट करने के लिए इस स्तर के बहुत जटिल होने के कारण इसे रणनीतियों के पूरे संयोजन द्वारा अनुपूरित या सम्पूरित किया जाता है जिसका मुख्य प्रयोजन उसे सारत: चक्राकार चरित्र का बतानेवाली व्याख्या के माध्यम से उसका निषेध करना है। ऐसा चक्रावत्तिमूलक उत्सवों की एक शृंखला शुरू करके किया जाता है जिसका प्रतिरूप प्रकृति की चक्रिक प्रक्रियाओं और मानवीय जीवन-प्रक्रियाओं में स्थापित होता है। दिक् की अनन्तता का निषेध उसे ऐसे स्थानों से आवृत्त करके किया जाता है जहाँ दिक् का 'अतिक्रमण' करनेवाले की अवस्थिति मानकर उसे एक सारभूत अर्थ में निर्बद्ध या सीमित किया जाता है। कारणता की अनन्तता का निषेध उन कर्मों के आवृत्तिमूक अनुष्ठानों से किया जाता है जिन्हें प्राकृतिक कारणता के क्षेत्र से बाहर समझा जाता है और जो सामान्यतया अपनी अनन्तता को पराभूत करने के लिए लोकोत्तर सिद्धान्त का आवाहन करते हैं। यही प्रार्थना का सारभूत अर्थ है जो कारणता से शासित सामान्य प्रक्रियाओं में लोकोत्तर के हस्तक्षेप को आमन्त्रित करती है।

इसे ही अनुष्ठान, पूजा या मन्दिर, मस्जिद, चर्च अथवा अन्य ऐसे स्थानों की यात्रा द्वारा भी उपलब्ध किया जाता है जो परम्परा द्वारा प्रतिष्ठित होते

हैं और कम से कम समय के लिए ही सही, जनसामान्य में ऐसी अभिवृत्ति के प्रतिष्ठापन के लिए प्रभावी माने जाते हैं। कहा जा सकता है कि यह दिक् और काल की उन अनन्त विराटता का मानवीकरण या परिवारीकरण है जो अपने सम्मुख 'नगण्य' प्रतीत होती मानवीय जीवन की प्रत्येक चीज़ को अर्थहीन बना देती है।

इस प्रकार अनन्त को साध लेने को किसी सभ्यता के एक आधारभूत कार्य के रूप में देखा जा सकता है और हम यह जानने की युक्तिसंगत कोशिश कर सकते हैं कि विभिन्न सभ्यताओं ने इसके लिए कैसे प्रयास किये। इसका अस्मिताकरण और अनास्मिताकरण की समस्या से भी घनिष्ठ सम्बन्ध है, यद्यपि दोनों प्रसंग प्रकटत: इतने भिन्न लगते हैं।

दिक्, काल और कारणता के मसले स्वयं अनिवार्यता के क्षेत्रों और स्वतन्त्रता के क्षेत्रों के बीच असमाप्य द्वन्द्वात्मकता से सम्बन्धित हैं जिसमें मनुष्य अनिवार्यत: और निरन्तर उलझा हुआ है। निम्नतम जैविक स्तर से लेकर बुद्धि, कल्पना और भावना की क्रियाशीलता के उच्चतम स्तरों तक बाध्यताओं की समस्या हर स्तर पर महसूस होती है और यद्यपि व्यक्ति सदैव यह महसूस करता है कि वह कुछ चीज़ों को क्रियान्वित करने के लिए 'स्वतन्त्र' है, पर साथ ही उसे यह बोध भी रहता है कि उसकी यह 'स्वतन्त्रता' उन तथ्यों और शक्तियों से परिसीमित और बाधित है जिनके बारे में वह बहुत कम जानता तथा जिन पर उसका कोई भी नियन्त्रण असम्भाव्य है। व्यक्ति की देह के आधार की निर्धारक जैविक प्रक्रियाओं का अनवरत घुमाव उसे सदैव इसका स्मरण दिलाता रहता है। लेकिन जहाँ इस स्तर पर वे इतनी स्पष्ट हैं, वहीं दूसरे स्तरों पर भी वे अनुपस्थिति नहीं हैं जहाँ शायद एक व्यक्ति को स्वतन्त्रता का बोध और अधिक उत्कृष्ट रूप में होता है। लेकिन, किसी भी तरह स्वतन्त्रता के क्षेत्र अपनी क्रियाशीलता में सदैव ही अनिवार्यता के क्षेत्रों की पूर्वकल्पना करते हैं तथा दोनों प्रकार से विशेषित क्षेत्र बहुत हद तक सापेक्ष होते हैं क्योंकि जो स्वतन्त्रता के क्षेत्र के रूप में प्रतीयमान है वह उस क्षेत्र के सन्दर्भ में स्वतन्त्रता का क्षेत्र लग सकता है जिसे वह अपनी क्रियात्मकता के आधार पर सुसाध्य बनाता है।

इस प्रकार किसी सभ्यता की अस्मिता को स्वतन्त्रता और अनिवार्यता की अवधारणाओं के उसके निरूपण एवं मनुष्य तथा उसकी नियति के बारे

में अपने चिन्तन में उन्हें अन्तस्सम्बन्धित करने के तरीको के सन्दर्भ में भी देखा जा सकता है। अनिवार्यता और स्वतन्त्रता दोनों के क्षेत्रों के उसके मानचित्रीकरण और उनके अन्तस्सम्बन्धों को जानना भी शिक्षाप्रद होगा क्योंकि किसी सभ्यता का इसको करने का तरीका लाखों लोगों के स्वयं को तथा अपने परिवेश को देखे जाने के तरीक़े को प्रभावित करता है। इस सम्बन्ध में निश्चय ही स्वतन्त्रता की अवधारणाओं को 'स्वतन्त्रता किससे' तथा 'स्वतन्त्रता किस ओर' दोनों के ही साथ-साथ अनुभवात्मक और लोकोत्तर दोनों क्षेत्रों में स्वतन्त्रता के प्रत्यय के सन्दर्भ में भी अन्वेषित करने की ज़रूरत है। इस प्रसंग में 'प्रभुत्व', 'आधिपत्य' और 'शोषण' के विषय दिक् और काल दोनों में व्यक्ति का अतिक्रमण करनेवाली साभ्यतिक संस्कृति से तादात्म्य के माध्यम से एक विराटतर 'आत्म' की उपलब्धि के विषय जितने ही प्रासंगिक हैं। सत्ता, आधिपत्य, प्रभुत्व और शोषण की अवधारणाओं को भी अब तक देखे गये तरीक़ों से अधिक भिन्न तरीक़े से देखना होगा; जब तक शोषणमुक्त और प्रभुत्वमुक्त समाज का हमारा तात्पर्य स्पष्ट नहीं होता, तब तक सत्ता के सभी विषम सम्बन्धों को अनिवार्यतः निषेधात्मक मानने में कोई सार नहीं है। बड़ी मात्रा में कुछ धनात्मक विषम सम्बन्ध भी होते हैं जहाँ विषमता केवल अस्थायी होती है और असमान सम्बन्धों का प्रयोजन कालान्तर में असमानता को पराभूत करना होता है। शिक्षण, प्रशिक्षुता और समाजीकरण के अधिकांश सम्बन्ध ऐसे ही होते हैं। जहाँ विषमताएँ अपेक्षाकृत स्थायी प्रकृति की होती हैं, वहाँ भी यह जानना ज़रूरी हो जाता है कि ऐसे सम्बन्धों से कैसे प्रयोजन या प्रयोजनों के सहायक अथवा पोषक होने की अपेक्षा की जाती है। इसी तरह, यह सुनिश्चित कर लेना ज़रूरी है कि शोषण को इस तरह परिभाषित न किया जाय कि शोषणमुक्ति सिद्धान्ततः असम्भव हो जाय अथवा सभी विषम सम्बन्ध परिभाषा से ही 'शोषणमूलक' हो।

इस सम्बन्ध में यह अवश्य पूछा जा सकता है कि किसी सभ्यता ने अपने सदस्यों पर कितनी एकरूपता आरोपित करने का प्रयास किया तथा उससे कितनी छूट, विचलन अथवा भिन्नता की अनुमति दी गयी। इसी तरह यह भी पूछा जा सकता है कि क्या बहुलता और भिन्नता को सभ्यता में प्रतिष्ठा दी गयी और यदि हाँ तो, किस सीमा तक अथवा वास्तविकता की प्रकृति को कैसे समझा गया क्योंकि अन्ततः एक और अनेक के बीच

सम्बन्ध ही किसी सभ्यता अथवा संस्कृति में एकता और बहुलता के सम्बन्ध का प्रतिमान बनता है। किसी भी सभ्यता में विवेकशील सामाजिक जीवन के लिए एक निश्चित मात्रा में एकरूपता अनिवार्य होती है, लेकिन भिन्नताओं का सम्बन्ध किसी सभ्यता में एक़रूपता की इस अनिवार्यता के सैद्धान्तिक अवधारण के तरीक़े और मानवीय जीवन के विविध क्षेत्रों में उसकी अपेक्षित मात्रा से है। मार्क्स के 'अतिरिक्त मूल्य के विनियोग' अथवा मारक्यूज के 'अतिरिक्त निरोध' के प्रत्ययों का किसी सभ्यता के अस्तित्व के लिए इनकी आवश्यकता के सन्दर्भ में ही नहीं, बल्कि प्रायोजनाओं को पूरा करने के लिए इनकी ज़रूरत के सन्दर्भ में भी परीक्षण किया जाना चाहिए; क्योंकि अन्ततः कोई सभ्यता दिक्काल के परिप्रेक्ष्य में इन प्रायोजनाओं के प्रवर्त्तन के सन्दर्भ में ही अपना बोध करती है। इसलिए, उसकी अस्मिता को अपने लिए निर्धारित उसकी उस प्रायोजना की काल में सिद्धि के सन्दर्भ में ही देखा जाना चाहिए—चाहे कितना ही धुँधला सही—जिसके सन्दर्भ से वह आनुभाविक क्षेत्र में अपने को सार्थक और महत्त्वपूर्ण मानती है। 'प्रायोजना' के प्रत्यय का सामान्यतः व्यक्तियों के सन्दर्भ में ही विचार किया जाता है और कुछ नया आस्तित्विक चिन्तन तो मनुष्य को 'प्रायोजना' के सन्दर्भ में ही देखता है। लेकिन समस्त व्यक्तिगत प्रायोजनाएँ अन्ततः अपनी सभ्यता की प्रायोजनाओं से उत्पन्न होती हैं और सभ्यता की प्रायोजनाओं को इस तथ्य से पहचाना जा सकता है कि न केवल वे आनुक्रमिक पीढ़ियों तक अपने वैयक्तिक सदस्यों को आविष्ट करती रहती है, बल्कि लोग बार-बार उनकी ओर लौटते हैं, चाहे उनका अनुसन्धान दीर्घ कालान्तर में क्षीण पड़ गया अथवा व्यतीत हो गया हो। प्रायोजनाएँ आत्म-चेतना में साक्षात्कृत मानवीय स्थिति पर चिन्तन तथा इसके द्वारा चिन्तन के सम्मुख प्रस्तुत विरोधाभासी एवं समस्यात्मक चरित्र से जन्म लेती हैं। इस आत्म-चेतना के लिए प्रत्येक वस्तु एक विषय होती है, और फिर भी यह अपने आत्म को जानते हुए भी पूरी तरह एक 'विषय' नहीं मान पाती कि अन्य के लिए वह विषय ही है। इसी तरह, वह इस तथ्य को भी नहीं स्वीकार कर पाती कि जन्म से मृत्यु तक जैविक घुमावों द्वारा व्यक्ति के अस्तित्व का प्रत्यक्षतः और निर्णायक रूप से परिभाषित होना आत्म का वास्तविक सीमाकारी और निश्चायक चरित्र है। इस प्रकार इस चेतना के प्रभाव स्वरूप वह स्वयं को प्रकृति और समाज दोनों से पृथक् बल्कि भिन्न पाती है जिन्हें वह अनिवार्यतः पूर्वमान्य

करती और जिनसे वह सारतः सम्बद्ध है। इसके अतिरिक्त, वह लोकोत्तर के साथ भी एक द्वैध सम्बन्ध महसूस करती है जिसे वह अपने के सहित सब कुछ के अस्तित्व को अपनी परिधि में लिए परम 'अन्य' की तरह ही समझ पाती है, यद्यपि उसका घनिष्ठतम और सार्थकतम सम्बन्ध अपने से ही होता है।

इससे निस्सृत 'प्रायोजनाएँ' सम्भवतः किसी सभ्यता के लिए सर्वाधिक आधारभूत होती हैं तथा इस स्थिति के प्रत्युत्तर का उसका तरीका सभ्यता का गहनतम विशिष्टतामूलक लक्षण हो सकता है।

इसलिए किसी सभ्यता की अस्मिता उसके सम्मुख प्रस्तुत चुनौतियों के प्रत्युत्तर के सन्दर्भ में नहीं है, जैसा टॉयनबी ने सुझाया है, और जिनके सन्दर्भ से उसके उत्पत्ति-स्रोत को समझा जाता है। यदि कोई चुनौती है तो वह आत्म-चेतना के लिए मुख्यतः आन्तरिक है, न कि बाहरी जो कि टॉयनबी का विचार है। इसी तरह उसका पतन भी उसके सफल प्रत्युत्तर की बुतपरस्ती तथा स्थिति के बदल जाने पर भी उसकी बाध्यकारी पुनरावृत्ति में नहीं है, जैसा टायनबी ने प्रस्तावित किया है, बल्कि उन आधारभूत प्रायोजना अथवा प्रायोजनाओं की तरंगी विस्मृति में है जिन्होंने काल में सभ्यता की यात्रा का प्रवर्तन किया था। निश्चय ही, साभ्यतिक उद्यम से विच्छिन्न हो जाने पर वैयक्तिक मानवीय भाव, सार्त्र की शब्दावली में, 'व्यर्थ भाव' हो जाते हैं, जो उससे पुनः जुड़कर ही अपना अर्थ और महत्त्व पुनरूपलब्ध कर पाते हैं।

किसी सभ्यता की 'प्रायोजना' की सिद्धि निश्चिय ही काल में असमाप्य है और हमारे इस संसार में अस्तित्वमान अन्य रुख की तरह एक अक्षय अनेकरूपता रखती है। लेकिन, प्रायोजनाओं और स्वप्न की यात्रा और आनुक्रमिक जीवित पीढ़ियों द्वारा उसकी सिद्धि के माध्यम से वे अपने मूर्तरूप ग्रहण करती हैं लेकिन जिनमें वे कभी पूर्णतः मूर्तिमान और अन्तर्विष्ट नहीं हो पातीं। इसलिए टॉयनबी की कथित 'बुतपरस्ती' केवल एक भ्रम का परिणाम है कि किसी विशेष मूर्तीकरण या साकार रूप में वह स्वप्न पूर्णतः मूर्त हो चुका या प्रायोजना की पूर्ण सिद्धि हो चुकी है। यह पश्चगामी दृष्टि है जो प्रायोजना को निश्चलता में 'स्तम्भित' कर देती है और किसी सभ्यता के बाध्यकारी स्नायु-रोग को उन विशेष क्षणों, विषयों अथवा संस्थाओं के स्थिरीकरण में जाना जा सकता है जिनमें वह स्वप्न

का पूर्ण मूर्तीकरण अथवा प्रयोजना की पूर्ण सिद्धि मान लेती है। ऐसी स्थिति में अतीत भविष्य में गतिशीलता के लिए कोई प्रेरणा अथवा एक शिक्षाप्रद चीज़ नहीं रहता, बल्कि एक ऐसी पूर्णतया दासोचित अनुकृति हो जाता है जिसके नगण्यतम ब्योरे को भी कभी छोड़ा नहीं जा सकता।

यह बात इस सुविदित तथ्य के प्रतिकूल लग सकती है कि अधिकांश धर्म अतीत में एक ऐसे पूर्ण समय की पूर्वकल्पना करते हैं जो उनके अनुसार, परा–ऐतिहासिक वास्तविकता का काल में निश्चयात्मक प्रवेश था और इस कारण निरन्तर स्मृति तथा अपनी ओर लौटने की अपेक्षा करता है ताकि न केवल उस क्षण को विस्मृत किया जा सके, बल्कि उसे पुनरुभूत करते हुए उससे प्रेरणा भी ली जा सके। निस्सन्देह यह सही है कि अधिकांश धर्म भविष्य में उसके द्विरागमन की बात भी करते हैं जो कालिक श्रृंखला को पूर्ण करेगा और उसे कुछ असाधारण अर्थ में परितोष देगा। तथापि, परा–ऐतिहासिक का काल में आद्य प्रवेश तथा भविष्य में कथित 'द्विरागमन' का बहुत स्पष्ट संकेत कभी नहीं मिलता। साथ ही, ऐसे धर्म भी हैं जो कालातीत और कालिक के सम्बन्धों को एक निरन्तर प्रक्रिया के रूप में देखते हैं जिसमें ऐसे विशेष क्षण नहीं आते कि केवल तभी इतिहास में 'दैवी' का 'हस्तक्षेप' होता है। लेकिन, इस विषय की कितनी भी विविधता के बावजूद, धर्म प्रेरणा के लिए प्रधानतः पश्चगामी होते और एक जड़ीभूत साँचे से चिपके रहते हैं जिससे मुक्त होना उनके लिए मुश्किल होता है और इसलिए सीधे किसी सभ्यता के उन स्वप्नों और प्रायोजनाओं के रास्ते में आते हैं जिनके सन्दर्भ में उसे वास्तव में समझा जाना है। इस तरह धर्मों को उन जड़ीभूत साँचों के रूप में देखा जा सकता है जिनमें किसी सभ्यता का स्वप्न और प्रायोजना चिपके हुए हैं और आगे बढ़ने के लिए वह जिनसे मुक्ति का प्रयास करती है, यद्यपि उन्हें उस अतीत क्षण में लगातार खींचा जाता है जो स्वप्न और प्रायोजना की सिद्धि में एक सर्जनात्मक भेदन था। वे किसी सभ्यता के काम्य स्वरूप के 'प्रतिमान' की तरह कार्य करते हैं जिनके साथ वह इस सीमा तक तदात्म हो जाती है कि नगण्यतम मात्रा में उसे छोड़ने में भी वह स्वयं का न होना महसूस करती है। लेकिन, जैसा पश्चिमी सभ्यता के आधुनिक दौर से स्पष्ट प्रदर्शित है, कोई सभ्यता उस धर्म से अपनी अस्मिता को बिना किसी गम्भीर हानि के पृथक् कर सकती है जिसके साथ अतीत में

उसका तादात्म्य था और फिर भी अपनी आधारभूत प्रायोजना और स्वप्न को पुनः पा सकती है। लेकिन जहाँ आधुनिक पश्चिमी सभ्यता ने ईसाइयत से अपना अनास्मिताकरण कर लिया लगता है, वहीं वह यूनानी विरासत के साथ ऐसा नहीं कर सकती है—बल्कि यह लगता है कि ईसा पूर्व यूनानी विरासत, विशेषतः उसकी कथित 'बौद्धिक' क़िस्म से तादात्म्य के माध्यम से ही वह ईसाइयत से पूर्णतः जुड़ी अस्मिता से अपने को मुक्त करने का महान प्रयास कर सकी है। तथापि, अपने उत्तर-आधुनिक दौर में वह इस अस्मिताकरण से भी अपने को मुक्त करती लगती है जिसमें अरिस्टॉटलीय तर्क, प्लेटो के औषधविज्ञान और यूनानी कला उसके आदर्श नहीं रहे हैं।

ईसाई और यूनानी विरासत से इस बुनियादी अनास्मिताकरण की उपलब्धि यह प्रश्न उठाती है कि क्या वर्तमान पश्चिमी सभ्यता की प्रायोजना और स्वप्न में उसके मूल स्वप्न और प्रायोजना की कोई निरन्तरता है, और क्या किसी सभ्यता की प्रादेशिक प्रायोजनाएँ मनुष्यता की सार्वभौम प्रायोजना हो सकती है, जिसका दावा, एक अर्थ में, वर्तमान पश्चिमी सभ्यता करती लगती है क्योंकि वह पश्चिमी और ग़ैर-पश्चिमी सभी सभ्यताओं की जगह पदस्थ होने की खुली घोषणा करती है।

सभ्यताओं के इतिहास में ऐसे भ्रम नये नहीं हैं क्योंकि अतीत में भी लगभग प्रत्येक सभ्यता अपने बारे में इसी तरह की धारणा रखती आयी है। धर्मों के बारे में भी यह सुविदित है, लेकिन, जैसा हर कोई जानता है, किसी भी धर्म के बारे में यह सच साबित नहीं हुआ है क्योंकि न केवल प्रत्येक धर्म कई उप-सम्प्रदायों में विभाजित हुआ है बल्कि उनके आधारभूत विच्छेद इतने आधारभूत रहे हैं कि उन्होंने उतनी ही पारस्परिक शत्रुता, हिंसा और घृणा उत्पन्न की है जितनी अन्य धर्मों से संघर्ष में। इसी तरह, सभ्यताओं ने भी मानव-इतिहास के किसी भी दौर में किसी विशेष साम्राज्य या धर्म के सीमा-विस्तार से स्वतन्त्र अपने लिए एक सार्वभौम भूमिका का दावा किया है। इस प्रकार, सार्वभौम साम्राज्यों के गर्भ से सार्वभौम धर्मों के जन्म लेने का टॉयनबी का विचार इस कारण ग़लत लगता है कि वास्तविक सार्वभौमिकता चर्च या राज्य से नहीं बल्कि दोनों ही की सीमाओं का अतिक्रमण करनेवाली सभ्यताओं से सम्बन्धित प्रतीत होती है क्योंकि अधिकांश सभ्यताओं ने न केवल काल के विभिन्न दौरों

में विविध राजनीतिक इयत्ताओं को, बल्कि अपने सुदीर्घ इतिहास में विभिन्न धर्मों को भी अपने में अन्तर्विष्ट रखा है। लेकिन, सार्वभौमिकता के दावे की प्रबल आग्रहशीलता के बावजूद, वास्तविकता हमेशा यही रही है कि ज्ञात इतिहास में सभ्यताओं की बहुलता रही है और यह सोचने का कोई आधार नहीं लगता कि निकट भविष्य में इस स्थिति में कोई परिवर्तन सम्भव हो सकेगा।

हमें ज्ञात दिक् और काल में अनुभवगम्य वास्तविकता पर विविधता और बहुलता का सिद्धान्त स्पष्ट अंकित है तथा इस विश्वास का कोई कारण नहीं है कि भविष्य में सभ्यताओं के बारे में यह प्रभाव में नहीं रहेगा। निश्चय ही, यह सही है कि पश्चिमी देशों द्वारा अपने प्रायोजन के लिए सम्भवत: जैविक क्षेत्र में एक आधारभूमि प्रदान करनेवाले जननिक स्तर पर सहित सभी स्तरों पर इसे उलटने का दीर्घकालीन, संकल्पित और सुव्यवस्थित प्रयास किया जा रहा लगता है।

वर्तमान पश्चिमी प्रायोजना के उस तत्त्वमीमांसीय परिप्रेक्ष्य में कितना ही भ्रामक लगने के बावजूद जिससे वह अपनी स्थिति के बचाव के लिए हर स्तर पर संघर्षरत है, एक साभ्यतिक उत्पाद के रूप में मनुष्य तथा सभी सभ्यताओं का अतिक्रमण करनेवाले मनुष्य के बीच उस सम्बन्ध विधान की समस्या बनी रहती है जो जैविक मानवीय वास्तविकता की हमारी ज्ञात सांस्कृतिक-साभ्यतिक वास्तविकता में सांस्कृतिक और साभ्यतिक संरचना के लिए कच्ची सामग्री उपलब्ध करवाता है। इसमें सभी सभ्यताओं के लिए अपना अतिक्रमण करने की एक चुनौती है ताकि मनुष्य होने का अर्थ किसी एक या दूसरी विशेष सभ्यता से सम्बन्धित साभ्यतिक प्राणी होना न हो, जैसे कि एक मनुष्य होने का अर्थ एक ईसाई, एक मुस्लिम, एक हिन्दू या एक बौद्ध, एक जैन या एक कनफ्यूशियन अथवा एक ताओवादी नहीं होता। एक मनुष्य की अनिवार्य साभ्यतिक अस्मिता के निषेध अथवा विनाश के बिना साभ्यतिक अस्मिता के अतिक्रमण की सम्भावना का अवसर देनेवाली मनुष्य की परा-साभ्यतिक अस्मिता की सम्भावना के बोध के लिए जैविक एकता के परे मनुष्य की लोकोत्तर एकता को पूर्वमान्य करना होगा। तथापि, जैविक और लोकोत्तर मनुष्य की उस विशिष्ट साभ्यतिक अस्मिता के लिए केवल संरचनात्मक आधार दे सकती है जो हमारे अब तक के साभ्यतिक उद्यमों के पार ले जाती है।

विभिन्न सभ्यताओं की प्रायोजनाएँ और स्वप्न अन्ततः मानवीय प्रायोजनाएँ और स्वप्न हैं जो मनुष्यों के साझे जैविक और लोकोत्तर आयामों से पुष्टि प्राप्त करते हैं। इन प्रायोजनाओं और स्वप्नों के बीच संवाद अन्ततः मनुष्य को उसकी साभ्यतिक विशिष्टता से किसी ऐसी बड़ी चीज़ की ओर ले जायेगा जहाँ उसकी योग्यता किसी एक विशेष सभ्यता का सदस्य होने तक सीमित नहीं रहेगी। निश्चय ही, यह समस्या तो रहेगी कि क्या स्वयं इन प्रायोजनाओं और स्वप्नों को किसी ऐसी बड़ी प्रायोजना और स्वप्न के अंग के रूप में देखा जा सकता है जिसका मनुष्य जाति को केवल धुँधला-सा बोध हो। श्री अरविन्द अपनी पुस्तकों 'दिव्य जीवन' और 'मानवीय एकता का आदर्श' में कुछ ऐसा ही प्रयास करते हैं। तेयार द शार्दे ने भी अपनी पुस्तक 'दि फ़िनोमिनन ऑफ़ मैन' में यही प्रयास किया है। लेकिन, ऐसे अधिकांश प्रयासों में विभिन्न सभ्यताओं में प्रकट प्रायोजनाओं और स्वप्नों की ओर विरले ही ध्यान दिया गया है। कुछ एक सभ्यताओं की विशिष्टताओं की ओर ध्यान देनेवाले स्पेंगलर जैसे कुछ लोगों ने भी ऐसे प्रयासों की हताशाजनक स्थिति और एक-दूसरे के प्रति 'सीमाबद्धता' की ओर ही बलाघातपूर्ण ध्यान आकर्षित किया है। लेकिन, शायद ही कभी इस विषय को अथवा उनके बीच की भिन्नता, विरोध और द्वन्द्व को स्पष्टतया निरूपित किया गया है। यदि कभी ऐसे कुछ प्रयास हुए भी हैं तो उन्होंने अपने को महान धर्मों तक ही सीमित रखा है, जहाँ, एक ओर, यहूदी-ईसाई-इस्लामी धर्मों और, दूसरी ओर, भारत और चीन के धर्मों के वैषम्य का ही प्रधानतः रेखांकन किया गया है। लेकिन, जैसा मैंने पहले भी कहा है, धर्म सभ्यताओं के सहचारी नहीं हैं, इसलिए यदि रेखांकित विरोध सही भी है तो उसका सभ्यताओं के सन्दर्भ में भी सही होना आवश्यक नहीं है। निश्चय ही, नॉथ्रोप जैसे कुछ चिन्तक हैं जिन्होंने सभ्यताओं को धर्म के सन्दर्भ में नहीं बल्कि ज्ञानात्मक अनुभव के सन्दर्भ में देखा, जहाँ 'अन्तःप्रज्ञा' और 'सिद्धान्तीकरण' समान भूमिका निबाहते हैं। फिर भी, उसके अनुसार, पूर्व ने सामान्यतः चीज़ों के प्रत्यक्ष, अन्तःप्रज्ञात्मक और सौन्दर्यात्मक बोध पर बल दिया है, जबकि पश्चिम ने ज्ञान के लिए अपेक्षित सैद्धान्तिक पूर्वधारणात्मक चरित्र पर। अपनी पुस्तक 'द मीटिंग ऑफ़ ईस्ट एण्ड वेस्ट' में उसकी दलील है कि पूर्व का अविशेषीकृत सौन्दर्यात्मक सांतत्यक भी प्रदत्त अनुभव का उतना ही हिस्सा है जितना अनुभव को समझने के लिए आवश्यक सैद्धान्तिक तत्त्वों की

पूर्वधारणा। उसने अन्तःप्रज्ञाश्रित अवधारणाओं तथा पूर्वधारणाश्रित अवधारणाओं के भेद के सन्दर्भ में वैषम्य का प्रतिपादन किया। कितना भी रोचक क्यों न हो, यह सभ्यता को उन स्वप्नों या प्रायोजनाओं, समस्यात्मकता या प्रश्नों के सन्दर्भ में देखना नहीं होगा जो, जैसा मैंने पहले भी कहा है, इनकी अपेक्षा गहनतर स्तर पर साभ्यतिक अस्मिता का चरित्रीकरण करते हैं। ये सीमाएँ सोरोकिन के प्रतिपादन को भी प्रभावित करती लगती हैं जिसके अनुसार वह ८०० ई.पू. से १२०० ई. तक की पश्चिमी सभ्यता को 'उद्‌भावनात्मक और संवेदनात्मक' संस्कृतियों के बीच एक दोलन की तरह महसूस करता है, जिनका समन्वय पहली से दूसरी में संक्रमण में होता है, जिसे उसने 'आदर्शवादी' संज्ञा से ज्ञापित किया है।

मुद्दा केवल यह नहीं है कि क्या इन प्रायोजनाओं, स्वप्नों, समस्यात्मकताओं और प्रश्नों को एक आत्म-चेतन प्राणी की आधारभूत जैविक-लोकोत्तर संरचना से उत्पन्न किन्हीं परा-साभ्यतिक प्रायोजनाओं, स्वप्नों, समस्यात्मकताओं और प्रश्नों के सन्दर्भ में देखा जा सकता है, और क्या उनमें परस्पर कोई अन्तर्भूत असंगति है जैसा कि अब तक विभिन्न सभ्यताओं के उनके बोध से लगता रहा है, बल्कि एक अतिरिक्त समस्या काल में इनकी अनिवार्य अतृप्ति और साध्यता से उत्पन्न होती है। यदि उसकी सिद्धि होती है तो सभ्यताओं के अपने कार्य को अपूर्ण माना जायेगा और इसलिए उनका किसी परा-साभ्यतिक लक्ष्य की ओर अपना अतिक्रमण अपने उद्यम के व्यतीत इतिहास द्वारा सौंपी गयी ज़िम्मेदारी के प्रति विश्वासघात प्रतीत होगा।

सभी सभ्यताओं का अतिक्रमण करनेवाली एक मानवीय सभ्यता तथा वर्तमान सभ्यताओं के बीच तनाव और द्वन्द्व वास्तव में उतना नया नहीं है जैसा प्रथम दृष्टया लगता है—विशेषतया समकालीन प्रसंग में। अतीत में भी सभी सभ्यताओं ने न केवल अपना सीमा-विस्तार किया है बल्कि युद्ध, व्यापार और विजय के अतिरिक्त अन्य की प्रायोजना, स्वप्न तथा मूल्यों को समझने और उनके आत्मसातीकरण की प्रामाणिक आकांक्षा से वे अन्य सभ्यताओं से सक्रिय सम्पर्क और अन्तःक्रिया करती रही हैं। राजनीतिक सत्ता-केन्द्रों तथा इन दिनों धन-सम्पदा के केन्द्रों के विकास और विघटन के प्रति रिवाजी इतिहासकारों के स्वाभाविक आकर्षण की

वजह से सभ्यताओं के बीच अन्त:क्रिया के इस पहलू को समुचित महत्त्व नहीं दिया गया है। लेकिन इतिहासकारों द्वारा समुचित महत्त्व न दिये जाने के बावजूद 'अन्य' के प्रति आकर्षण रहा है, जिसका कारण उसका विलक्षण और मोहक चरित्र ही नहीं है जो समस्त आधुनिक मानव-शास्त्रीय अध्ययनों के मूल में है, बल्कि इसलिए भी है कि 'अन्य' एक दूसरी सम्भावना, व्यक्ति के अपने अस्तित्व के एक और 'पुरुषार्थ' को निरूपित करता है जिसका अनुसन्धान या विकास उसकी अपनी सभ्यता में नहीं हो पाया है। उदाहरणार्थ, युवान च्वांग के जीवन में सुस्पष्ट प्रतीकित बौद्धधर्म की खोज में रत चीनी यात्रियों की कथा को और किसी तरह से नहीं समझा जा सकता। ज्ञान की खोज में लगे यात्रियों की कथा भी लाभ और लूट की तलाश में रत साहसिक लोगों की कथा के समान ही पुरानी है। उस काल में यात्रा की मुसीबतों तथा एक विदेशी भाषा को सीखने और उसे अपनी भाषा में अनूदित करने में प्रवीणता हासिल कर लेने की कठिनाइयों का स्मरण रखने पर ही हम उस भावना को ठीक तरह से समझने की शुरुआत कर सकते हैं जो किसी सभ्यता के कुछ सदस्यों में किसी अन्य के 'पुरुषार्थ' को समझने और उसे अपने लोगों के लिए उपलब्ध करवाने के प्रयासों की प्रेरणा होती है। यदि हमें यह भी ध्यान रहे कि ऐसे व्यक्तियों की सक्रियता के कारण ही इतना विशाल साहित्य-भण्डार न केवल हज़ारों मील दूर पहुँच सका बल्कि उसे संरक्षित, अनूदित तथा कालान्तर में अन्य सभ्यताओं के उन लाखों लोगों द्वारा ग्रहण किया जा सका जिन्होंने अपनी सभ्यता की प्रायोजनाओं और अन्तर्दृष्टियों से शनैः-शनैः उन्हें जोड़ने के प्रयास किये, तभी हम यह समझना शुरू कर सकते हैं कि सभ्यताओं के बीच संवाद तथा किसी एक सभ्यता से सम्बद्ध लोगों द्वारा अपनी 'क्षेत्रीयता' का अतिक्रमण भी सभी सभ्यताओं के इतिहास का एक सनातन लक्षण रहा है।

दुर्भाग्य से इस्लाम के विस्तार ने सभ्यताओं के विस्तार का एक ग़लत आदर्श प्रस्तुत किया है क्योंकि राजनीतिक संरक्षण के संस्कृतियों और सभ्यताओं के विस्तार को सुसाध्य बनाने के बावजूद वह शायद ही कभी उतना निर्णयात्मक कारक रहा है जितना स्थिति के राजनीतिक या आर्थिक पक्षों पर ही ध्यान देनेवाले इतिहासकारों द्वारा सामान्यतः समझा गया है। प्राचीन और मध्यकालीन ईसाइयत का इतिहास सम्भवतः धर्म के फैलाव

का एक उत्तम उदाहरण है, लेकिन उससे भी बेहतर उदाहरण इस्लाम के उदय और फैलाव से पहले एशिया महाद्वीप में बौद्धधर्म के विस्तार में मिलता है। लेकिन, जैसा मैंने पूर्व में कहा है, धर्म सभ्यताओं के सहचारी नहीं होते तथा धर्मों के विस्तार और साक्षात्कार को सभ्यताओं के विस्तार और साक्षात्कार से फ़र्क़ समझना चाहिए, यद्यपि अधिकांश सभ्यताओं के अतीत में ये दोनों अपृथक्करणीय रूप से सम्मिश्रण रहे हैं। शायद भारतीय सभ्यता की कथा सारतः भिन्न है क्योंकि सुदीर्घ कालावधियों में उसके इतिहास का किसी एक ही धर्म से तादात्म्य नहीं रहा है। बिलकुल आरम्भ से ही जैनधर्म और बौद्धधर्म की उपस्थिति तथा हज़ारों सालों तक उनकी निरन्तरता इसका साक्ष्य है। इनके विशाल ढाँचे तथा वैदिक-औपनिषदिक परम्परा में नये धर्मों के उदय को भी ऐसा ही साक्ष्य माना जा सकता है। यह सही है कि बख़्तियार खिलजी द्वारा नालन्दा के ध्वंस के बाद तेरहवीं सदी से बौद्ध धर्म विलुप्त हो गया, लेकिन जैनधर्म तथा भारत में जन्में और बाहर से आकर अपने को यहाँ स्थापित करनेवाले कई धर्म फलते-फूलते रहे।

धर्म के प्रसंग से अलग, पश्चिमी यूरोप के लोगों के १८वीं तथा १९वीं सदियों में भारत और चीन के प्रति आकर्षण तथा संस्कृत और चीनी जैसी कठिन भाषाओं को सीखने पर उनके ग्रन्थों को अपने देशवासियों को सुलभ करवाने के लिए अनुवाद के प्रयासों को देखने पर शायद इस संवृत्ति को बेहतर समझा जा सकता है। इसका धर्म से विशेष सम्बन्ध नहीं था, यद्यपि कुछ धर्मप्रचारक-राजनीतिक हित अवश्य था, जिस पर इस विषय के लेखकों द्वारा बल दिया गया है। लेकिन, मूलतः बड़ी संख्या में विद्वानों का सरोकार 'अन्य' को समझने तथा उसे अपने जीवन का हिस्सा बना लेने से था जिसे उन्होंने आत्मसातीकरण के उपयुक्त माना। इन अध्ययनों ने रोमांटिकवाद को भी प्रभावित किया यद्यपि कुछ लोगों के विचार मे वह पूर्व और पश्चिम के बीच 'ग़लतफ़हमी' का नतीजा था।

पश्चिमी रचनाओं के लिए उन्नीसवीं सदी से इसी तरह का आकर्षण लगभग सारा ग़ैर-पश्चिमी संसार महसूस करता रहा है। बौद्धिक एवं बौद्धिकेत्तर लगभग सभी रूपों में पश्चिम के साभ्यतिक उत्पादों को समझने, आस्वादन करने तथा आत्मसात् करने का अविश्वसनीय विशाल प्रयास इसका प्रमाण है। सामान्यतः इसका श्रेय पश्चिम के राजनीतिक

और आर्थिक प्रभुत्व को दिया जाता है, लेकिन आंशिक रूप से सच होने पर भी, इससे पूरी कहानी की व्याख्या नहीं होती। अन्ततः, यह एक अन्य सभ्यता की उपलब्धियों के प्रति आकर्षण तथा एक विशेष क्षेत्रीय सभ्यता से बाहर निकलना है, जैसाकि अतीत में भी बारम्बार हुआ है।

लेकिन पश्चिमी और ग़ैर–पश्चिमी सभ्यताओं के एक–दूसरे को समझने के पहले तीन सौ वर्षों के सम्पूरक आन्दोलन ऐसे अन्य प्रयासों से भिन्न लगते हैं क्योंकि अतीत के ऐसे प्रयासों के विपरीत उनमें एक निरन्तरता और अधिक योजनाबद्धता है। इस प्रयास ने दोनों ही प्रकार की सभ्यताओं को इस तरह प्रभावित किया है कि अन्य को समझने के लिए अपने से बाहर आने और एक सीमा तक अन्य सभ्यता के मूल्यों, विश्व–दृष्टि और स्वप्न को आत्मसात् करने के लिए सुदीर्घ उद्यम के परिणामों की भविष्यवाणी करना मुश्किल है। तथापि, एक अन्तर यह अवश्य है कि जहाँ पश्चिमी सभ्यता ने अपने को अतीत और वर्तमान की सभी सभ्यताओं के लिए खोल दिया है वहीं वर्तमान ग़ैर–पश्चिमी सभ्यताओं ने केवल पश्चिमी सभ्यता के सन्दर्भ में ही ऐसा किया है। उदाहरणार्थ, चीनियों और भारतीयों द्वारा एक–दूसरे को आंशिक रूप से समझने के प्रयास भी शायद ही हुए हैं। एक सभ्यता विशेष से दूसरी सभ्यता तक पहुँचने के उद्यम में इस विषमता का कारण पिछली तीन शताब्दियों में पश्चिम के राजनीतिक प्रभुत्व को माना गया है, लेकिन भारतीय सभ्यता में चीनी रुचि तो बहुत पहले समाप्त हो गयी थी और अपने इस्लामी दौर में पश्चिम एशियाई सभ्यता के दीर्घकाल तक भारत के बड़े हिस्सों पर राजनीतिक आधिपत्य के तथ्य के बावजूद दोनों सभ्यताओं की ओर से एक–दूसरे को समझने का शायद ही कोई प्रयास किया गया था। अल–बरुनी के एकमात्र उदाहरण से कोई विशेष अन्तर नहीं पड़ता, जबकि भारतीय पक्ष में तो कोई अल–बरुनी भी नहीं है। राजनीतिक और आर्थिक–सम्पर्क की सुदीर्घ कालावधि में भारत में पश्चिम एशिया या चीन से अनुवाद के उदाहरण नहीं मिलते। यदि भारत में दार्शनिक ग्रन्थों को ही साक्ष्य के रूप में लिया जाय तो इस उप–महाद्वीप के बड़े भाग पर पश्चिम एशियाई देशों के प्रभुत्व का सन्देह तक नहीं हो सकता। कलाओं, विज्ञान और तकनीकी के क्षेत्र में निश्चय ही अधिक अन्तःक्रिया रही है, लेकिन आठवीं से अठारहवीं शताब्दी तक की रहमान की ग्रन्थ–सूची में दी गयी जानकारी के आधार पर वहाँ भी

परिणाम स्वल्प ही है। फ़ारसी और अरबी से संस्कृत में अनुवादों की संख्या इतनी कम है कि हज़ार वर्षों की कालावधि और भारतीय सभ्यता की विशाल गृह-भूमि के बड़े हिस्सों पर पश्चिमी एशियाई उपस्थिति के राजनीतिक संस्थापन को देखते हुए कोई आसानी से इस निष्कर्ष पर पहुँच सकता है कि इनमें से अधिकांश सभ्यताएँ बहुत अधिक अन्तर्मुखी तथा अपने ही साभ्यतिक सरोकारों के आवेष्टन से इतनी अधिक सन्तुष्ट थीं कि अन्य के लिए उनमें कोई आकर्षण ही नहीं महसूस हुआ। लेकिन इस स्थिति में अब नाटकीय परिवर्तन आया है क्योंकि व्यवहारतः ग़ैर-पश्चिमी सभ्यताओं में से प्रत्येक अपने साभ्यतिक ढाँचे से बाहर ज्ञान, शक्ति, सम्पदा और सर्जनात्मकता अर्थात् मानवीय उद्यम के लगभग हर क्षेत्र के सन्दर्भ में पश्चिम की उपलब्धियों को उत्कण्ठापूर्वक जानना चाहती है। लेकिन यह रुचि केवल पश्चिम तक सीमित है तथा अन्य सभ्यताओं के बारे में उनका यत्किंचित ज्ञान भी उनसे सम्बन्धित पश्चिमी कृतियों के माध्यम से ही है। इस प्रकार, जहाँ प्रत्येक ग़ैर-पश्चिमी सभ्यता पश्चिमी सभ्यता से रूपान्तरित हो रही है, वहीं स्वयं पश्चिमी सभ्यता उनके बारे में अपनी नित्य जिज्ञासा के माध्यम से अतीत और वर्तमान की लगभग सभी सभ्यताओं से प्रभावित हो रही है।

तथापि, पश्चिमी सभ्यता यह तय कर पाने में दुविधाग्रस्त है कि ग़ैर-पश्चिमी सभ्यताओं पर उसका प्रभाव ताक़त का स्रोत है या कमज़ोरी का, जबकि उसे इस बात में कोई सन्देह नहीं है कि ज्ञान, शक्ति और सम्पदा में उसका वर्चस्व उसकी अपनी साभ्यतिक जड़ों और उस विश्व-दृष्टि में है जिसे वह सत्रहवीं शताब्दी से विकसित करती आ रही है। इस प्रक्रिया में वह अपने को विरासत के उस बोझ से भी मुक्त करती जा रही है जिसे उसने अपनी और अन्य सभ्यताओं से प्राप्त किया था। विद्वत्ता के विषयों और वर्तमान सरोकारों, सौन्दर्यबोधात्मक और आध्यात्मिकता के मृदु सरोकारों तथा राजनीतिक सत्ता और आर्थिक प्रभुत्व की कठोर वास्तविकताओं के बीच स्पष्ट विभाजन क्रमशः बढ़ता जा रहा है। ये वास्तविकताएँ मुख्यतः उस विज्ञान और तकनीकी के वर्तमान प्रसंग में बद्धमूल देखी जाती हैं स्वयं जिनकी बद्धमूलता मनुष्य और प्रकृति को देखने के प्रधानतः पश्चिमी साभ्यतिक तरीक़ों में है जो अब तक अन्य संस्कृतियों के तरीक़ों से बिलकुल भिन्न है। प्रकृति, मनुष्य और समाज को समझने में लोकोत्तरता

का सम्पूर्ण निर्वासन इसका स्पष्टतम साक्ष्य है। ऐसा नहीं है कि भौतिकी जैसे ज्ञान के सख़्त क्षेत्र में भी 'दमित की वापसी' नहीं है, लेकिन अन्ततः यह क्रीड़ापूर्ण आमोद-प्रमोद ही है जिसमें कोई गम्भीर आशय नहीं है क्योंकि उसे गम्भीरतापूर्वक लेने का तात्पर्य पश्चिमी इतिहास के पिछले तीन-चार सौ वर्षों में विकसित समग्र उद्यम की जड़ें खोदना होगा।

लेकिन यह दुविधा नयी नहीं है क्योंकि संस्कृति में लगभग सब कहीं लोकोत्तर का बोध करनेवाली प्राचीन सभ्यताओं में भी राजनीति और अर्थनीति से सम्बन्धित लोग इन क्षेत्रों में लोकोत्तर की अप्रासंगिकता के बारे में अत्यधिक सजग थे। राजनीति और अर्थनीति के क्षेत्र में 'लोकोत्तर' ही नहीं, बल्कि नैतिकता या भारतीय परम्परा में ज्ञात 'धर्म' के दावों से बिलकुल अप्रभावित लगते थे। भारत में अर्थशास्त्र परम्परा के राजनीतिक सिद्धान्तकारों ने न केवल 'राजधर्म' और 'राजनीति' में भेद किया, बल्कि राजा और उसके मन्त्रियों तथा सलाहकारों के लिए लोकोत्तर के अनुसन्धान में 'मोक्ष' जैसे पुरुषार्थ की अप्रासंगिकता बल्कि हानिकारकता को स्पष्टतः बताया। राजनीतिक तन्त्रों में धर्म के संरक्षण के लिए अनिवार्य राज्य-तन्त्र की गहरी दुविधा इस बात को लेकर थी कि कोई भी राज्य-तन्त्र अन्य राज्य-तन्त्रों के बीच अवस्थित होता है जो उसके सम्भावित शत्रु हो सकते हैं और इसलिए अपने नागरिकों के लिए अपेक्षित व्यवहार की मर्यादा को उन पर लागू नहीं किया जा सकता। साथ ही, राज्य-तन्त्र के शासन या राजनीतिक प्रभाव के विस्तार को शासकों की वैध आकांक्षा माना जाता था और इसीलिए 'मोक्ष' या लोकोत्तर का परिप्रेक्ष्य इस क्षेत्र के लिए कम प्रासंगिक ही नहीं बल्कि निश्चयात्मक रूप से प्रतिकूल माना गया।

इसी प्रकार, आर्थिक अथवा सम्पदा-उत्पादन के क्षेत्र को भी ऐसे मन में बद्धमूल माना गया जो अनन्त लाभ पाना चाहता है और उसे प्राप्त करने के लिए वैध उपायों की अधिक चिन्ता नहीं करता है। वैश्य बुद्धि के लिए प्रयुक्त पदावली इसका सुस्पष्ट वर्णन करती है : 'असंख्यात धन लाभकारिणी बुद्धि'। तथापि, धर्म-लाभ के उपायों पर कुछ नियन्त्रण लगाये गये जो राजनीतिक सत्ता हासिल करने या उसका अधिकतम सम्भव सीमा तक विस्तार करने के उपायों के मामले में बिलकुल अनुपस्थित थे। साथ ही, प्राप्त सम्पदा को सद्कार्यों में लगाकर उसे पुण्यप्रद बनाया जा सकता था और इसीलिए प्रधानतः धार्मिक और लोकोपकारी कार्यों पर बल दिया

गया जिनमें उसका उपयोग किया जा सकता था।

राजनीतिक सत्ता के मामले में भी इसका कुछ समरूप देखा जा सकता है क्योंकि उसका उपयोग भी धर्म के संरक्षण, प्रसार और वृद्धि में माना गया, लेकिन इस मामले में अपने गृह राज्य-तन्त्र के सदस्यों के लिए लोकोपकार तथा अन्य राज्य-तन्त्रों को युद्ध अथवा अन्य उपायों से विजय का विषय मानने के बीच एक मौलिक अन्तर सदैव दिखायी दे जाता है।

इस प्रकार, राजनीतिक और आर्थिक क्षेत्र में धर्म के क्षेत्र अथवा नैतिक मान्यताओं का प्रवेश हमेशा ही एक समस्या रही है। यह भी अनुभव किया गया कि ऐसे किसी प्रवेश के बिना न तो इन क्षेत्रों को वैधता मिल सकती है और न ही उन्हें 'मानवीय' क्रियाशीलता माना जा सकता है। मानवीय अस्तित्व का लोकोत्तर आयाम तो नैतिक आयाम को भी काटता है जैसाकि भारतीय परम्परा में 'धर्म' और 'मोक्ष' के बीच तनाव और सुदीर्घ विवाद से प्रमाणित होता है। बुद्ध और महावीर में मूर्त संन्यासमूलक आदर्श इसे स्पष्टतः प्रदर्शित कर देता है।

फिर भी, यह दुविधा और समस्यात्मकता दोनों पुरानी हैं तथा लगभग सभी सभ्यताओं ने इनसे सामना और भिड़न्त की है। लेकिन, आधुनिक स्थिति, और विशेषतया पश्चिम में उनका अस्तित्व एक बिलकुल भिन्न परिस्थिति की वजह से है जिसका कोई समरूप अतीत में दिखायी देता नहीं लगता। वह दो अद्वितीय कारणों से प्रसूत है जो उसे अतीत सभी समान स्थितियों से मूलतः भिन्न कर देते हैं। प्रथम है 'जानने की पद्धति का आविष्कार', विशेषतया 'प्रकृति' के क्षेत्र या प्रकृति के उस क्षेत्र में जिसे हम 'भौतिक' या प्रत्यक्षतः अचेतन कहते हैं। इस क्षेत्र में 'जानने' की पद्धति को आविष्कार ने न केवल उसके बारे में हमारे ज्ञान में निरन्तर वृद्धि की है बल्कि स्वयं ज्ञान की प्रकृति में भी क्रमशः रूपान्तरण किया है। कल्पना, तर्क और ऐन्द्रिक अनुभव के बीच निरन्तर अन्तःक्रिया तथा प्रत्येक के प्रकाश में प्रत्येक का संशोधन या परिष्करण की कवायद का परिणाम 'जानने' की उस निरन्तर प्रक्रिया के रूप में हुआ है जिसमें पूरे विश्व में हज़ारों लोग लगातार सक्रिय हैं तथा जहाँ सम्भावनाओं के उद्घाटन और समापन को एक ओर, कल्पना की विदग्धता तथा दूसरी ओर, तर्कात्मक एवं प्रयोगात्मक प्रवीणता के सापेक्ष ही देखा जाता है।

यह अपने में अतीत से एक मौलिक प्रस्थान हो सकता था, लेकिन इसके अभियान्त्रिक प्रवीणता के माध्यम से ज्ञान की तकनीकी में सुयोजित तथा सुविचारित रूपान्तरण और प्रबन्धकीय एवं विज्ञापकीय तकनीकों के माध्यम से उनके अर्थक्षम उत्पादों में विकास से जुड़ते चले जाने के कारण ज्ञान के आधुनिक उद्यम में एक ऐसा आयाम जुड़ गया है जो प्राचीन सभ्यताओं में केवल हाशिये पर ही उपस्थित था।

तथापि, प्रकृति के ज्ञान की प्राप्ति के लिए आविष्कृत पद्धति की सफलता तथा 'मानवीय वास्तविकता' के बीच बढ़ते हुए अन्तर ने बहुत बड़ी समस्याएँ पैदा की हैं जो प्रकृति के निरन्तर बढ़ते हुए ज्ञान तथा मानवीय वास्तविकता की उस प्रकृति के अज्ञान का परिणाम है जिसमें मनुष्य अनिवार्यतः अन्तर्ग्रस्त है और जहाँ कम-अज़-कम ज्ञानात्मक स्तर पर वह यह मानने को बाध्य है कि प्रकृति का अंश होने के नाते उसे भी उसी तरह से समझा जा सकता है। प्राकृतिक और मानवीय वास्तविकता की एकता के स्वीकार की यह ज्ञानात्मक बाध्यता केवल एक सैद्धान्तिक बाध्यता है जिसका मानवीय जीवन के हर क़दम पर आस्तित्विक निषेध होता है, कम से कम वहाँ तो अवश्य ही जहाँ उसका सरोकार व्यक्ति की आत्मपरकता से होता है। ऐसा उस असुविधाजनक किन्तु अवज्ञामूलक तथ्य के कारण है कि चाहे उन्हें कितना ही 'प्राकृतिक वस्तुओं' की तरह बरता और कारणात्मक ज्ञान के आधार पर समझा और परिचालित किया जाय, मनुष्य इस प्रकार 'कोटिच्युत' किये जाने से इनकार करते तथा उसके प्रति अपने विद्रोह से इस पदावनयन का खण्डन कर देते हैं। इतिहास में अपने तरीक़े के सर्वाधिक भीमकाय उद्यम सोवियत प्रयोग की विफलता इसका साक्ष्य है और इस बात में शायद ही कोई सन्देह हो सकता है कि वैसे ही आदर्श में पश्चिमी विश्वास का भी अन्ततः वही हश्र होना है। दोनों के बीच प्रासंगिक भेद इसी बात में होगा कि जहाँ पहला आतंक पर निर्भर था, वहीं दूसरा लोभ पर भरोसा रखता है; लेकिन अन्ततः दोनों ही मनुष्यों को बलप्रयोग या प्रलोभन अथवा दोनों के उचित मात्रा में मिश्रण से परिचालकीय मानकर बरतने के लिए प्रवृत्त होते हैं।

आस्तित्विक अनुभूति के रूप में मानवीय वास्तविकता, स्वतन्त्रता, प्रतिबन्ध और आवश्यकता का एक विचित्र विलयन है और आत्म-चेतनापूर्वक विचार करने पर लोकोत्तर के बोध के तत्त्व को भी दर्शाती है जिसकी वह

न तो पूरे विश्वास से पुष्टि ही कर सकती है और न निश्चयात्मक निषेध ही। तथापि, यह विरोधाभासी बोध मनुष्य के आस्तित्विक जीवन को एक अर्थ और महत्ता देता है जो उसकी अस्ति का कोई अन्य आयाम देता नहीं लगता। आधुनिक पश्चिमी सभ्यता के विपरीत, पहले की सभी सभ्यताओं ने अपने को इस आधारभूत आत्म-चिन्तन पर ही आधारित किया है, जो यदि 'भ्रामक' है तो भी, माननीय आत्म-चेतना की एक सारभूत और अपृथक् अंग है। इसके अतिरिक्त चेतना के क्षेत्र की तरह 'भ्रम' और 'वास्तविकता' के बीच भेद सामान्यतः नहीं होता और किसी भी तरह उसे सत्य और मिथ्यात्व के सन्दर्भ में नहीं, बल्कि किसी तरह, केवल उन विश्वासों को स्वीकार करनेवाले तथा दूसरों पर पड़े उनके प्रभाव के सन्दर्भ में ही रेखित किया जा सकता है। यह वे ही हैं जो ग़ैर-आधुनिक पश्चिमी सभ्यता सहित सभी ग़ैर-आधुनिक सभ्यताओं को शक्ति देते हैं। इस विविधता की अवहेलना करनेवाला सभ्यताओं का कोई भी तुलनात्मक अध्ययन उन सभ्यताओं की सारभूत विविधता को समझने में विफल ही रहेगा। इसलिए इन प्राचीन सभ्यताओं के भविष्य का वास्तविक नाटक उस आधुनिक पश्चिमी सभ्यता द्वारा लोकोत्तर के निर्वासन के प्रयास में है जो प्रकृति को समझने की नव-आविष्कृत पद्धति की केन्द्रीयता पर आधारित एवं उसी से प्रसूत है और उसे उस तकनीकी के सन्दर्भ में अनूदित करती है जिसका प्रमुख सरोकार मानवीय अस्तित्व के अत्यावश्यक क्षेत्र से सम्बन्धित ज़रूरतों के गुणन, विविधीकरण और सन्तुष्टि से है। इस सम्बन्ध में इस तथ्य पर विचार सार्थक होगा कि समग्र आधुनिक पश्चिमी सभ्यता ने पिछले तीन सौ वर्षों में कोई असाधारण आध्यात्मिक व्यक्तित्व उत्पन्न नहीं किया है। उसने महान वैज्ञानिकों, कलाकारों, लेखकों, खिलाड़ियों और असाधारण नैतिक चेतना के व्यक्तियों को विकसित किया है, लेकिन रामकृष्ण परमहंस या रमण महर्षि की कोटि के आध्यात्मिक व्यक्तित्व को वहाँ देखने का प्रयास निष्फल ही होगा—यहाँ तक कि गांधी जैसे व्यक्तित्व को खोजना भी जो, शब्द के पारम्परिक अर्थ में ठीक-ठीक सन्त नहीं कहे जा सकने के बावजूद, भारत की आध्यात्मिकता के उस इतिहास में भी एक मौलिक व्यक्तित्व थे जहाँ उसकी सुदीर्घ परम्परा में आध्यात्मिक व्यक्तियों का अभाव कभी नहीं रहा।

लेकिन, इसके कितना ही सच होने के बावजूद, हमें इस तथ्य की ओर

आँखें नहीं मूँद लेनी चाहिए कि आधुनिक पश्चिमी सभ्यता ने न केवल नये मूल्यों का बोध और उन्हें ठोस सांस्थानिक और वैधिक रूप दिया है, बल्कि, बिना ऐसा माने, लोकोत्तरता के एक नये आयाम का प्रवर्तन किया है। इसका सम्बन्ध उस स्वप्न से है जहाँ आदर्श मूल्यों को अनन्त काल में प्रकृति, मनुष्य, समाज और राज्य-तन्त्र के बारे में बढ़ते हुए ज्ञान के आधार पर उपगामी रूप से चरितार्थ किया जाता है जो अपनी व्याप्ति में वैश्विक और मानवता के अभी तक उपेक्षित स्त्रियों, बच्चों और श्रमिक वर्गों सहित सम्पूर्ण मानवता को अपनी परिधि में सम्मिलित करनेवाली है। साथ ही, मनुष्य की एक अधिक संश्लिष्ट, सम्पन्नतर और बहुआयामी वास्तविकता को भी बिना किसी हिचक के स्वीकार किया गया है, जो अतीत में किसी भी सभ्यता में शायद ही कभी हुआ है। एक धुँधला-सा बोध इस बात का भी है कि इन आयामों में से प्रत्येक में एक आदर्श मूल्य अन्तर्निहित है जो कालान्तर में अनुसन्धान तथा चरितार्थतता की अपेक्षा करता है। तथापि, क्योंकि स्वयं बोध का ही स्पष्ट प्रतिपादन नहीं किया गया है, इसलिए विभिन्न क्षेत्रों में अन्तर्निहित आदर्श मूल्यों के अन्तस्सम्बन्धों की समस्या की ओर अभी तक कोई सुदीर्घ या संकेन्द्रित ध्यान नहीं दिया गया है।

शास्त्रीय भारतीय चिन्तन में इस आयाम को समष्टिवाची संज्ञा 'ऐश्वर्य' या 'अभ्युदय' है और इसे 'निःश्रेयस' या 'अपवर्ग' के वैषम्य में रखा गया है। निश्चय ही, 'वैशेषिक सूत्र' में धर्म को परिभाषित करते हुए उसे 'अभ्युदय' और 'निःश्रेयस' दोनों की उपलब्धि करवानेवाला बताया गया है, लेकिन जैसे भी हो, भारतीय परम्परा में 'अभ्युदय' अथवा 'ऐश्वर्य' के प्रत्यय का उसकी संश्लिष्टता और विविधता में अनुसन्धान नहीं किया गया है। यह भी नहीं समझा गया कि 'ऐश्वर्य' और 'अभ्युदय' के विविध क्षेत्रों में से प्रत्येक के लोकोत्तर मूल्य-आयाम अन्तर्निहित है जो अनिवार्यतः मानवीय व्यक्तित्व के विविध पक्षों से सम्बन्धित है। फिर भी, जहाँ शास्त्रीय भारतीय परम्परा में आधुनिक पश्चिमी सभ्यता द्वारा क्रियान्वित मनुष्य के विविध अनुभवात्मक अनुसन्धानों में अन्तर्भूत लोकोत्तरता की अवहेलना या कम से कम स्पष्ट निरूपण का अभाव लगता है, वहीं यह भी उतना ही स्पष्ट है कि परवर्ती में लोकोत्तर के उस आयाम का पूर्णतया अभाव है जिसका अतीत में अन्य अधिकांश सभ्यताओं ने अनवरत अनुसन्धान किया और जिसका सार-तत्त्व भारतीय परम्परा में 'निःश्रेयस'

और 'अपवर्ग' की अवधारणाएँ हैं। आधुनिक पश्चिमी सभ्यता ने अपने लक्ष्यों की लोकोत्तरता को भी समझा नहीं लगता है, क्योंकि इस बोध ने उन्हें प्रभावित और मूलतः रूपान्तरित कर दिया होता।

इसलिए प्राचीन सभ्यताओं के सम्मुख चुनौती आधुनिक पश्चिमी सभ्यता के नये मूल्य-बोध तथा उसकी फाउस्टी खोज में लोकोत्तरता के आयाम की है। यह भविष्यकथन करना असम्भव है कि वे इन चुनौतियों का प्रत्युत्तर कैसे देंगी तथा उन्हें सारतः अनुभवातीत लोकोत्तर के अपने बोध से कैसे जोड़ सकेंगी। लेकिन इतना निश्चित है कि प्रत्येक जीवित सभ्यता अपने तरीक़े से प्रत्युत्तर देगी तथा मनुष्य से सारतः सम्बद्ध लोकोत्तरता के इन दो आयामों का अपने समन्वय का प्रयास करेगी। असल में, अतीत में भी लोकोत्तरता के इन दोनों आदर्शों और उनके अनुधावन के तरीक़े में विभिन्न सभ्यताओं में ही नहीं, बल्कि एक सभ्यता के अन्दर भी सार्थक विविधता रही है। साथ ही, 'सभ्यता' और 'सभ्यताओं' के बीच भी निरन्तर संघर्ष रहा है, जैसा कि 'संस्कृतियों' और 'सभ्यताओं' के बीच भी रहा है। एक सभ्यता सामान्यतः संस्कृतियों की बहुलता को अपने में सम्मिलित करती है जो अपनी अस्मिता या एक प्रकार की पारस्परिक प्रतिस्पर्धा को न खोते हुए भी एक सभ्यता से सम्बन्धित होती और ऐसा होने में गर्व महसूस करती है। सामाजिक मानवविज्ञानी उन्हें 'लघु परम्परा' और 'महत् परम्परा' कहते हैं, लेकिन इस सम्बन्ध को 'सभ्यता' और संस्कृतियों की पदावली में समझना अधिक सार्थक होगा। स्मरणीय है कि यह सम्बन्ध न केवल अस्पष्ट बल्कि तनावपूर्ण भी है क्योंकि अपने से महत् किसी चीज़ से सम्बद्ध होने तथा उसका अंग माने जाने की आकांक्षा और अपनी विशिष्ट संस्कृति की अस्मिता को सुरक्षित तथा पृथक् रखने की इच्छा के बीच एक निरन्तर द्वन्द्व बना रहता है। यह स्थिति कुछ आसान हो जाती है यदि सभ्यता स्वयं विविधता, भिन्नता और बहुलता को अपनी विश्व-दृष्टि के अंग के रूप में महत्त्व देती हो तथा अपनी प्रायोजनाओं का अनुधावन करनेवाली किसी सभ्यता के साँचे में भिन्नताओं की वांछनीयता और अधिकतम सम्भव सीमा तक अपनी-अपनी जीवन-पद्धति का अनुधावन करनेवाली संस्कृतियों की वांछनीयता को स्वीकार करती हो। इससे वह सभ्यता अपने को सम्पन्नतर तरीक़े से सारतः परिपूरित महसूस करती है क्योंकि उसमें विभिन्न संस्कृतियाँ विभिन्न तरीक़ों से अपनी

जीवन-पद्धतियों के अनुसरण अपने दैनन्दिन जीवन में सार्थकता और महत्ता का अनुभव करती हैं। 'सभ्यता' तथा 'सभ्यताओं' के बीच सम्बन्ध को भी इसी तरह से समझा जा सकता है यद्यपि दोनों के बीच स्पष्ट भिन्नताएँ भी होती हैं। फिर भी, यह कहना शायद इतना ही सही होगा कि सभी सभ्यताओं ने एक सीमा तक, सभी मानव-प्राणियों की साझी वृहत् मानवता का बोध और किसी न किसी प्रकार उससे जुड़ने का प्रयास किया है। यह सम्बन्ध, निश्चय ही, मनुष्य के बारे में सभ्यता की गहनतम अवधारणा और उसकी विविधता या भिन्नता की सहनीयता और मूल्यवत्ता के बोध से बाधित या सुसाध्य हो सकता है।

मुकुन्द लाठ ने इस प्रसंग में 'धुन' संस्कृतियों और 'राग' संस्कृतियों में भेद किया है। ये पद संगीत से लिए गये हैं, लेकिन संस्कृतियों और सभ्यताओं के मर्म में एक सार्थक भिन्नता का संकेत करते हैं। उनके अनुसार, एक धुन संगीत-रचना की वह विधि है जिसे सांगितिक रचना द्वारा अपने लिए निर्धारित मर्यादा से किसी भिन्नता या नवाचार के बिना अक्षत रूप से सुरक्षित रखने की अपेक्षा की जाती है और उसकी, जहाँ तक सम्भव हो, बिना किन्हीं परिवर्तनों के पुनरावृत्ति की जाती है क्योंकि इस निरन्तर पुनरावृत्ति में ही रचयिता और श्रोता दोनों की परिपूर्णता निहित है। वैदिक ऋचाएँ, सम्भवत: इसकी सर्वोत्कृष्ट उदाहरण हैं जहाँ न केवल शब्दों और वर्णों को बल्कि उनके गान की अपेक्षित विधि को भी अक्षत रखने की अपेक्षा की जाती है क्योंकि कोई भी परिवर्तन उद्दिष्ट की सिद्धि के लिए मन्त्र की प्रभावोत्पादकता को नष्ट कर देगा। परम्परा में इसके लिए पारिभाषिक शब्द 'शब्दानुपूर्वी', 'वर्णानुपूर्वी' और 'स्वरानुपूर्वी' थे और इन सभी को वेद-पाठ में पूर्णतया अपरिवर्तित रखने की अपेक्षा की जाती थी तथा यह विश्वास किया जाता है कि अपने अस्तित्व के तीन-चार हज़ार वर्षों तक उसे सुरक्षित रखा गया।

दूसरी ओर, 'राग' का आनन्द तात्कालिकता और नवाचार में है। वह पुनरावृत्ति पर सन्देह करता है तथा जब भी किसी उस्ताद द्वारा गाया या बजाया जाता है तो कुछ न कुछ भिन्नता की अपेक्षा की जाती है और उसके न मिलने पर एक निराशा का बोध तथा यह अनुभव होता है कि उस्ताद की सर्जनात्मकता और कला कौशल में किसी बात का अभाव रहा है। लाठ ने संगीत में नवाचार और तात्कालिक परिवर्तन के मूल्यांकन के

लिए भारतीय संगीत परम्परा के पद 'आलाप' का प्रयोग किया तथा सुझाया है कि संस्कृति के अन्य क्षेत्रों में भी उसकी व्याप्ति की जा सकती है क्योंकि इस तरह देखने पर उन्हें बेहतर समझा जा सकता है। भारतीय संगीत परम्परा से अनजान लोग पश्चिमी परम्परा में आधुनिक जैज़ और शास्त्रीय संगीत के भेद को ध्यान में रखने पर इस अन्तर को बेहतर समझ सकेंगे, यद्यपि परवर्ती में उसकी 'व्याख्या' की अनिवार्यता की समस्या अवश्य है क्योंकि पश्चिमी परम्परा में किसी सांगितिक पाठ की व्याख्या को भी पाठ जितना ही महत्त्वपूर्ण समझा जाता है। लेकिन, जैसाकि हर कोई जानता है कि पाठ के प्रति 'निष्ठावान' होने की समस्या सदैव बनी रहती है और यह जानना मुश्किल है कि 'पाठ के प्रति निष्ठावान होने' का वास्तविक तात्पर्य क्या है। जो भी हो, लाठ द्वारा संकेतित भेद पर्याप्त स्पष्ट है। विशेषतया यदि उसे वेबर के अर्थ में एक 'आदर्श निदर्शन' के रूप में लिया जाय और कोई भी इस सन्दर्भ में सभ्यताओं को समझने का प्रयास कर सकता है।

लेकिन, जहाँ यह सही है कि किसी सभ्यता की प्रमुख चारित्रिकता को इस प्रकार निर्मित आदर्श निदर्शन के सन्दर्भ में समझा जा सकता है, तब भी यह ध्यान रखने की ज़रूरत है कि सभ्यताओं में ऐसे क्षेत्र हमेशा ही होते हैं जिनमें विचलन, भिन्नता और नवाचार की अनुमति या सहिष्णुता ही नहीं, आस्वादन भी अन्य क्षेत्रों की अपेक्षा कुछ अधिक होता है और एक सभ्यता के अन्तर्गत उन प्रदेशों का मानचित्रण दिलचस्प होगा जो विचलन और भिन्नता का स्वागत और उनको सहन करते हैं और जो ऐसा नहीं करते। तथापि, एक सभ्यता की अस्मिता की समस्या के प्रसंग में यह विचित्र लगता है कि सभ्यता अपना तादात्म्य उस क्षेत्र से अधिक करती है जिसमें विचलन का स्वागत नहीं होता, न कि उस क्षेत्र से जहाँ वह विचलन को छूट देती, सहन करती और उसका स्वागत करती है।

लेकिन इसे स्वीकार करने का परिणाम यह विरोधाभास है कि जो 'अस्मिता' प्रिय है उसमें कोई सर्जनात्मकता नहीं है क्योंकि सर्जनशील होने का तात्पर्य नवाचार, अन्वेषण और उन दिशाओं में विकास करना है जिनका बोध पहले नहीं था और यदि था भी तो उनका अनुधावन नहीं किया गया था। दूसरी ओर, सभ्यता के इतिहास को उन विभिन्न क्षेत्रों के सन्दर्भ में देखा जा सकता है जिनमें 'धुन' को 'राग' पर निरन्तर वरीयता दी गयी।

तथापि, ऐसी सभ्यता की कल्पना मुश्किल नहीं है जो आधारभूत रूप से 'राग' को 'धुन' पर वरीयता देती और उससे गहनतम स्तर पर अपना तादात्म्य करती या 'आलाप' की प्रधानता वाले क्षेत्रों को उन क्षेत्रों में व्याप्त करने का प्रयास करती है जहाँ वह प्रधान नहीं है।

सभ्यता के परिप्रेक्ष्य में इन दोनों के सम्बन्धों को अनिवार्यता और स्वतन्त्रता के सम्बन्धों की तरह देखा जा सकता है क्योंकि दोनों ही मानवीय जीवन के लिए आवश्यक हैं। 'अनिवार्यता' के क्षेत्रों को स्वतन्त्रता के क्षेत्रों के अनुकूलन की तरह देखा जा सकता है। अन्ततः, एक 'राग' की भी कोई तो संरचना है, कोई तो वैशिष्ट्यमूलक चरित्र होता है जो उसे अन्य रागों से भिन्न करता है। यदि यह स्वीकार्य है तो नवाचार और तात्कालिक परिवर्तन एक विशिष्ट राग को परिभाषित और उसे अन्य रागों से पृथक् करनेवाली संरचना द्वारा निर्धारित सीमाओं के भीतर ही घटित होते हैं।

सभ्यता की अस्मिता की समस्या को समझने के लिए सांगितिक उपमा आंशिक सहायक ही है क्योंकि अनिवार्यता के क्षेत्रों को उन स्वरों के सदृश समझना चाहिए जिन्हें पैदा करने में मानवीय आवाज़ सक्षम है, या चित्रकला से उदाहरण लेकर कहें तो उन रंगों के सदृश जिन्हें मानवीय आँख देख सकती है। मानवीय कान के एक निश्चित दूरी तक ही सुनने या आँख के कुछ विशेष रंगों को ही देखने से उत्पन्न सीमाएँ संगीतकार या चित्रकार की स्वतन्त्रता को ठीक उस तरह नियन्त्रित नहीं करती जैसे एक 'राग' या 'धुन' करती है। स्थापत्य का मामला अवश्य कुछ भिन्न है, जहाँ नयी सामग्री की उपलब्धता से स्थापित को उससे अधिक स्वतन्त्रता मिल जाती है जितनी पहले सीमित सामग्री के मिलने के कारण सम्भव हो सकी थी। लेकिन, यह कहना मुश्किल है कि क्या नयी सामग्री की उपलब्धता से प्रसूत स्वतन्त्रता का विस्तार वास्तव में ऐसे नये सौन्दर्य-रूपों की सर्जना को भी सुसाध्य कर देता है जो पुरानी सामग्री के उपयोग से सम्भव नहीं थे क्योंकि, जैसा कि सुविदित है, किसी भी लेखक, चित्रकार या संगीतकार उपलब्ध सीमित शब्दावली, रंगों या स्वरों से बाधित नहीं हुए हैं। साहित्य में यह बात सुदीर्घ काल से ज्ञात है क्योंकि शब्दों की मूल सम्पदा सदैव सीमित रही है, यद्यपि कभी-कभार लेखकों ने कुछ नये शब्द गढ़े हैं जो सामान्यतः अपने प्रभाव के लिए भाषा में

प्रचलन से अनपेक्षित शब्द सान्निध्य पर निर्भर होते हैं। जो भी हो, लाठ द्वारा संकेतिक विभेदीकरण अपने में दिलचस्प होने के साथ-साथ न केवल सभ्यता के विभिन्न क्षेत्रों को, बल्कि समग्रत: स्वयं सभ्यता और कालान्तर में उसमें घटित परिवर्तनों को समझने में भी लाभप्रद हो सकता है।

व्यक्ति की अस्मिता की तरह सभ्यता की अस्मिता को सामान्यत: अतीत के सन्दर्भ में देखे जाने के बावजूद, भविष्य के सन्दर्भ में भी देखा जा सकता है। सभ्यता को उसकी प्रायोजनाओं और स्वप्नों के काल में अभिव्यक्त होने के सन्दर्भ में देखने पर यह बात और भी प्रासंगिक हो जाती है क्योंकि सभी आदर्श मूल्यों की तरह प्रायोजनाएँ और स्वप्न काल में नि:शेष नहीं हो जाते और मनुष्यों द्वारा अपने अनुभव-जगत में उन्हें मूर्त करने का प्रयास करने पर अपनी असमाप्य सम्भावनाओं की सदैव नई अभिव्यक्ति करते हैं। इससे भी अधिक महत्त्वपूर्ण शायद यह अल्पज्ञात तथ्य है कि आदर्श मूल्य या प्रायोजनाएँ और स्वप्न स्वयं कोई पृथक् एकक इयत्ताएँ नहीं, बल्कि अन्त:क्रियात्मक समग्र बनाते हैं जहाँ प्रत्येक अन्य को संशोधित और प्रभावित करता है। इसलिए सभी प्राचीन सभ्यताओं का आधुनिक पश्चिमी सभ्यता से साक्षात्कार का उसी तरह उन सभ्यताओं की मूल्यपरक प्रायोजनाओं और स्वप्नों में नयी सम्भावनाओं की अभिव्यक्ति में फलित होना तय है जिस तरह एक नया रूपक उन गुप्त अर्थों को उद्घाटित कर देता है सर्जक लेखक द्वारा उसकी प्रथम प्रयुक्ति से पूर्व बिलकुल अज्ञात थे। अतीत सभ्यताओं की कथा एक खुली किताब है जहाँ भविष्य में लिखे जानेवाले अध्यायों को जानना असम्भव है, लेकिन इतना निश्चित रूप से कहा जा सकता है कि यदि 'स्मृति' खोयी नहीं है तथा वर्तमान में अनुभव के सभी आयामों में नव-साक्षात्कारों को एक सजीव उपस्थिति के रूप में अर्थ दे रही है तो वह ज्ञान, सजातीयता तथा अनुभूति के सन्दर्भ में ऐसी निरन्तरता प्रदान कर सकती है जो कालान्तर में एक सभ्यता को उसकी 'अस्मिता' देती है।

मनुष्य की तलाश में रूपान्तरण : चेतना से आत्म–चेतना तथा संस्कृति से सभ्यता की ओर

सभ्यताएँ कुछ ही हैं; सभ्यताएँ बहुत। संस्कृतियाँ सभ्यताओं से स्वतन्त्र हो सकती हैं, लेकिन सभ्यता एक सारभूत अर्थ में उनका अतिक्रमण करती हुई भी सदैव संस्कृतियों से संघटित होती है। संस्कृति मानवीय वास्तविकता की सहचारी है क्योंकि भाषा के बिना हम मनुष्य की कल्पना भी नहीं कर सकते जो स्वयं में संस्कृति से घनिष्ठ है। भाषा एक विशिष्ट मानवीय उत्पाद है जो अपनी 'कृत्रिमता' में प्रकृति का अतिक्रमण करता तथा जीव–जगत की किसी भी चीज़ से बहुत परे सम्प्रेषण और अभिव्यक्ति की एक व्यवस्था उपलब्ध करती है। इसलिए, सभी संस्कृतियाँ परा–प्राकृतिक होतीं तथा 'शिल्प' और 'स्मृति' से सम्पन्न होती है और उसमें आचरण या भारतीय परम्परा में ज्ञापित 'सदाचार' के आदर्श उदाहरणों को संस्कृति के नायकों की कहानियों को मुख्य स्थान मिलता है। यह सब अन्ततः वैयक्तिक आत्म के सम्मुख संरक्षण, हस्तान्तरण और विकास तथा सन्तोषप्रदता के आधार पर मूल्यांकन और किसी ख़ास ढंग से असन्तोषप्रद पाये जाने पर संशोधन के लिए प्रस्तुत किया जाता है। इसे भारतीय परम्परा में 'आत्मतुष्टि' कहा गया है और मेरे कथन में इसका वास्तविक तात्पर्य नहीं होने पर भी उसका इससे कोई झगड़ा नहीं है।

ये तथा ऐसी अन्य बहुत–सी बातें सभी संस्कृतियों में होती हैं, लेकिन सभ्यता की विशिष्टता शायद यह है कि उसमें चेतना पर आत्म–चेतना की प्रधानता तथा अनुभव पर चिन्तन की वरीयता होने का परिणाम एक

पद्धतिबद्ध रूप होता है जिसे मैंने 'शास्त्र' कहा है। आत्म-चेतना, चिन्तन और पद्धतिकरण की इस तिहरी प्रधानता का तात्पर्य है कि आगे से किसी अनुभवेतर के सन्दर्भ में अनुभव का व्यवस्थापन होने लगता है जिससे ऐसे निरन्तर तनाव और द्वन्द्व का जन्म होता है जो परितोषप्रद और हताशाजनक दोनों ही हो सकता है। पहले निश्चयात्मकता तात्कालिक, स्वत:प्रेरित और अन्तर्भूत होती थी क्योंकि तब केवल संस्कृति थी, लेकिन नयी बाधाएँ तभी प्रकट होती हैं जब नयी सभ्यता अस्तित्व में आती है। ये बाधाएँ बुद्धि या अन्य स्रोतों से भी प्रसूत हो सकती हैं। जो भी हो, निश्चय ही इनका सम्बन्ध सामान्यत: अनुभवगम्य मनुष्य के जिये जा रहे जीवन से नहीं होता। भाषा शायद इसका स्पष्टतम उदाहरण है क्योंकि उसके शास्त्र या व्याकरण के अस्तित्व में आने के साथ ही तत्काल नियमों के अनुसार उसके 'सही' या 'ग़लत' होने का भेद प्रकट हो जाता है। इस प्रकार, 'भाषाओं' और 'संस्कृत', 'देसी' और 'मार्गी' के बीच भेद जन्म लेता है और तब से किसी सभ्यता में निरन्तर 'भद्र' और 'अभद्र' का भेद पैदा हो जाता है जो अब तक संस्कृति में अनुपस्थित था।

इसलिए किसी सभ्यता में भद्र समूह राजनीतिक सत्ता या सम्पदा पर काबिज होनेवाले नहीं बल्कि वे होते हैं जो मानवीय उद्यम के विविध क्षेत्रों में मर्यादा स्थापित करते, विविध प्रकार के अनुभवों पर चिन्तन करते और उनमें अन्तर्निहित आदर्शों को अपने पूर्ण सामर्थ्य के अनुसार पहचानते और निरूपित करते हैं। ये वे नहीं हैं जिन्हें अब तक सामान्यत: प्रयुक्त प्रतिमानों के आधार पर किसी सभ्यता के संस्थापक या नेता माना जाता रहा है। सभ्यताओं का अध्ययन अभी तक, एक ओर, राजनीतिक-सैनिक महत्त्व पर केन्द्रित रहा है तो दूसरी ओर, आर्थिक अधिशेषों के उत्पादन पर। निस्सन्देह, ये महत्त्वपूर्ण हैं, लेकिन सभ्यताओं को समझने के प्रसंग में नहीं जो इनसे पूरी तरह असम्बद्ध न होते हुए भी मूलत: एक भिन्न कोटि से सम्बन्धित होती हैं। इसका सर्वोत्कृष्ट उदाहरण इन रोमनों द्वारा यूनानी सभ्यता को अंगीकार कर लेना है जिन्होंने न केवल यूनानियों के साम्राज्यों से कहीं अधिक शक्तिशाली और सम्पन्नतर साम्राज्य स्थापित किये, बल्कि विधिशास्त्र और लोक-प्रशासन के क्षेत्रों में नये विचारों का विकास किया।

सभ्यता जो भेद करती है वह उनके बीच होता है जो सभ्य हैं और जो

सभ्य नहीं हैं। यह ध्यातव्य है कि यह भेद वैसा नहीं है जो स्वामी और दास अथवा धनी और निर्धन के बीच होता है। यह भेद, जैसाकि अकसर मान लिया जाता है, जीवन-शैलियों में भी नहीं बल्कि मानकों के अनुसार 'जीने' अथवा व्यक्ति के अस्तित्व के प्रत्येक आयाम में उन मानकों या मूल्यों की सिद्धि के लिए जीने में है। यह भेद संस्कृति में निश्चय ही अन्तर्निहित है, जैसाकि 'सुसंस्कृत' और 'असंस्कृत' का भेद, लेकिन तभी जब संस्कृति सभ्यता का एक अंग बन चुकी है। यह भेद मुख्यत: मात्रा का भेद है और महत्त्वपूर्ण नहीं है क्योंकि किसी संस्कृति से सम्बन्धित सब लोग स्वत: जानते हैं कि एक लचीली सीमा में क्या किया जाना चाहिए। लेकिन, जब एक बार उचित और अनुचित का आत्म-चेतन प्रतिपादन हो जाता है, जैसाकि सभ्यता में होता है, तो स्थिति बिलकुल बदल जाती है और शास्त्रीय प्रतिपादन द्वारा प्रस्तावित नये द्विभाजनों के प्रति आत्म-चेतन रूप से सजग और अपने जीवन के सम्बन्धित पक्षों के तदनुसार संचालित करने की आकांक्षा करनेवालों और जैसे कुछ भी महत्त्वपूर्ण घटित न हुआ हो के भाव से पुराने तरीक़ों से ही चलते रहनेवालों के बीच एक भेद प्रकट हो जाता है।

इस प्रकार एक संस्कृति के सभ्यता की कोटि में आते ही उसके 'पुरुषार्थों' में एक मौलिक परिवर्तन आ जाता है, क्योंकि अब से वे पदानुक्रम और अन्तस्सम्बन्धों की नवोदित समस्याओं के साथ आत्म-चेतन, चिन्तन और आलोचनात्मक मूल्यांकन का विषय हो जाती हैं। एक शब्द में कहें तो, किसी संस्कृति में पहले से उपस्थित पूर्व-साभ्यतिक कुछ भी वही नहीं रहता और नयी चीज़ें लगातार जुड़ती चली जाती हैं, जिनका प्रमाणक वह 'प्रश्नात्मक अनिश्चयात्मकता' होती है जो पहले की प्रत्येक अप्रश्नित चीज़ को प्रभावित करती है। लेकिन, इससे प्रश्नोत्तरों या शंका-समाधानों के चक्र से उत्पन्न एक असमाप्य खुलापन भी विकसित होता है, जिसका अपना एक रोचक इतिहास बनने लगता है और सभ्यता के विकास को अनपेक्षित दिशाओं में रूपायित करता है।

पहले अप्रश्नित निश्चयात्मकताओं की सरल स्वभाविकता में जीनेवालों को यह अनुग्रह से पतित होना लगता है और बहुधा अनवरत तर्क के प्रति प्रेम तथा बढ़ती हुई दुर्बोध अमूर्तताएँ अधिकांश व्यक्तियों को 'वास्तविक' लगनेवाली आस्तित्विक जीवन की समस्याओं से पलायन लगती हैं। सभी

तत्त्वमीमांसीय प्रश्नों को जीवन-व्यापार के लिए अप्रासंगिक बतानेवाला कथन इस बात का आदर्श उदाहरण है और, जैसाकि हर कोई जानता है, यह अपनी क़िस्म का पहला और आख़िरी उदाहरण नहीं था। ऐसे लोग भी सदैव रहे हैं जो शास्त्रीय प्रतिपादनों द्वारा उत्पन्न अमूर्त और दुराग्रही समस्याओं पर दृष्टिपात करते और अपने को स्मरण दिलाते हैं कि वास्तविक काम दुनिया को 'समझना' नहीं बल्कि स्वयं को या दुनिया को—जैसी भी उनकी प्राथमिकता हो—बदलना है। मार्क्स और बुद्ध दो विपरीत ध्रुवों पर हैं लेकिन वे दोनों किसी सभ्यता के शास्त्रीय उद्यम द्वारा प्रवर्तित सैद्धान्तिक सरोकारों के बारे में इस अनुभूति के समान साझीदार हैं, और फिर भी बौद्धधर्म और मार्क्सवाद दोनों ने ही ऐसे सर्वाधिक अमूर्त चिन्तनात्मक उद्यमों को उत्पन्न किया जो इतिहास में अप्रतिम हैं। बुद्ध के विपरीत, मार्क्स स्वयं तर्कात्मक बौद्धिकता के जीवन से आकर्षित था, जो उसके किसी भी अध्येता के सम्मुख बिलकुल स्पष्ट है। वह निश्चय ही, अधिक नहीं तो समान रूप से क्रान्तिकारी सक्रियता के प्रति भी आकर्षित था, जो अधिकांश बौद्धिकों के जीवन से बहुत दूर होती है। इसके विपरीत, सामाजिक-राजनीतिक क्षेत्र में गांधी, मार्क्स और बुद्ध के घनिष्ठ समतुल्य थे, क्योंकि वह उन चन्द लोगों में एक थे जो बौद्धिकता और उसकी अमूर्तताओं पर वास्तविक अविश्वास करते हैं, और अपने को तथा अपने आसपास के समाज और राज्य-तन्त्र को बदलने में पूर्णतः संलग्न थे।

लेकिन, किसी सभ्यता के शास्त्रीय उद्यम से निरपवाद रूप से जुड़े सैद्धान्तिक अमूर्तनों के प्रति कैसे भी असन्तोष के बावजूद वे ही उसके जीवन का संघटन करते हैं और जहाँ उसके ख़तरों और अतिरेकों के विरुद्ध चेतावनी देनेवाले लोग आत्म-चेतन, चिन्तन और उसमें सम्मिलित सार्वभौमिक प्रश्नात्मकता का एक स्वस्थ समतुल्य प्रदान करते हैं, वहीं उस सभ्यता को वास्तविक गतिशीलता अनुभव के विविध क्षेत्रों में अनुचिन्तनात्मक चेतना में बोधगम्य मानकों और आदर्शों तथा उसके सम्मुख आयी असली 'वास्तविकता' में असंगति से उत्पन्न तनाव से आती है। वास्तविक और आदर्श के बीच तनाव सभ्यता के मर्म में रहता है और उसका बोध तथा निरूपण उसके अन्वेषियों और चिन्तकों का केन्द्रीय दायित्व है। सभ्यता का हिस्सा होने के लिए इस बोध को अपने को भी बहुत-से स्तरों पर विन्यस्त करना पड़ता है और इसमें निर्णायक भूमिका उनकी है जो चिन्तन

की अवधारणात्मक कोटियाँ निरूपित करते और जो सभ्यता के चिन्तकों द्वारा शुद्ध अवधारणात्मक स्तर के निरूपण का नाटकीकरण करते हुए अनुभूतियों और भावनाओं से अनुप्राणित सजीव बिम्ब उपस्थित करते हैं।

इसलिए किसी भी सभ्यता के मर्म में उसके चिन्तक और कलाकार होते हैं और परवर्ती भी अनुवर्ती के माध्यम से आत्म-चेतना प्राप्त करते हैं, क्योंकि वे कला पर भी चिन्तन करते और उन क्षेत्रों से सम्बन्धित शास्त्रों का व्यवस्थित प्रतिपादन करते हैं, जैसाकि भारतीय परम्परा में तण्डु और भरत ने किया और कालान्तर में साहित्य के अलंकार और ध्वनि सम्प्रदायों का प्रतिवादन करनेवालों ने। ये शास्त्रीय प्रतिपादन बहुत रुखे-सूखे और सक्रिय कलाकारों के लिए बहुधा अप्रासंगिक लगते हैं, लेकिन वे उनके कृतित्व की अभिव्यक्ति के लिए शब्दावली तथा उसके मूल्यांकन के लिए मानक देते हैं। यह निश्चय ही सही है कि उनमें से महानतम कलाकार सामान्यतः अपने कृतित्व में इन मानकों का अतिक्रमण करते और अपनी रचनाओं के माध्यम से मूल्यांकन के नये प्रतिमान निर्धारित कर देते हैं। एक गहनतर स्तर पर, वे कभी-कभी सभ्यता को अनुप्राणित करनेवाले मूल्य और आदर्श भी उपलब्ध करवाते हैं। इसके अतिरिक्त, सामान्यतः किसी सभ्यता के आदर्श नायक प्रधानतः चिन्तन का जीवन नहीं जीते; लेकिन वे भी अपनी तलाश और उदाहरणानात्मकता का निरूपण उन विचारकों के चिन्तन में पाते हैं जो कभी-कभी ऐसे किसी प्रयोजन के लिए शास्त्र भी रच देते हैं। पतंजलि का 'योग सूत्र' वैसा ही प्रयोग-शास्त्र भी है जैसा भरत का 'नाट्य-शास्त्र' अथवा वात्स्यायन का 'काम-सूत्र' है।

इस प्रकार, शास्त्रों का सरोकार सैद्धान्तिक विषयों से भी हो सकता है और मुख्यतः व्यावहारिक प्रकृति के विषयों से भी, लेकिन प्रत्येक विषय में वे जीवन की स्वाभाविक प्रक्रिया में जिये और सोचे गये को एक स्थायित्व और संरचना प्रदान करते हैं। पॉल रिकौर ने इसे 'वाचिकता' के विपरीत लेखन से जोड़ा और दलील दी है कि परवर्ती न केवल कथन को स्थायित्व देता, बल्कि उसे 'प्रसंग मुक्त' भी कर देता है और इस प्रकार एक सार्वभौमिकता उपलब्ध कर लेता है जो वाचिक शब्द में सामान्यतः अनुपस्थित रहती है। लेकिन, जैसा सब जानते हैं, किसी संस्कृति की वाचिक परम्परा को लिखित पाठ की परम्परा की ही तरह कठोरतापूर्वक सुरक्षित रखा जा सकता है और, जो भी हो, लिखित पाठ में भी न केवल

पाण्डुलिपियों के असमाप्य प्रतिलिपिकरण अथवा समकालीन युग में सम्पादन और शोधन के माध्यम से असजग परिवर्तन हो जाते हैं, बल्कि उन्हें बोधगम्य बनाने के लिए लगातार व्याख्यायित और वाचिक स्पष्टीकरणों से सम्पूरित करना पड़ता है। वास्तविक भेद शायद लेखन और वाचिक में नहीं बल्कि सैद्धान्तिक अथवा व्यावहारिक किसी भी प्रकार के ज्ञान के शास्त्रीय प्रतिपादन और ऐसा रूप ग्रहण नहीं करनेवाले ज्ञान के बीच है। तथापि एक बार प्रतिपादित हो जाने पर शास्त्र व्याख्यात्मक कार्यों की एक असमाप्य शृंखला को जन्म देते हैं जिनकी स्वयं की एक परम्परा बनने लगती है।

दूसरी ओर, प्रत्येक शास्त्र की अपनी पूर्वमान्यताओं के कारण अन्य से उसके अन्तस्सम्बन्धों की समस्या भी पैदा होती है जो कभी–कभी सारगर्भित पारस्परिक प्रभाव में फलित होती है। शास्त्र–निर्माण की अवधारणा पर भी एक द्वितीय कोटि का चिन्तन तथा असंगठित ज्ञान को शास्त्रीय रूप देने की इच्छा होती है। शास्त्र का होना बौद्धिक प्रतिष्ठा का एक विषय बन जाता है और जहाँ व्यवस्थित और कठोर शास्त्रीय रूप में प्रतिपादन ज्ञान को उस क्षेत्र में एक निरपेक्ष बोधगम्य रूप देता है, वहीं उसकी स्वतःस्फूर्त को सारतः बाधित करने के कारण वह उसे एक निश्चित बुनियादी अर्थ में प्रतिबन्धित भी करता है। साथ ही, वह बहुधा सभ्यता के उन अन्य क्षेत्रों पर भी शास्त्र के आदर्श उदाहरण समझे गये आकार, संरचना तथा पद्धति को आरोपित कर देता है, जहाँ उनकी समान उपयुक्तता नहीं भी हो सकती है।

फिर भी, अपने से उत्पन्न समस्याओं के बावजूद, शास्त्रीय प्रतिपादन किसी सभ्यता के संस्थापन में निहित विचलन को स्पष्टतया परिभाषित कर देता है। यह आत्म–चेतन बुद्धि है जो पूरे विश्व को प्रतिबिम्बित करती तथा एक अवधारणात्मक दर्पण का काम करती हुई चेतना में प्रथम स्तर पर बोधगम्य कुछ को ज्ञान के क्षेत्र में अवधारणीकरण और सिद्धान्तीकरण के लिए उपयुक्त रूप में पुनर्निर्मित करती है। ऐसा नहीं है कि प्रथम स्तर पर होनेवाली सब क्रियाशीलताओं में बुद्धि की अन्तर्भूत उपस्थिति न होती हो, लेकिन केवल साधनात्मक या निहित रूप में ही। किन्तु, शास्त्र के आत्म–चेतन प्रतिपादन में बुद्धि स्वयं आत्म–चेतन हो जाती और इस प्रकार न केवल स्वयं सहित सम्पूर्ण विश्व का बल्कि स्वयं अपना और

अन्य सब कुछ से अपने सम्बन्ध का बोध भी कर लेती है। इस प्रकार, मानवीय स्तर पर आत्म–चेतना का चेतना से सम्बन्ध बुद्धि के माध्यम से सम्भव होता है जो अपने में विश्व और आत्म दोनों को और उनमें वापस अपने को पुनः प्रतिबिम्बित करती तथा 'चिन्तन' और 'पुनर्चिन्तन' की दुहरी प्रक्रियाओं का लगातार अन्तःक्रियात्मक तरीक़े से स्थायीकरण करती है। तथापि, आत्म–चेतन बुद्धि का केन्द्रीय दायित्व स्वयं सहित प्रत्येक चीज़ पर निरन्तर प्रश्न करना होने के कारण वह प्रत्येक अस्तित्ववान वस्तु के मर्म पर एक आधारभूत सन्देह का प्रवर्तन करती है। यह प्रश्नात्मकता अथवा सन्देह किसी सभ्यता की जड़ में निहित रहता है। इसलिए, किसी सभ्यता को समझने के लिए उसकी बुनियाद में निहित बुद्धि की इस प्रश्नात्मकता, उसके द्वारा गृहीत विशिष्ट रूपों और उसके सरोकार के प्रमुख विषयों का अन्वेषण आवश्यक है। साथ ही, व्याख्यात्मक क्रियाशीलता के आत्मवाचक होने तथा स्वयं बुद्धि पर लागू होने के कारण, यह जानना निर्णायक महत्त्व का होगा कि बुद्धि की इस प्रश्नात्मकता को स्वयं सभ्यता द्वारा किस प्रकार देखा और कितना मूल्यवान माना गया। सामान्य ऐन्द्रिक अनुभव की निश्चयात्मकता का बुद्धि की निश्चयात्मकता द्वारा प्रश्नांकन और प्रतिस्थापन किया जाता है, लेकिन बुद्धि की निश्चयात्मकता अपनी बारी में एक अन्य स्तर पर स्वयं से ही प्रश्नित होती है, और इस प्रकार किसी सभ्यता को आस्था और सन्देह की विचित्र किन्तु रोचक द्वन्द्वात्मकता को जन्म देनेवाले एक भिन्न अधि–स्तर पर प्रश्नित निश्चयात्मकता के स्तरों के सन्दर्भ में देखा जा सकता है। ये उस मानवीय व्यक्तित्व में सह–अस्तित्व रखते तथा परस्पर मिश्रित होते हैं जो इन सब स्तरों का अपने में समावेश करता तथा कुछ ऐसे अव्याकृत तरीक़े से उनका अतिक्रमण भी करता है जिसका निरूपण तो क्या सुबोध समझ भी मुश्किल है।

आस्था और सन्देह की द्वन्द्वात्मकता मूलतः चेतना और आत्म–चेतना की द्वन्द्वात्मकता है और क्योंकि मनुष्य, अन्य प्राणियों के साथ, प्रधानतः चेतना के स्तर पर जीता है तथा उसे आत्म–चेतना के अनियमित क्षण ही वैयक्तिक भिन्नता के साथ मिल पाते हैं, इसलिए विभिन्न मनुष्यों में द्वन्द्वात्मकता भी उनकी आत्म–चेतना की मात्रा और गुणवत्ता के अनुसार भिन्न–भिन्न होती है। लेकिन, आत्म–चेतना के अपने चिन्तन के शास्त्रीय रूप में मूर्त होने के कारण वह सभ्यता को जिस प्रकार निर्धारित करता है,

वह किसी सभ्यता में आत्म-चेतना की प्रधानता रखनेवालों की संख्यात्मक शक्ति से बहुत आगे की बात है। साथ ही, उसके द्वारा रचित शास्त्रों के सैद्धान्तिक और व्यावहारिक दोनों ही क्षेत्रों में शिक्षण और प्रशिक्षण के लिए आधारभूत ग्रन्थ होने के कारण वे सभ्यता को इस प्रकार गढ़ते हैं कि मनुष्य की स्वाभाविक चेतना का अतिक्रमण कर जाते और उससे अधिक प्रभावशाली हो जाते हैं। इसके अतिरिक्त, संस्कृति के संघटकों के अधिकांश का निर्माण करनेवाले चेतना के उत्पाद स्वयं भी किसी सभ्यता में आत्म-चेतना के शास्त्रीय उत्पादों में प्रतिपादित मानकों और आदर्शों से प्रभावित और मूल्यांकित होते हैं। लेकिन, यह भी सच है कि चेतना इस अनवरत प्रबोधन से विद्रोह करती तथा आत्म-चेतना को नियन्त्रित करने का प्रयास करती है जो किसी सभ्यता में फ्रॉयडीय 'पराहम्'—सुपर ईगो—की तरह काम करना शुरू कर देती तथा इस नियन्त्रण से मुक्त होने या समझौता करने के अपने प्रयासों के आधार पर सभी तरह की युक्तियाँ अपनाती है। इस प्रकार, किसी सभ्यता के नाटक को मानवीय उद्यम के सभी क्षेत्रों में चेतना और आत्म-चेतना तथा उनके अकल्पनीय वैविध्यपूर्ण सम्बन्धों के सन्दर्भ में भी देखा जाना चाहिए। यह ध्यातव्य है कि सैद्धान्तिक और व्यावहारिक दोनों क्षेत्रों में आत्म-चेतन स्तर पर रचित ज्ञान के शास्त्रीय रूपों के प्रवेश के बाद चेतना का जीवन वही नही रह जाता और चेतना की प्रकृति में यह रूपान्तरण स्वयं आनुक्रमिक कालावधियों में सभ्यता के आत्म-चेतन प्रतिपादनों को प्रभावित करता है। लेकिन, दोनों के बीच कितनी ही अन्त:क्रिया और कालान्तर में एक-दूसरे के पारस्परिक संशोधनों के बावजूद, दोनों के बीच तनाव बना रहता है और एक गहनतर स्तर पर, इसे सभ्यताओं की कथा और उसे सुलझानेवाला सूत्र कहा जा सकता है।

सभ्यता के इतिहास में ऐसे भी युग आते हैं जब चेतना स्तर पर आत्म-चिन्तन और शास्त्रों के निर्माण की स्रोत बुद्धि स्वयं अपने ही विरुद्ध विद्रोह कर देती तथा आत्महन्ता, आत्म विनाशक कार्यकलापों में लग जाती है। ऐसे क्षणों में बुद्धि अपने ही मुख़ालिफ़ होकर जानने के अपने सामर्थ्य और किसी चीज़ की वैधता प्रमाणित करने के लिए मानवीय अनुभव के विभिन्न क्षेत्रों में शास्त्रों द्वारा निर्धारित मानकों सहित अपने सभी साधनों की समुचितता पर सन्देह करने लग जाती है। यहाँ चेतना अथवा स्वतन्त्रता और स्वत:स्फूर्णा सामान्यतया करणीय अथवा अकरणीय

को बतानेवाले मानकों, मूल्यों और आदर्शों सहित आत्म-चेतना की भूमिका के प्रति विद्रोह में साथ नहीं देती। वास्तव में, यहाँ मानकों, मूल्यों और आदर्शों को 'रचने' की अपनी ही क्रियाशीलता पर चिन्तन में आत्म-चेतना तथा सांयोगिकता के प्रत्यक्ष आधिपत्य के पीछे अन्तर्निहित नियमितता का अन्वेषण करने तथा अनुभव पर व्यवस्था आरोपित करने का उसका अनवरत प्रयास ही प्रश्नात्मकता का विषय बन जाता है। इस प्रकार रचित सन्देह उस शास्त्रीय उद्यम की बुनियादों को ही लेकर उद्विग्न हो जाता है जिस पर सभ्यता आधारित थी और, यदि यह सन्देह व्यापक हो जाय तो सभ्यता के लिए यह विरोधाभासी समस्या खड़ी हो जाती है; दूसरे प्रकार से कैसे वह अपने अभी तक माने गये प्रयोजन के संघटक के निषेध के ही सम्मुख स्वयं का अनुरक्षण, सम्पोषण और विकास कर सकती है?

ऐसी स्थिति या तो विरोधी चिन्तन सम्प्रदायों के निरन्तर संघर्ष से आती है जिसमें समाधान की कोई उम्मीद नहीं दिखायी देती या इस बात के बोध से कि केवल साधनात्मक स्थिति को छोड़कर, बुद्धि सारतः आत्म-खण्डनात्मक होने के कारण सिद्धान्ततः उसे पा सकने में असमर्थ रहती है जिसे पाना उसका दायित्व है। पहली स्थिति को किसी एक मसले पर विभिन्न मतों के असमाप्य द्वन्द्व के समाधान की असमर्थता से उत्पन्न बुद्धि की थकावट और ऊब समझा जा सकता है। लेकिन दूसरी स्थिति बुद्धि की संरचना के विश्लेषण का परिणाम लगती है जो चरम मत-वैविध्य की असमाधानीयता का कारण है क्योंकि समाधान के प्रयास में वह अपने सामर्थ्य का अतिक्रमण कर जाती और अपनी शक्यता से ऊपर का प्रयास करने लगती है। दोनों परस्पर अनुपूरक हैं, लेकिन जहाँ प्रथम स्थिति थकावट के कारण बुद्धि का स्वाभाविक प्रत्युत्तर है, वहीं दूसरी स्थिति उच्चतम कोटि की सघन बौद्धिक सक्रियता को पूर्वमान्य करती है क्योंकि वह बुद्धि की अपनी प्रकृति का विश्लेषण करती और इस निराशाजनक निष्कर्ष पर पहुँचती है कि सभ्यता का प्रयास सिद्धान्ततः अपूरणीय है।

पश्चिमी परम्परा में काण्ट बुद्धि के स्वयं को प्रश्नित करने का सर्वोत्कृष्ट उदाहरण है, जबकि भारतीय परम्परा में नागार्जुन और श्रीहर्ष को इसके सर्वोत्कृष्ट उदाहरणों के रूप में लिया जा सकता है। लेकिन दोनों में एक मौलिक भेद है। बुद्धि के आडम्बर की काण्ट की ध्वंसात्मक समीक्षा

अनुभवगम्य वैज्ञानिक क्षेत्र में कार्य करने की दृष्टि से उसे सही–सलामत छोड़ देती है, जहाँ तक, उसके अनुसार, उसे स्वयं को सीमित रखना चाहिए। नागार्जुन और श्रीहर्ष की बुद्धि की ध्वंसात्मक समीक्षा आध्यात्मिक निश्चयात्मकताओं तथा उनकी सिद्धि के लिए सुरक्षित जगह बचाये रखना चाहती है जो सर्वसंशयी बुद्धि से अबाधित हो। काण्ट भी निश्चय ही, नैतिकता और धर्म के सन्दर्भ में यही करने का प्रयास करता है, लेकिन उसके सरोकार नागार्जुन और श्रीहर्ष के सरोकारों की अपेक्षा बहुविध हैं। प्रत्यक्ष ज्ञान सहित सब कुछ के प्रति जयराशि के आधारभूत संशयवाद का 'तर्क के लिए तर्क' के अलावा और कोई प्रयोजन नहीं दिखायी देता, यद्यपि उसके सम्बन्ध में अल्पतम जानकारी के कारण अधिक निश्चयात्मकता के साथ कुछ नहीं कहा जा सकता।

लेकिन इनमें से किसी में भी बुद्धि की सक्रियता से थकावट अथवा अपनी ही सीमाएँ जताने के लिए बुद्धि का प्रयोग या कुछ निश्चयात्मक कहने का बुद्धि का असामर्थ्य या मनुष्य की वास्तविक तलाश के रास्ते में बुद्धि का अवरोध नहीं दिखायी देता। लेकिन इन दिनों पश्चिम में बुद्धि से ही अवकाश लेने की आकांक्षा तथा बुद्धि के सम्पूर्ण खेल के प्रति एक क्लान्तिदायक ऊब दिखायी देती है क्योंकि वह कहीं भी ले जाती नहीं लगती। रिचर्ड रोर्टी इस प्रकार की अभिवृत्ति का सर्वाधिक सभ्य, शिष्ट, विडम्बनात्मक और आत्मसन्तुष्ट उदाहरण है जो किसी वास्तविक विवाद में भी नहीं पड़ना चाहता क्योंकि ऐसा करना बौद्धिक विवाद या विवेचन की शर्तों को स्वीकार करना होगा जो सिद्धान्ततः अस्वीकार्य लगती हैं। वह 'वार्तालाप' में भाग लेना अधिक पसन्द करता है, और अधिकांशतः अपने से ही, क्योंकि 'अन्य' से 'वार्तालाप' करना उनको सुनना और अपना मत बदलने के लिए प्रस्तुत होना होगा—अन्य की वाग्मिता के कारण नहीं, बल्कि प्रति–तर्क या प्रति–साक्ष्य के कारण। इसलिए उसने दर्शन को विदा देकर साहित्य को चुन लिया है—और वह भी उसकी व्यंग्यात्मक विधा में। रोर्टी का मानना है कि सभी सम्मुख संसारों में वह सर्वश्रेष्ठ है, और उसके लिए यह विश्वास आसान है क्योंकि वह एक अमरीकी दार्शनिक है। अपनी स्थिति के कारण वह दुनिया को शक्ति और सम्पदा के सन्दर्भ में ही नहीं, बल्कि ज्ञान और संस्कृति के सन्दर्भ में भी वैश्विक प्रभुत्व के उत्कर्ष–बिन्दु से देख सकता है जिससे इस तरह के

दृष्टिकोण को एक स्व-प्रमाणित निश्चयात्मकता का प्रभा-मण्डल मिल जाता है।

देरिदा अपनी लेखन-शैली में, दरअसल, रोर्टी के बिलकुल विपरीत है, लेकिन बुद्धि के प्रति उसकी अभिवृत्ति का साझीदार है क्योंकि वह भी न केवल किसी के साथ किसी 'गम्भीर' विवाद में उलझने में विश्वास नहीं करता, जैसाकि शर्ले की आलोचना के उसके प्रत्युत्तर से प्रदर्शित होता है, बल्कि यह भी विश्वास नहीं करता कि कोई भी 'पाठ' कोई 'निश्चित' अर्थ-सम्प्रेषण करता है, जैसाकि प्लेटो और हेगेल जैसे प्राचीन पण्डितों के 'विखण्डन' के उसके बहुसंख्यक प्रयास दिखाते हैं। कुछ अन्य लोग भी हैं जो किसी पाठ या उनके किसी लेखक और उनमें किसी भी तरह के अर्थ में विश्वास नहीं करते। लेकिन विचित्र बात यह है कि उनमें से प्रत्येक 'पाठ' तैयार करता, उनके 'लेखकत्व' का दावा करता और 'गम्भीरतापूर्वक' परेशान हो जाता है यदि उससे उनके मन्तव्य से विपरीत अर्थ बरामद किये जाने लगें, उस स्वत्व-शुल्क की तो बात ही क्या जिस पर प्रत्येक बिक्री के अनुसार दावा करता ही है। 'पाठ', 'अर्थ' और 'बिक्री का स्वत्व-शुल्क' हर कोई स्पष्ट देख सकता है, और फिर भी उनमें से प्रत्येक यही चीज़ें अन्य के लिए प्रसन्नतापूर्वक अस्वीकार करता है।

लेकिन, किसी रोर्टी या देरिदा की 'साहित्यिक' प्रस्तुतियाँ पश्चिम में मनुष्य के ज्ञानात्मक उद्यम की गहनतर सांस्कृतिक स्थिति में बद्धमूल हैं क्योंकि 'सत्त्ववाद' और 'मूलवाद' दोनों ही स्वयं बुद्धि की भेदक समीक्षा के सम्मुख टिके रहने में विफल रहे हैं। वे उन दो पूर्वमान्यताओं के बिना एक व्यवहार्य ज्ञानात्मक उद्यम का विचार करने की चुनौती देते हैं जिन पर निरपेक्ष ज्ञान की सारी तलाश आधारित लगती है।

गणित के मूलाधारों के लिए सुसंगत और पूरे प्रमाणों को जुटाने में विफलता और ऐसे प्रमाणों की सैद्धान्तिक असम्भाव्यता बतानेवाले गोडेल के प्रमेय के साथ-साथ ग़ैर-यूक्लिडीय ज्यामितियों का उदय गणित के एक ऐसे विचार की ओर ले आया है जो पहले के विचार से सिद्धान्ततः भिन्न है। इसी प्रकार भौतिकी में आइंस्टाइन और हाइज़ेनबर्ग के नामों के साथ जुड़े परिवर्तनों ने प्रकृति को देखने-समझने के गैलिलीय-न्यूटनीय ढाँचे पर ही आधारभूत सवाल उठा दिये हैं। अरस्तू के समय से समस्त चिन्तन की

आधारशिला रही परिभाषा की अवधारणा पर विट्गेंस्टाइन के आक्रमण ने एक ही वर्ग से सम्बन्धित या एक 'सार्वभौमता' के अन्तर्गत, मानी जानेवाली चीज़ों में सामान्य गुण-धर्म की तलाश के प्रयास की ही जड़ें काट दी हैं। फिर भी, विचित्र है कि न तो गणित और न ही प्राकृतिक विज्ञानों के विकास में कोई गम्भीर रुकावट आने के बावजूद, विट्गेंस्टाइन की प्रश्नात्मकता ने बुद्धि के प्रति एक अविश्वास पैदा कर दिया है जो रोर्टी और देरिदा दोनों में भिन्न रूपों में प्रकट होता है।

समकालीन पश्चिमी चिन्तन में बुद्धि के उच्छेदन को उस चिन्तन की एक अन्य लड़ी द्वारा आगे बढ़ाया गया है जो ज्ञान को एक ऐसे उत्पाद के रूप में देखने का परिणाम है जिसकी जड़ें 'सत्य' की तलाश में नहीं बल्कि उन कामनाओं और हितों की पूर्ति में है जिनका पारम्परिक रूप से 'सत्य' समझे जानेवाले तत्त्व से कोई सम्बन्ध नहीं है। फ्रॉयड और मार्क्स दोनों ने अपने-अपने तरीक़े से, इसी दृष्टिकोण को सिद्ध करने का प्रयास किया और 'ज्ञान के समाजशास्त्र' ने अपने वैज्ञानिक आडम्बर के साथ इसका जिम्मा लिया। ज्ञान को सत्ता और सम्पदा की दासी के रूप में देखा गया और मार्क्स ने द्वन्द्वात्मक हितों वाले वर्गों से निर्मित समाज के अपने विश्लेषण के प्रसंग में जो कहा था, उसे फूको ने विशिष्ट वर्ग प्रसंग से अलग करके बौद्धिक जीवन के समस्त विमर्श में उसका सामान्यीकरण करते हुए लोकप्रिय बना दिया।

बुद्धि को प्रश्नित करने या उसका सम्पूर्ण ध्वंस तक कर देने के लिए बाहरी अथवा उसकी सारभूत आन्तरिक शक्तियों के ये प्रयास सभ्यता के सम्मुख एक ऐसी चुनौती प्रस्तुत करते हैं जो राजनीतिक, आर्थिक या पारिस्थितिकीय कारणों से उत्पन्न चुनौतियों से मूलतः भिन्न है। जैसा मैं कह चुका हूँ, बुद्धि सभ्यताओं के मूल में है, ख़ासतौर पर शास्त्रीय प्रतिपादनों के रूप में जिनसे मिलनेवाला प्रभुत्व सम्पदा या सत्ता से सामान्यतः प्रसूत प्रभुत्व के अन्य रूपों से बिलकुल भिन्न होता है। इसलिए, जब स्वयं उसकी प्रभुता को स्वयं से या किसी बाह्य स्रोत से प्रश्नित किया जाता है तो सभ्यता की नींवें ही ख़तरे में पड़ गयी लगती हैं और इस प्रकार की चुनौती को सभ्यता का प्रत्युत्तर सभ्यताओं के इतिहास में शायद सर्वाधिक दिलचस्प संघटना होगी। सामान्यतः सम्पत्तिशाली और सत्तावान लोग ज्ञान के आधार पर प्रभुत्व पानेवालों के बारे में कोई बहुत अच्छी राय

नहीं रखते। लेकिन जब ज्ञान की प्रभुता वाले स्वयं ही उस प्रभुता का निषेध करने लगे तो स्थिति बिलकुल भिन्न हो जाती है क्योंकि अब तो बुद्धि के प्रभुत्व का ही बचाव करना होता है। सामान्यत: यह अधिक कठिन नहीं है, क्योंकि बुद्धि को चुनौती को उसके 'कर्ता' शायद ही अधिक गम्भीरता से लेते हैं क्योंकि युगों में ऐतिहासिक निर्मिति वाले शास्त्रीय प्रतिपादनों के भव्य प्रासाद उनके सम्पूर्ण विनाश की आकांक्षा करनेवालों के आक्रमणों के बावजूद अपेक्षाकृत अक्षत बने रहते हैं। कोई नागार्जुन, कोई श्रीहर्ष या कोई जयराशि अपनी असाधारण तर्कपटुता से केवल एक मनोरंजक विस्मय का भाव ही जगा पाता है। लेकिन हर कोई मानता है कि उनके कथन में कहीं न कहीं कुछ न कुछ भ्रान्ति अवश्य है। यद्यपि अधिकांश लोग अपने ज्ञानात्मक उद्यम में सक्रिय बने रहेंगे, जिस तरह ज़ीनो द्वारा गति को 'असम्भव' सिद्ध कर देने पर भी लोगों ने चलना-फिरना बन्द नहीं किया। रोर्टी, देरिदा और उन अन्य लोगों के बारे में भी यही सच है जो गम्भीर चिन्तन की जगह एक बौद्धिक प्रदर्शन करते लगते हैं—यह एक ऐसा आरोप है जो उन्हें अप्रासंगिक लग सकता है क्योंकि एक तो 'गम्भीरता' में उनका विश्वास नहीं है और, दूसरे, वे उच्चतम कोटि का बौद्धिक मनोरंजन मुहैया करवाने में अत्यन्त प्रसन्न हैं।

लेकिन एक गहनतर स्तर पर बुद्धि की यह निन्दा सामान्यत: कुछ 'हितों' के बचाव के लिए की जाती है जो इस प्रयास में लगनेवालों को अधिक महत्त्वपूर्ण लगते हैं। नागार्जुन और श्रीहर्ष को दार्शनिकों की अनवरत, सूक्ष्म और निगमनात्मक तार्किकता शायद आध्यात्मिक तलाश में बाधा लगती थी, जैसाकि पहले बुद्ध को मानवीय दुख के निवारण के बुनियादी मानवीय उद्यम में उसकी अप्रासंगिकता महसूस हुई थी। दूसरी ओर, जयराशि का अनुभव यह रहा होगा कि ऐसा दार्शनिक उद्यम जीवन-व्यापार के रास्ते में बाधा है क्योंकि उसकी सभी तरह की अपेक्षाएँ जीवन को अनावश्यक रूप से इस तरह उदास कर देती है कि स्वाभाविक सुखों का निर्दोष अनुधावन मुश्किल हो जाता है।

शायद रोर्टी, देरिदा और उनको कुल इसी तरह महसूस करता है और वे मनुष्य के उन सामान्य दैनन्दिन लक्ष्यों को उलझाने वाले तन्तुजालों को साफ़ कर देना चाहते हैं जो, उनमें से कुछ के अनुसार, विमर्शात्मक चिन्तन के बजाय कल्पनात्मक कृतियों में बेहतर प्रतिबिम्बित और सम्प्रेषित

होता है। जो भी हो, ऐसी आधारभूत समीक्षा में किसी सभ्यता के ठोस ज्ञानात्मक उद्यम सामान्यत: अछूते ही छूट जाते हैं जैसे कि न तो नागार्जुन, श्रीहर्ष या जयराशि ने पाणिनीय भाषिकी की वैधता को प्रश्नित किया और न ही रोर्टी या देरिदा ने वैज्ञानिक उद्यम की ज्ञानात्मक प्रतिष्ठा को प्रश्नित या गणित अथवा भौतिक की किसी कृति का विखण्डन किया। भारत में प्राचीन समीक्षा का बल आध्यात्मिक उद्यम की स्वायत्तता के बचाव पर था, जैसाकि उसके आधुनिक प्रतिभागियों का बल वैज्ञानिक उद्यम तथा उन पश्चिमी राजनीतिक-आर्थिक व्यवस्थाओं को बचाने पर है जिनमें वे चिन्तक अवस्थित हैं।

शास्त्रीय उद्यमों में बुद्धि की निन्दा के इन सब प्रयासों का गहनतर बल उसे 'सांस्कृतिक' गतिविधि के स्तर में घटा देना है क्योंकि शास्त्रीय उद्यमों के माध्यम से एक बार अस्तित्व पा लेने और बुद्धि के एक स्वायत्त जीवन की उपलब्धि में फलित होने के बाद उसके अस्तित्व को मिटाया नहीं जा सकता। बौद्धिक जीवन को एक साभ्यतिक क्रियाशीलता के बजाय सांस्कृतिक क्रियाशीलता में घटा देने का निहितार्थ, एक निश्चित अर्थ में, आत्म-चेतना से चेतना में पुन:पतन अथवा आत्म-चेतना स्वयं आत्म-चेतना को चेतना के सन्दर्भ में बरतना है। ऐसा विशेषतया इसलिए है कि बुद्धि के स्वायत्त जीवन से एक बार उत्पन्न हो जाने के बाद आत्म-चेतना को आसानी से त्यागा नहीं जा सकता। हम 'संगीत', 'नृत्य', या 'साहित्य' जैसी अन्य सांस्कृतिक क्रियाशीलताओं की तरह 'चिन्तन' के भी एक सांस्कृतिक क्रियाशीलता में रूपान्तरित होने का विचित्र प्रदर्शन देख रहे हैं और शास्त्रों के प्रतिपादन के दौर में आदर्श माने गये ज्ञान या सत्य की तलाश के बजाय उसे एक ऐसी क्रियाशीलता मानकर आनन्द मना रहे हैं जिसका प्रयोजन वह स्वयं ही है। लेकिन, शास्त्रीय उद्यम के एक सापेक्ष स्वायत्तता हासिल कर लेने के कारण वे सभ्यता में बौद्धिक क्रियाशीलता की संस्कृति में पुन:पतन के बावजूद निरन्तर सक्रिय हैं और बहुधा, इस पुन:पतन का तेजस्वी विरोध करते हैं क्योंकि वे भली प्रकार जानते हैं कि इससे उनके द्वारा अध्यवसायपूर्वक निर्मित सभ्यता के आधार ही खण्डित हो जायेंगे। भारतीय प्रसंग में, बौद्ध विखण्डनवाद के प्रति 'न्याय' के कड़े विरोध ने ही शास्त्रीय उद्यम को जारी रखा, जबकि कुछ

हद तक ऐसा ही वेदान्त के ग़ैर–अद्वैत सम्प्रदायों, विशेषत: रामानुज और मध्व के सम्प्रदायों द्वारा 'भेद' की अवधारणा की युक्तियुक्तता को प्रश्नित करने और किसी भी शास्त्रीय प्रतिपादन की जड़ें काट डालनेवाली अद्वैत की ध्वंसात्मक द्वन्द्वात्मकता के विरोध में घटित हुआ। अद्वैतवादियों ने, निश्चय ही 'परमार्थ' और 'व्यवहार' के क्षेत्रों के बीच एक मौलिक भेद करके विश्व को उसकी वास्तविकता में छोड़ दिया था। लेकिन वेदान्त के ग़ैर–अद्वैत सम्प्रदायों के समर्थक भेद की वास्तविकता के आग्रहपूर्ण बचाव द्वारा 'व्यावहारिक' सत्य के 'पारमार्थिक' आधार का वर्जन चाहते थे, यद्यपि उनका प्रमुख सरोकार आत्मा और ईश्वर के भेद पर आधारित आध्यात्मिक जीवन था जो, उनके मतानुसार, दोनों के बीच सार्थक सम्बन्ध का आधार प्रदान करता है।

अन्तत:, एक सभ्यता को अपने को संस्कृति की उस 'अबोधता' में पुन:पतन के प्रलोभन से अभिभूत होने से बचाना होगा जिसे वह तभी पीछे छोड़ चुकी थी जब आत्म–चेतना ने कमान सँभालकर पूर्व में अनुपस्थित भेदों को प्रस्तावित करते हुए शास्त्रीय रूप ग्रहण किया। ये प्रलोभन कई रूपों में आ सकते और सभ्यता द्वारा निर्मित शास्त्रीय रूपों को निरन्तर संकट में डाल सकते हैं। लेकिन स्वयं बुद्धि द्वारा प्रस्तुत प्रलोभन शायद सर्वाधिक सूक्ष्म और ख़तरनाक होते हैं क्योंकि वे बुद्धि को ही अपने को भिन्न तरह से देखने के लिए राज़ी करने का प्रयत्न करते हैं ताकि वह शास्त्रीय उद्यमों में लगने और इस प्रकार सभ्यता नामक विरलतम मानवीय कृति का निर्माण करने के भ्रमों से मुक्त हो सके। यहाँ चेतना और आत्म–चेतना के बीच का तनाव एक भिन्न रूप लेने लगता है क्योंकि वह उस आत्म–चेतना को ही प्रभावित करता है जो अपने को एक सांस्कृतिक क्रियाशीलता के रूप में ही देखने और अपनी साभ्यतिक भूमिका को भूलने लगती है।

इसलिए, किसी भी सभ्यता के मन में चेतना और आत्म–चेतना के बीच का नाटक अवस्थित है जो बहुविध रूप ग्रहण करता है और उसका सर्वाधिक विचक्षण रूप स्वयं बुद्धि से ही अंकुरित होता है।